Dello stesso autore in BUR Rizzoli

Tipi che corrono

Fulvio Massini

Andiamo a correre

BUR varia

Pubblicato per

da Mondadori Libri S.p.A.
Proprietà letteraria riservata
© 2012 Rizzoli/RCS Libri S.p.A., Milano
© 2016 Rizzoli Libri S.p.A. / BUR Rizzoli, Milano
© 2018 Mondadori Libri S.p.A., Milano

ISBN 978-88-17-08716-2

Prima edizione Rizzoli: 2012
Prima edizione BUR: 2016
Settima edizione BUR Varia: gennaio 2024

Illustrazioni di Giovanni Giorgi Pierfranceschi
(ggpierfranceschi@gmail.com)

Nota dell'Editore: le informazioni contenute nel presente volume sono da considerarsi generiche e non costituiscono parere medico, né intendono sostituirsi a un parere professionale.

Seguici su:

www.rizzolilibri.it   /RizzoliLibri   @BUR_Rizzoli   @rizzolilibri

Andiamo a correre

Sommario

Prefazione di Linus   13
Introduzione   15

Capitolo 1 LA TECNICA DI CORSA   17
1.1 Iniziare a correre   17
1.2 La mia esperienza   19
1.3 Le fasi della corsa   20
1.4 Impariamo a correre   22
1.5 Correre più forte   34
1.6 Che cosa può influenzare la tecnica di corsa   35
1.7 Correre scalzi   36
Conclusioni   37

Capitolo 2 SCARPE E ABBIGLIAMENTO   38
2.1 Le scarpe   38
2.2 L'abbigliamento   48
Conclusioni   50

Capitolo 3 ALLENARSI A CORRERE SENZA CORRERE   51
3.1 Lo stretching   51
   Stretching pre-corsa   58
   Stretching post-corsa immediato   60
   Stretching post-corsa   62
3.2 Core stability   67
   Esercizi di core stability   69
3.3 Ginnastica propriocettiva   72

	Ginnastica propriocettiva	74
3.4	Tonificazione muscolare	76
	Esercizi di tonificazione a carico naturale	76
	Esercizi con gli elastici	79
	Circuit training in palestra	82
3.5	Ginnastica respiratoria	85
3.6	Esercizi di impulso	86
	Stretching post-corsa con la corda	88
3.7	L'acqua	90
	Conclusioni	91

Capitolo 4 I TEST PER LA CORSA DI ENDURANCE — 92

4.1	Il colloquio	93
4.2	Indicazioni generali	93
4.3	Le regole per effettuare i test da campo	95
4.4	Il talk test	96
4.5	Il test dei 3 km	96
4.6	Il test dei 5 km di Tom Schwartz	99
4.7	Il BAS Test	100
4.8	Il test Conconi	100
4.9	Il test del lattato	104
4.10	La scala di Borg	107
4.11	La frequenza cardiaca	108
4.12	Gara test/Test gara	109
	Conclusioni	113

Capitolo 5 COME ALLENARSI — 114

5.1	Cos'è l'allenamento	114
5.2	L'organizzazione dell'allenamento	116
5.3	I periodi dell'allenamento	117
5.4	I metodi di allenamento	118
5.5	Il riposo	127
5.6	L'overtraining, il superallenamento	131
5.7	L'overreaching	132
5.8	La mancanza di allenamento	133
	Conclusioni	134

Sommario

Capitolo 6 I MEZZI DI ALLENAMENTO   135
6.1 Le 4 fasce di velocità   135
6.2 Il riscaldamento   170
Esercizi di riscaldamento   173
6.3 Gli allunghi   175
6.4 Il defaticamento   178
Conclusioni   179

Capitolo 7 L'ALLENAMENTO PER I PRINCIPIANTI   180
7.1 Le 15 regole del principiante   180
7.2 Iniziamo a camminare   184
7.3 Iniziamo a correre   185
7.4 Correre e camminare   188
7.5 Iniziare a correre in palestra   190
7.6 Correre fino a 60 minuti   192
7.7 Arriviamo a 90 minuti   193
Conclusioni   196

Capitolo 8 PROGRAMMI DI ALLENAMENTO PER LE BREVI, LA MEZZA E LA MARATONA   197
8.1 Indicazioni generali per ottimizzare l'uso delle tabelle   198
8.2 Programmi di allenamento per la 10 km   200
8.3 Programma di allenamento per la mezza maratona   204
8.4 Programma di allenamento per la maratona   210
8.5 Corriamo mezz'ora   214
Conclusioni   215

Capitolo 9 MANGIARE E BERE PER CORRERE   216
9.1 Cosa significa nutrirsi   216
9.2 I nutrienti   218
9.3 I micronutrienti   224
9.4 Gli antiossidanti   225
9.5 I radicali liberi   225
9.6 La fibra   226
9.7 Mangiare per correre   226
9.8 Dimagrire   231
9.9 Bere per correre   233

9.10 Gli integratori alimentari   235
Conclusioni   237

Capitolo 10 ALLENAMENTO MENTALE   238
10.1 La motivazione   239
10.2 Goal setting   240
10.3 Il pensiero positivo   242
10.4 Il self-talk   243
10.5 L'imagery   245
10.6 Il rilassamento   246
10.7 Il flow   246
10.8 La gestione dell'infortunio   248
10.9 Giochiamo con la mente   249
Conclusione   250

Capitolo 11 GLI INFORTUNI DEL PODISTA   251
11.1 Un po' di numeri   251
11.2 Il DOMS   252
11.3 Il crampo   254
11.4 Il ristagno di sangue venoso   257
11.5 Le lesioni muscolari   259
11.6 La sindrome della benderella ileotibiale   260
11.7 Borsiti   261
11.8 Fratture da stress   262
11.9 Sindrome dolorosa femoro-rotulea   263
11.10 La fascite plantare   264
11.11 La tendinite   264
11.12 Le vesciche   265
11.13 Le unghie nere   265
11.14 Il mal di schiena   265
11.15 Il dolore al fianco destro   265
11.16 Ricominciare a correre   266
11.17 Laserterapia ad alta energia di ultima generazione   267
11.18 Agopuntura e sport   269
11.19 Le onde d'urto   270
11.20 I disturbi intestinali   271
Conclusioni   272

Capitolo 12 I RAGAZZI E LA CORSA 273
12.1 Il genitore allenatore 273
12.2 Niente paura 274
12.3 La distanza ideale 275
12.4 L'età ideale 276
12.5 Divertitevi con vostro figlio 276
12.6 Il grafico di Chanon 279
12.7 I brevetti di Chanon 280
12.8 Gare sì-gare no? 281
12.9 Allena i figli alla gara scolastica 281
Conclusioni 282

Capitolo 13 LA DONNA E LA CORSA 284
13.1 Le caratteristiche delle donne 284
13.2 Allenamento e ciclo mestruale 286
13.3 Correre in gravidanza 287
13.4 Dopo il parto 288
13.5 La menopausa 288
13.6 La carenza di ferro 289
13.7 La triade della donna atleta 289
Conclusioni 290

Capitolo 14 IL RUNNER DAI CAPELLI GRIGI 291
14.1 Stiamo con i piedi per terra 291
14.2 Il recupero degli allenamenti e delle gare 292
14.3 La gestione dello stress 293
14.4 Il cuore e la circolazione 293
14.5 Le microfratture 294
14.6 La forza 294
14.7 Il caldo 294
14.8 Come si cambia 295
Conclusioni 295

Capitolo 15 PRIMA DI TUTTO: LA SALUTE 296
15.1 L'ipertensione 297
15.2 L'obesità 298
15.3 Il diabete 300
Conclusioni 301

Capitolo 16 GLI ACCESSORI DEI CORRIDORI 302
16.1 Il tappeto ruotante o tapis roulant (TR) 303
16.2 Il cardiofrequenzimetro 306
16.3 Satellitari, GPS e altre applicazioni 307
16.4 Musica e corsa 309
16.5 Piccoli accessori 309
16.6 L'elettrostimolatore 310
Conclusioni 310

Appendici 313
1. Le maratone più belle 313
2. Il trial running 323
3. Correre al freddo o al caldo 325

Bibliografia 329

Prefazione

Il primo ricordo di Fulvio risale alla mia seconda maratona di New York, era il 2003. I primi anni di corse, specie per chi come me ha cominciato tardissimo, sono pieni di acciacchi, fastidi, dolori e infiammazioni, tutti legati all'inevitabile processo di adattamento. Era sabato sera, il giorno prima della gara, e avevo il classico e fastidioso mal di schiena del podista. Eravamo in albergo, quasi all'ora di cena. Fulvio mi obbligò a tornare in camera a mettermi le scarpe e mi portò a correre lungo il perimetro dell'isolato, spiegandomi in che modo avrei potuto alleviare il fastidio il giorno dopo.

Il secondo risale all'anno successivo, il 2004, quello della vittoria di Baldini ad Atene. Sempre a New York, il giorno prima della maratona si disputa la Friendship Run, la corsa dell'amicizia. Si parte dal palazzo dell'ONU e si arriva a Central Park. C'è tanta gente, mediamente quindicimila persone, perlopiù vestite in maniera festosa. Davanti, ad aprire la strada, un gruppo di portabandiera, di solito ex campioni. Probabilmente era un anno un po' minore, visto che per l'Italia toccò a me l'onore. E soprattutto l'onere: voi non avete idea di cosa voglia dire correre per otto chilometri con una marea umana che ti spinge alle spalle, la macchina scoperta col campione olimpico che vi precede e un bandierone da reggere. Per fortuna c'era Fulvio e per metà l'ha tenuto lui...

L'ultimo è dello scorso novembre, quando ci siamo abbracciati sotto il traguardo della Firenze Marathon. Grazie Fulvio!

Linus

Febbraio 2012

Introduzione

Ho sempre ritenuto limitante pensare alla corsa di endurance o di resistenza come a uno sport. Quando si inizia a correre si scopre un "mondo" diverso, che coinvolge a 360° e, dal momento in cui una persona si trasforma in runner, scattano una serie di meccanismi che implicano dei cambiamenti nello stile di vita. La giornata dedicata all'allenamento ha un'organizzazione diversa da tutte le altre, andare a fare la spesa sapendo che in famiglia c'è un runner richiede un attenzione particolare, la vacanza è spesso collegata alle esigenze di chi corre a piedi.

Chi corre è una persona dinamica ed è maggiormente stimolato a condurre una vita sana sotto tutti i punti di vista. Il runner con il suo entusiasmo tende a coinvolgere le persone che gli stanno vicino, vorrebbe farle correre per trasmettere a tutti il suo stare bene. Questo libro non è il primo per me, ma è mosso sempre dalla stessa motivazione: trasferire agli altri le mie esperienze per migliorare la qualità della vita utilizzando la corsa di endurance. Sono così convinto dei suoi benefici che mi sentirei un egoista se tenessi tutto per me! Mentre scrivo queste pagine immagino di trovarmi nella piazza di una città di mare in una fresca sera d'estate insieme con un gruppo di voi a parlare a "ruota libera" di running.

Correre non significa solo mettere un piede dietro l'altro, ma crea un coinvolgimento totale. L'allenamento, l'alimentazione, gli importanti aspetti del coinvolgimento della mente, gli esercizi per prevenire gli infortuni, ma anche per sentirsi bene e in forma sono tutti argomenti che ho sviluppato per voi come se ne stessimo parlando in quella piazza in riva al mare.

Correre mi ha permesso di conoscere tante bellissime persone, in

Italia e in giro per il mondo; in tutti ho trovato la stessa forza che deriva dal praticare la corsa.

Mi sono rivolto sia agli amatori, sia a coloro che hanno velleità agonistiche, cercando di dare tanti suggerimenti. Spero che questo libro possa aiutare chi vuole iniziare, chi ancora non è convinto e chi vuole mettersi alla prova nella maratona oppure chi non è più giovanissimo. L'importante è appellarsi sempre al buon senso, per vivere la corsa in modo razionale come mezzo per vivere in salute e a proprio agio con il corpo e la mente.

Bene, ora vado a correre. Con voi ci vedremo da qualche parte, forse in riva al mare, ma più probabilmente a qualche manifestazione podistica.

Fulvio Massini

Capitolo 1
LA TECNICA DI CORSA

Quando ho iniziato a scrivere questo libro, non sapevo come lo avrei cominciato. Era difficile stabilire quale argomento fosse meglio affrontare per primo. Allora ho pensato alle persone con cui lavoro, ai podisti che frequento quotidianamente ormai da molti anni, sia neofiti e principianti sia atleti evoluti, e ho avvertito la necessità di approfondire innanzitutto l'argomento della tecnica di corsa, spesso poco considerato.

La convinzione generale è che il miglioramento della prestazione sia solo frutto dell'avanzamento del livello di *allenamento condizionale*, della resistenza nelle sue varie forme, della forza e della velocità. Certo, la corsa è un gesto naturale, ma ho potuto constatare che è inutile avere un organismo molto potente e resistente se non si è capaci di farlo muovere in modo ottimale. Se la tecnica di corsa è sbagliata, oltre a non andare sufficientemente forte, è molto più elevato il rischio di infortuni.

Il modo di correre che vi proporrò in questo libro è quello che utilizzo con i miei allievi fin dai primi anni Novanta e che ha permesso loro di ottenere ottimi risultati sia nella riduzione degli infortuni sia nel miglioramento delle prestazioni. Inizierò da molto lontano, da come nasce e si evolve il movimento umano.

1.1 Iniziare a correre

La prima domanda che pongo alle persone che mi chiedono di allenarle è questa: i bambini iniziano prima a correre o a camminare? Tutti rispondono, giustamente, che iniziano prima a camminare. Infatti fra i 9 e i 10 mesi il bambino muove i primi passi appoggiandosi ai mobili o sorretto dagli adulti, mentre fra i 12 e i 18 mesi inizia a camminare da solo a gambe e braccia larghe, senza nessun sostegno, e già in questa fase accenna alcuni passi di corsa. È fra i 18 mesi e i 2 anni il momento in cui, seguendo la sua naturale evoluzione, il bambino comincia a correre.

Nella fase iniziale, la corsa è una reazione allo squilibrio causato dallo sbilanciamento del baricentro in avanti. La corsa è quindi generata dal movimento di un arto inferiore nella direzione dello spostamento del corpo. Questo è un concetto che vorrei fosse chiaro fin da subito, perché è da qui che parte l'idea di come deve essere impostata una corretta tecnica di corsa. Altre reazioni allo squilibrio sono quelle che Pirola nel 1998 ha definito "strategia della caviglia" e "strategia dell'anca".

Nella corsa o nel cammino il peso del corpo viene spostato verso la parte anteriore della caviglia, il baricentro avanza e, per contrastare questo sbilanciamento, un arto si sposta in avanti generando così l'azione di corsa o di cammino. La corsa è quindi un gesto naturale, perché fa parte dell'evoluzione del movimento umano. Mi sono accorto, però, che la maggior parte delle persone pensa erroneamente che per correre il busto debba stare perfettamente eretto e che sia necessario spingere con i piedi. In questo modo si genera un tipo di corsa rimbalzato, faticoso, traumatico. Molti credono che non sia possibile imparare a correre in età avanzata: questo libro cercherà di sfatare questo luogo comune.

Prima di entrare nel vivo, voglio chiarire la differenza fra stile e tecnica di corsa: lo stile è l'espressione estetica del gesto della corsa, mentre la tecnica ne ottimizza il rendimento (→ A. Dotti, C. Pannozzo, 2010). Un podista può essere brutto da vedere, ma estremamente efficace nella sua corsa, oppure viceversa. Il mio obiettivo non è quello di insegnarvi a correre in modo da apparire bellissimi, ma quello di rendervi estremamente efficaci nella vostra azione. Ho allenato atleti con uno stile di corsa veramente brutto, ma con una tecnica efficacissima, e al contrario atleti stilisticamente perfetti, ma con una tecnica molto dispendiosa. Basta un po' di impegno e concentrazione per imparare a correre in modo efficace e non traumatico. È una grande soddisfazione quando vedo una persona, che è arrivata da me vivendo la corsa come una sofferenza, imparare a correre in modo sereno, rilassato e sentirla pronunciare la classica frase: «Ma lo sai che correndo così si fa meno fatica e sono anche spariti i dolori?».

Tranquilli, non mi sono montato la testa, né credo di essere un mago, cerco solo di lavorare in modo onesto e di imparare dall'esperienza e dalla letteratura.

1.2 La mia esperienza

Fin dai primi anni Settanta l'idea che per vari motivi mi ero fatto della tecnica di corsa, quando oltre a fare il podista frequentavo l'ISEF, i corsi per allenatori della FIDAL, gli ambienti della medicina sportiva e stavo iniziando a fare questo lavoro, non mi convinceva. Era una tecnica che non sentivo mia, facevo fatica, e di conseguenza non la insegnavo volentieri nemmeno ai miei atleti, mi limitavo a correggere loro solo la coordinazione braccia-gambe e la posizione della testa. Gli aspetti tecnici della corsa, tuttavia, m'intrigavano e mi piaceva analizzarli e studiarli. Andavo a cercare fra la letteratura, osservavo i miei allievi e soprattutto annotavo le sensazioni che provavo quando, correndo, introducevo delle variazioni nel mio modo di correre. Poi accadde una cosa che cambiò tutto. Nel maggio del 1989 mi dovetti sottoporre a un'operazione di ernia del disco e avevo grosse difficoltà anche nel camminare. Volevo però riprendere a correre a tutti i costi visto che, oltre a essere una passione, si trattava anche del mio lavoro. Piano piano, pensando e provando, dimostrai su me stesso l'efficacia di un nuovo, almeno per me, sistema di correre. Mi accorsi di correre più sciolto, più rilassato e di andare più veloce a parità di fatica. Poi iniziai a proporre questo nuovo modo ai miei allievi, con risultati che da subito si rivelarono buoni. Adesso, quindi, tocca a voi. Vi porto la mia esperienza, supportata però dalla letteratura: ho scoperto infatti con piacere che altri studiosi, negli Stati Uniti, hanno idee simili alle mie in merito, tra questi Danny Dreyer e Katherine Driver e gli autori del sito web Pose-Tec.

Questo modo di correre, che il mio allievo e collega Fabio di Faenza ha definito, facendomi arrossire, "metodo Massini", si basa su alcuni semplici concetti.

a) Correre togliendo i freni, sbilanciando il baricentro in avanti alla ricerca della reazione allo squilibrio, un po' come fanno i bambini nei loro primi passi.
b) Correre diminuendo l'impatto con il terreno. L'azione del piede deve essere il più possibile radente al suolo. La gamba posteriore, dopo la fase di spinta, sale poco, così come il ginocchio nella fase di avanzamento.
c) Correre in scioltezza. Durante la corsa, anche quando la velocità è elevata o dopo molti chilometri percorsi, la braccia, le spalle, le mani, la testa e il collo non devono essere tesi, rigidi e duri, ma devono rimanere decontratti, rilassati.

Il grande scienziato Rodolfo Margaria creò questa formula (1968), sempre estremamente attuale, sul costo energetico della corsa:

Consumo (kcal) = K x (Peso atleta) x (km percorsi)

K rappresenta il cosiddetto "coefficiente di economicità di corsa" e assume valori indicativamente compresi tra 0,85 e 1,15. Più economica è la corsa, più basso è il coefficiente K.

Facciamo un esempio. Se un atleta con una buona tecnica di corsa, quantificabile con un coefficiente K pari a 0,9, pesa 70 kg e corre per 10 km, consumerà 630 kcal.

Supponendo che lo stesso atleta abbia una pessima tecnica di corsa, con un coefficiente K pari a 1,15, consumerà 805 kcal. La sua corsa sarà quindi molto più dispendiosa sul piano energetico.

1.3 Le fasi della corsa

L'azione della corsa può essere suddivisa in tre fasi.

Fase di appoggio

È il momento in cui si ammortizza il peso del corpo. Il piede si appoggia al suolo con la parte laterale esterna fra la fine del tallone e l'inizio del metatarso, in modo da assorbire l'impatto e sfruttare contemporaneamente l'azione dei muscoli estensori. Il punto di appoggio potrà essere

La tecnica di corsa

Fig. 1

Fig. 2

leggermente più avanti se la velocità è elevata o leggermente arretrato se è più bassa.

Il piede deve trovarsi alla base di una linea ideale leggermente inclinata in avanti che collega le articolazioni di spalla, anca, ginocchio e caviglia. È l'istante in cui la maggior superficie del piede è in contatto con il terreno (Fig. 1). In questa fase i muscoli si **contraggono eccentricamente** e si "caricano" di energia elastica, che non ha nessun costo sul piano metabolico.

Fase di spinta
Il piede si trova dietro al baricentro; i muscoli sfruttano la loro forza di tipo elastico per proiettare in avanti il corpo. È questo il momento in cui l'energia elastica accumulata durante la fase di appoggio viene restituita ai muscoli attraverso la loro contrazione concentrica. La fase di spinta inizia dai muscoli del bacino, più lenti ma potenti, continua con i muscoli della gamba e termina con i muscoli del piede (Fig. 2).

Fase di volo
Terminata la fase di spinta la gamba fa un'oscillazione da dietro in avanti permettendo di avanzare. Nel momento in cui inizia la fase di discesa verso il suolo, ci si prepara nuovamente alla fase di appoggio. Le oscillazioni del busto dovranno essere ridotte il più possibile relativamente alla velocità di corsa. I muscoli si **contraggono isometricamente** per

favorire la stabilità del corpo. È importante quindi che i muscoli della parte centrale del corpo (il cosiddetto "core") siano molto forti per avere un'efficace azione di corsa (Fig. 3).

Fig. 3

A velocità basse il tempo di volo e il tempo d'appoggio sono pressoché uguali. Con l'aumento della velocità aumenta la fase di volo e si riduce il tempo di contatto del piede con il terreno (→ A. Dotti, C. Panozzo, 2010).

> *Passo*: distanza che intercorre fra il termine della fase di spinta di un piede e l'inizio della fase di appoggio dell'altro.
> *Falcata*: distanza che intercorre fra il termine della fase di spinta di un piede e l'inizio della fase di appoggio dello stesso.

1.4 Impariamo a correre

È giunto il momento di scendere nei particolari e d'illustrarvi il metodo che uso per insegnare a correre ai miei allievi.

Osservazione
Dopo avere invitato gli allievi a compiere la parte basilare del riscaldamento (→ Cap. 6.6) chiedo a loro di correre per 3-5 minuti. Mentre corrono non li perdo mai di vista e durante i Training Holidays o i Training Camp, quando il lavoro viene fatto in gruppo, eseguo anche

una ripresa video che poi guardiamo e commentiamo. Ai principianti chiedo di correre solo 30 secondi-1 minuto, giusto per vedere come si muovono. Questo primo contatto è fondamentale per capire gli eventuali difetti di impostazione posturale della corsa.

Esercizio del pendolo
Come ho già detto, per insegnare a correre è fondamentale il concetto della reazione allo squilibrio. In quest'ottica l'esercizio del pendolo si rivela estremamente efficace. In piedi, mani lungo il corpo (Fig. 4a), effettuate delle piccole oscillazioni in avanti e indietro tenendo il busto allineato al bacino. Avvertirete una differenza di pressione sui piedi a seconda delle oscillazioni del vostro corpo. Osserverete che durante l'oscillazione in avanti (Fig. 4b) i talloni tenderanno a staccarsi e la pressione sarà sugli avampiedi, viceversa durante l'oscillazione indietro (Fig. 4c) sarà la parte dell'avampiede a sollevarsi da terra e la pressione sarà sui talloni. Ora cercate una posizione di equilibrio in modo da sentirvi stabili sui piedi con i talloni che stanno per staccarsi da terra, pur continuando a sfiorare il terreno, e con il peso del corpo sulla parte centrale del piede. Se sarete sciolti vi accorgerete che le braccia andranno leggermente in avanti e le dita delle mani saranno praticamente sulla verticale della punta dei piedi. Bene, ora andate alla ricerca dello squilibrio, sbilanciandovi leggermente in avanti. Istintivamente farete un passo avanti e poi, se non vi bloccherete, inizierete a correre. Lo spostamento del baricentro in avanti vi farà assumere la giusta posizione da mantenere durante la corsa. Dovrete sentire i piedi che lentamente si staccano dal terreno in modo leggero. Correte per 20-30 metri, fermatevi, rimettetevi nella posizione di partenza, ripetete l'esercizio e ripartite. Non pensate ad altro, concentratevi solo sulla ricerca dello sbilanciamento e sulla leggerezza dei passi di corsa che dovranno essere, chiaramente, radenti al suolo.

Esercizio del filo immaginario
Per far capire ancora meglio l'idea che per correre è necessario perdere l'equilibrio statico uso questo semplice escamotage: ipotizzate di avere un filo legato poco sopra l'ombelico e collegato a un traino posto orizzontalmente rispetto al punto dove è attaccato il filo (Fig. 5). Il traino potrebbe essere anche un vostro compagno di allenamento. Vi sembrerà di cadere da un momento all'altro, ma sentirete la gambe correre via

Andiamo a correre

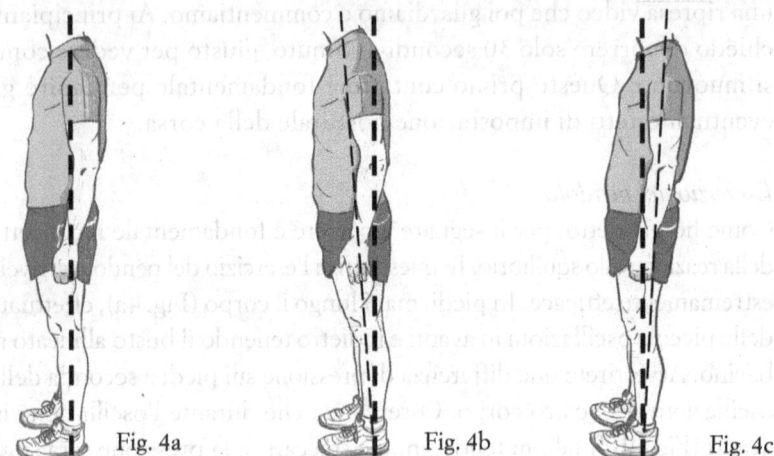

Fig. 4a   Fig. 4b   Fig. 4c

leggere e veloci.

Tutti coloro che hanno fatto questo esercizio hanno avvertito la sensazione di correre con i muscoli completamente rilassati, la stessa che io provo dal lontano 1989 ogni volta che vado a correre. Dopo questi due semplici esercizi inizio a insegnare la gestione dei vari segmenti del corpo impegnati nella corsa.

La gestione del corpo

Fig. 5

La tecnica di corsa

La testa. Dovrà essere diritta, sguardo in avanti, guance rilassate. Non dovranno esserci tensioni sul collo. La posizione della testa influenza moltissimo la postura, quindi è importante fare in modo che la linea ideale che parte dalle caviglie e arriva alle spalle venga prolungata fino alla parte posteriore dell'orecchio (Fig. 6). Il mento deve essere diritto, non deve puntare né verso il basso, né verso l'alto.

Le braccia. Svolgono un ruolo di primaria importanza nell'impostazione della giusta tecnica di corsa. L'angolo fra braccio e avambraccio dovrà essere leggermente aperto, poco oltre i 90°, in modo che l'avambraccio sfiori la parte più alta e sporgente delle anche (Fig. 6). L'azione delle braccia durante la corsa dovrà essere da dietro verso l'avanti e viceversa in modo leggermente convergente. Il braccio in avanzamento non deve mai superare il ginocchio della gamba opposta.
Le braccia servono a equilibrare l'azione delle gambe e si dovranno

Fig. 6

muovere in perfetta sincronia fra loro. Una corretta azione delle braccia contribuirà in modo importante al giusto posizionamento del baricentro e di conseguenza alla giusta postura. Provate a fare questo semplice esercizio: in piedi, a gambe unite, mettete le braccia in posizione di corsa e portate i gomiti indietro, vi accorgerete che il baricentro si sposta andando in contrasto con la posizione di perdita di equilibrio, che abbiamo detto essere la base della corsa. Se le braccia saranno invece rilassate lo sarà anche il muscolo trapezio, che collega il collo alle spalle, permettendo quindi un'ottimizzazione dei muscoli che agiscono sulla respirazione.

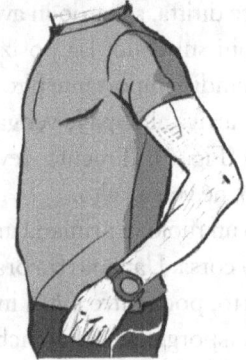

Fig. 7

Le mani. Dovranno essere rilassate contribuendo a tenere in completa decontrazione tutti i muscoli della parte superiore del tronco e in particolare i muscoli dell'avambraccio, del braccio e della spalla. Il pugno non dovrà essere tenuto stretto e chiuso, ma aperto in modo naturale, le dita senza tensioni. (Fig. 7)

Il piede. In fase di appoggio toccherà il terreno con la parte laterale esterna (Fig. 8a) e non con la parte posteriore del tallone. A velocità più elevate l'appoggio avverrà leggermente più in avanti. Se suddividiamo il piede in tre parti vediamo che a basse velocità l'appoggio corretto avviene sulla parte media-posteriore del piede, mentre se aumenta la velocità l'appoggio si sposta sulla parte mediana del piede (Fig. 8b). In pratica l'appoggio avviene con la pianta del piede e c'è sempre un contatto del tallone con il terreno che è tanto minore quanto più elevata è la velocità di corsa (Fig. 8c).

Ritengo non corretto l'appoggio con la parte posteriore del tallone. Dopo l'appoggio, in fase di avanzamento, il piede tenderà a cedere leggermente verso l'interno, avrà una **pronazione fisiologica** e quindi il peso andrà sulla punta con l'azione dell'alluce.

Tanto per darvi un'idea dell'importanza del piede, dovete sapere che l'impatto durante la corsa è pari al 200% del peso corporeo (→ J. Jesse, 1985). Secondo D.E.Martin – P. N.Coe (1997) l'impatto al suolo può variare addirittura da 2 a 4 volte il peso del corpo.

La gamba. Il suo ruolo sarà quello di assecondare l'azione del piede che sarà favorita, lo ribadisco, da un'avanzata posizione del baricentro.

La tecnica di corsa

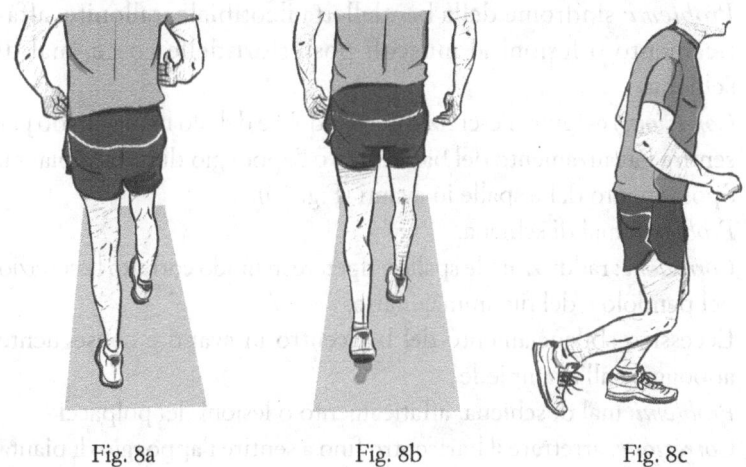

Fig. 8a　　　　　　Fig. 8b　　　　　　Fig. 8c

La coscia. In fase di spinta nella parte alta si estenderà completamente, tanto che, talvolta, si avvertirà una leggera sensazione di allungamento a livello dell'inserzione del quadricipite sul bacino.

Correre in pianura
I podisti più sensibili imparano immediatamente questo modo di correre. I più rigidi e i meno abituati a fare attività motoria impiegano un po' di più, ma già dopo un mese non hanno più problemi di tecnica. Chi trascorre con me 8 giorni durante i Training Holidays, alla fine del corso corre sempre in modo corretto. Stavo per avere il mio primo insuccesso con Gianni, che non riusciva a muovere il braccio destro, ma l'ultimo giorno, miracolo!, il braccio destro si è sbloccato, ora Gianni corre veramente bene e sta migliorando le sue prestazioni dai 10 km alla maratona.

Quanto fin qui espresso è applicabile alla corsa in pianura e rappresenta la base della tecnica di corsa. Prima di affrontare salite e discese vediamo gli errori più comuni che si verificano durante la corsa in piano collegandoli con i principali infortuni che possono verificarsi (→ Cap. 10).

Gli errori della corsa in pianura
1)   L'appoggio avviene con la parte posteriore del tallone.

Problemi: sindrome della bandelletta ileotibiale, tallonite, affaticamento o lesioni ai muscoli posteriori delle cosce, mal di schiena.

Correzione: eseguire l'esercizio del pendolo e del filo immaginario per sentire l'avanzamento del baricentro e l'appoggio di tutta la pianta.

2) Spostamento delle spalle in avanti (Fig. 10).
   Problemi: mal di schiena.
   Correzione: raddrizzare le spalle e ripetere in modo corretto l'esercizio del pendolo e del filo immaginario.
3) Eccessivo sbilanciamento del baricentro in avanti e conseguente appoggio sull'avampiede.
   Problemi: mal di schiena, affaticamento o lesioni dei polpacci.
   Correzione: arretrare il baricentro fino a sentire l'appoggio di pianta piena.
4) Corsa seduta. Il busto resta eretto, l'articolazione della caviglia si muove poco, il bacino resta basso.
   Problemi: mal di schiena, affaticamento dei muscoli posteriori delle cosce.
   Correzione: eseguire l'esercizio del pendolo e del filo immaginario.
5) Avambracci troppo alti, nella tipica posizione dei calciatori.

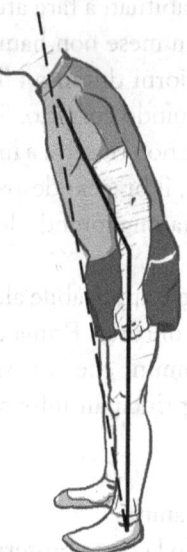

Fig. 10

La tecnica di corsa

Problemi: eccessivo affaticamento e rigidità delle braccia e delle spalle.
Correzione: prendere coscienza di come sono rilassate le spalle quando l'angolo fra avambracci e braccia ha un'apertura di circa 90° come indicato precedentemente.

6) Gomiti troppo indietro. Pur mantenendo l'apertura fra braccio e avambraccio in modo corretto alcuni podisti tendono a tenere i gomiti dietro il dorso contrastando l'azione di sbilanciamento in avanti.
Problemi: eccessivo affaticamento dei muscoli delle spalle, delle braccia e delle scapole.
Correzione: presa di coscienza dell'errore e autocorrezione.

7) Braccia troppo in avanti. Se la mano supera di troppo il ginocchio opposto il busto va in torsione e l'azione di corsa ne trae svantaggio.
Problemi: eccesso di affaticamento dei muscoli del bacino e degli arti inferiori.
Correzione: presa di coscienza dell'errore e autocorrezione, esercizi di core stability e ginnastica propriocettiva (→ Cap. 3)

8) Eccesso di torsioni del busto. Alcuni podisti invece di muovere in modo corretto le braccia tendono a torcere il busto in modo eccessivo.
Problemi: eccessivo affaticamento dei muscoli del core, appoggio non stabile, errata ottimizzazione della corsa.
Correzione: presa di coscienza dell'errore, autocorrezione, core stability (→ Cap. 3.2).

9) Pugni chiusi. Le mani chiuse generano tensione ai muscoli del braccio, delle spalle e a quelli respiratori.
Problemi: eccesso di affaticamento dei muscoli del cingolo scapolo omerale, eccesso di tensione generale, inutile spreco di energia.
Correzione: presa di coscienza dell'errore, imporsi di correre rilassati e autocorrezione.

10) Dita diritte. Le mani con le dita tese, dritte generano tensioni all'avambraccio.
Problemi: gli stessi riscontrati nel punto 9.
Correzione: presa di coscienza dell'errore e autocorrezione.

11) Correre a testa bassa, con la parte posteriore dell'orecchio in avanti rispetto alla linea ideale, fa spostare il bacino leggermente indietro.
Problemi: crea difetti nella giusta impostazione posturale, eccesso di

Andiamo a correre

carico sulla curva cervicale, l'azione di corsa che ne scaturisce non è ottimale.
Correzione: presa di coscienza dell'errore e autocorrezione.

Correre in salita

Fino a oggi tutti coloro che hanno appreso il metodo della corsa in pianura non hanno trovato nessuna difficoltà a correre in salita, anzi per taluni è risultato addirittura più facile. Il movimento deve sempre iniziare con lo spostamento del baricentro in avanti (Fig. 12a). Dovrete cercare di appoggiare più superficie di piede possibile relativamente alla pendenza della salita (Fig. 12b). Se la salita sarà, per esempio, del 3%, gran parte del vostro piede appoggerà a terra. Viceversa se, ad esempio, la pendenza della salita sarà del 15%, la superficie di appoggio del piede sarà minore. Il piede dovrà essere più radente al suolo possibile, le ginocchia dovranno rimanere basse, le braccia e la testa manterranno la postura già indicata (→ Cap. 1).

Fig. 12a   Fig. 12b

Fig. 12c

Gli errori nella corsa in salita
1) Corsa con le spalle in avanti (Fig. 12c). Molti podisti tendono ad avanzare con le spalle. Così facendo il baricentro tende ad andare indietro e quindi non si crea squilibrio.
   Problemi: mal di schiena, eccesso di affaticamento dei muscoli posteriori delle cosce.
   Correzione: eseguire l'esercizio del pendolo in salita.
2) Le braccia si muovono più velocemente delle gambe. Qualche podista è convinto che così facendo si possa andare più veloce, ma non è vero.
   Problemi: eccesso di affaticamento generale, dei muscoli del cingolo scapolo omerale e di quelli del core. Inutile spreco di energia.
   Correzione: muovere le braccia come già precedentemente indicato.
3) Corsa a passi lunghi. Mi capita di vedere podisti che affrontano con vigore le salite accentuando lo spostamento verso l'alto. Sono ammirevoli per la loro forza, ma non serve.
   Problemi: affaticamento generale e dei muscoli della gamba, inutile spreco di energia.
   Correzione: pensare a correre rilassati diminuendo l'impatto con

il suolo, tenendo le ginocchia basse e riducendo al minimo la fase spinta verso l'alto.

Correre in discesa
La corsa in discesa è sempre difficile da apprendere perché si ha la tendenza a irrigidirsi. Interviene un po' di naturale paura e istintivamente si è portati ad appoggiare il piede con la parte posteriore del tallone. Abbiamo però visto che il movimento deve sempre iniziare con lo spostamento del baricentro in avanti (Fig. 13a). Qui è un po' più difficile, ma con un po' di applicazione e vincendo quel normalissimo istinto frenante ci riuscirete. La posizione di partenza, le prime volte, è sempre quella dell'esercizio del pendolo. Una volta partiti tenderete a prendere velocità e sentirete che l'appoggio avviene di pianta piena. Correndo in questo modo non avvertirete più contraccolpi sulla schiena, acquisterete maggiore stabilità, sentirete in fase di appoggio il lavoro di sostegno del quadricipite femorale e, quando sarete diventati più sensibili, anche quello dei piedi. Le braccia manterranno la stessa posizione precedentemente vista anche se tenderanno ad allargarsi. Per controllare la velocità e quindi rallentare, dovrete abbassare le ginocchia e accorciare i passi, in questo

Fig. 13a

modo non perderete lo sbilanciamento in avanti. Tranquilli, all'inizio non sarà facilissimo, ma dopo un po' ci riuscirete.

Gli errori della corsa in discesa
1) Correre con il baricentro indietro (Fig. 13b). Questo tipo di postura implica l'appoggio con la parte posteriore del tallone.
   Problemi: è una delle più comuni cause di infortuni alla schiena e ai muscoli posteriori delle cosce.
   Correzioni: eseguire l'esercizio del pendolo in discesa.
2) Correre con le spalle in avanti. Alcuni podisti, invece di portare avanti il baricentro, avanzano con le spalle.
   Problemi: gli stessi visti nel punto 1.
   Correzione: ho visto che insistendo a far fare l'esercizio del pendolo e quello del filo il problema si risolve.
3) Correre senza controllare le braccia. Accade soprattutto quando la velocità è elevata.
   Problemi: questo non è un vero e proprio problema, ma contribuisce a squilibrare l'azione.
   Correzione: concentrarsi nell'applicare il corretto uso delle braccia.

Fig. 13b

Credo di avervi detto proprio tutto. A questo punto dovreste essere in grado di correre in pianura, in salita e in discesa in modo corretto. Vediamo come si fa a correre bene in altre situazioni.

1.5 Correre più forte

Ora che avete imparato a correre in modo corretto sicuramente vi renderete conto che ci sono dei muscoli che stanno lavorando di più rispetto a prima. In particolare i muscoli anteriori delle cosce e i polpacci stanno ottimizzando la loro azione. La sensazione descritta dai miei allievi, e che avverto anch'io, è quella di "spingere senza spingere". Tranquilli, non sono impazzito. Mi spiego meglio. La postura fin qui illustrata mette i muscoli deputati alla propulsione e il quadricipite femorale in condizione di ottimizzare la loro azione riequilibrando il lavoro con i muscoli posteriori delle cosce. L'articolazione della caviglia è più libera e la fase di spinta può terminare sull'alluce anche correndo a velocità relativamente basse, permettendo anche ai muscoli delle gambe e dei piedi di partecipare alla propulsione. Molti podisti sono convinti che per correre più forte sia necessario aumentare in modo esagerato l'ampiezza del passo. In realtà, per andare più veloci prima di tutto dovrete "dire" alle vostre gambe di accelerare, di aumentare la frequenza dei movimenti e, se manterrete la giusta postura, aumenterà in modo naturale anche la lunghezza del passo, senza esagerare i movimenti.

Quindi per aumentare la velocità non bisogna svolgere azioni tese ed esagerate, ma movimenti sciolti, controllati e rilassati.

Quando corriamo è come se fossimo dei palloni che avanzano con tanti piccoli rimbalzi. Fare dei grandi rimbalzi sarebbe sbagliato perché sprecheremmo energia per andare verso l'alto e la nostra azione sarebbe antieconomica e poco efficace. Quindi se dovete accelerare fatelo con calma: aumentando la frequenza dei vostri passi vedrete che anche la falcata aumenterà di ampiezza e con il minimo sforzo otterrete il miglior risultato. Se il rapporto frequenza-ampiezza del passo è ottimale le pulsazioni tendono a essere più basse in virtù di una minor richiesta energetica (→ Incalza, 2008).

1.6 Che cosa può influenzare la tecnica di corsa

Vediamo ora quali sono i fattori che possono interferire sulla corretta tecnica di corsa.
1) Sensibilità tecnica. Non tutti i podisti hanno la stessa capacità di recepire ed elaborare i segnali che arrivano dall'esterno o dal corpo. È solo questione di allenamento. È probabile che chi è abituato a "lavorare" di frequente con il proprio corpo impari a correre più velocemente rispetto a chi sta seduto a una scrivania dalla mattina alla sera.
2) Differenze fra uomo e donna. Le donne, rispetto agli uomini, hanno un bacino più ampio con un conseguente aumento in antiversione femorale, ginocchio valgo e minore sviluppo del muscolo vasto mediale nella parte superiore delle gambe. Il risultato è un aumento dello stress sull'articolazione femoro-rotulea e di conseguenza un maggior rischio di infortunarsi il ginocchio. Non esiste, in realtà, differenza tra il modo di correre di uomini e donne. Il concetto base è sempre uguale: reazione allo squilibrio. Esistono però delle innegabili differenze anatomiche che richiedono un maggior potenziamento muscolare, in particolare degli arti inferiori (→ Cap. 13).
3) Correre sulla sabbia. Tecnicamente non ci sono differenze, ma c'è da tenere presente che è molto più dispendioso sul piano energetico. Può essere un ottimo allenamento per correre sul piano perché sviluppa la forza specifica.
4) Correre sul terreno sterrato. Anche in questo caso nessuna variazione sul piano tecnico, anche se l'azione dei piedi non potrà essere radente come sul terreno liscio. È richiesta grande sensibilità propriocettiva (→ Cap. 3). L'argomento sarà approfondito quando tratteremo, nelle appendici, il trail running.
5) Correre in pista. La pista è un terreno molto elastico. Anche in questo caso l'impostazione posturale rimarrà uguale, ma l'appoggio avverrà leggermente più verso l'avampiede relativamente all'aumento della velocità di corsa. Le calzature dovranno essere più secche e meno ammortizzate o chiodate e quindi costringeranno a un appoggio ancora più metatarsale.
6) Correre in campestre. Vale quanto detto a proposito della corsa su terreno sterrato. Qui potranno essere usate o le scarpe chiodate o

le scarpe da trail running. La mobilità articolare a livello lombare, ischio-sacrale e tibio-tarsica dovrà essere sviluppata per ottenere la giusta postura durante la corsa.
7) Il tipo di gare. La postura rimarrà sempre la stessa, in relazione alla velocità di corsa. Varierà il tempo di appoggio del piede a terra che sarà tanto più breve quanto più elevata sarà la velocità. Come abbiamo visto varierà anche il rapporto frequenza-ampiezza del passo.
8) Correre sul tapis roulant. La tecnica di corsa rimane uguale, sarà solo un po' più difficile, le prime volte, mantenere l'equilibrio.
9) Le calzature. Oggi il mondo delle calzature per il podismo è in fermento. Il mio parere è che per favorire la giusta tecnica di corsa la scarpa non deve essere troppo protettiva.
10) L'età. Nei bambini il costo energetico è maggiore che negli adulti.
11) La motivazione. Ho visto persone convintissime e determinate che in pochissimo tempo sono diventate corridori perfetti, altre invece che ci sono riuscite con maggiore difficoltà. Sicuramente la motivazione facilita l'apprendimento anche in età adulta o molto adulta.
12) Le caratteristiche anatomiche. Un brevilineo, con gambe corte, tenderà a correre con piccoli passi piuttosto frequenti. Viceversa, un longilineo dalle gambe lunghe prediligerà la lunghezza del passo. Stilisticamente parlando il brevilineo potrà apparire brutto da vedere, mentre la corsa ampia del longilineo apparirà bella. Entrambi, però, se hanno seguito quanto affermato in questo capitolo correranno in modo tecnicamente efficace e quindi corretto.

1.7 Correre scalzi

Fino a qualche anno fa erano veramente pochi coloro che si cimentavano nella corsa a piedi nudi (detta *barefoot* in inglese), il più famoso fu il mitico Abebe Bikila, vincitore della maratona alle olimpiadi di Roma nel 1960. Fra il 1984 e il 1987 fece scalpore Zola Budd, una mezzofondista sudafricana capace di correre scalza i 5 km in 15'01". Negli Stati Uniti questa pratica è molto conosciuta, si possono trovare svariate pubblicazioni sull'argomento e sono nate scuole di corsa specifiche. Il successo del *barefoot* è senza dubbio merito dello scrittore Christopher McDougall autore del best seller *Born to Run*, dove, in sintesi, parlando del popolo dei Tarahumara esalta il potere salutare della corsa a piedi scalzi. Ho trovato senza dubbio interessante anche la pubblicazione di Ken Bob Saxton e Roy M. Wallack dal titolo *Barefoot running step by step* (2011), un manuale della corsa a piedi scalzi.

Lo sbilanciamento in avanti del baricentro rimane il punto cardine sul quale si basa anche la corsa a piedi nudi. L'appoggio avviene maggiormente sulla parte anteriore del piede, dopodiché avviene il "caricamento" con sfioramento del tallone a terra che dà luogo all'inizio della fase di spinta proprio come nella corsa con la scarpa. Sono convinto che abituarsi in modo molto graduale a correre scalzi sia un ottimo esercizio per sensibilizzare e rinforzare i muscoli dei piedi, una parte del corpo che noi podisti, paradossalmente, tendiamo a ignorare, spesso scegliendo calzature che non permettono al piede di esprimere le sue grandi potenzialità. Bisogna però tenere "i piedi per terra": l'approccio con il *barefoot* deve avvenire in modo molto graduale e i piedi andranno adeguatamente preparati.

Conclusioni

La corsa, per poter essere veramente divertente, deve essere efficace e meno traumatica possibile. Pensarla come la conseguenza di uno squilibrio è la via giusta per ridurre gli infortuni, che sono la vera piaga del podista. Le prime volte che proverete a correre come descritto in questo capitolo vi potrà sembrare un po' strano. Insistete. Imparerete a sentire la giusta postura e, se capitasse di perderla, a ritrovarla semplicemente portando leggermente avanti i gomiti. Quando correte abbandonate tutte le tensioni e vedrete che sarà davvero divertente.

Capitolo 2
SCARPE E ABBIGLIAMENTO

A questo punto dovreste avere le idee abbastanza chiare sul modo di correre quindi, che siate principianti o podisti evoluti, voglio fornirvi alcune informazioni pratiche sulle scarpe da running. I soldi spesi nelle scarpe devono essere considerati un vero e proprio investimento in salute.

Dai primi anni Settanta, periodo in cui iniziai a correre, ho visto una notevole evoluzione nelle calzature: siamo passati da scarpe leggerissime, praticamente senza nessuna forma di protezione, a scarpe iperprotettive dove il piede veniva "imprigionato" fra uno spesso strato di materiale ammortizzante, per poi tornare a calzature minimaliste molto simili, almeno come concetto di costruzione, alle scarpe degli anni Settanta. Mi provoca sempre una certa emozione vedere che molti giovani calzano, per moda, le scarpe con le quali corsi la maratona del Mugello del 1979!

Nella parte finale del capitolo vi darò anche alcune dritte su come vestirsi o svestirsi per correre in relazione alle varie situazioni ambientali e climatiche, ma prima cerchiamo di capire come è fatto l'attrezzo principale del nostro divertimento: la scarpa da running.

2.1 *Le scarpe*

Com'è fatta la scarpa
La scarpa si compone essenzialmente di quattro parti: tomaia, conchiglia, intersuola, sistemi ammortizzanti.

Scarpe e abbigliamento

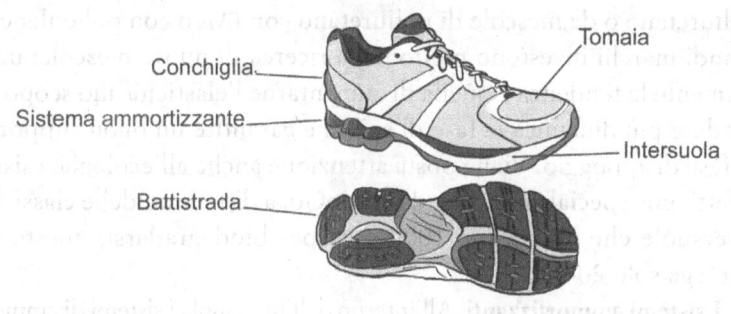

Tomaia: Avvolge il piede nella parte superiore. Si differenzia per la forma, i materiali e la composizione. Deve garantire robustezza, leggerezza e traspirabilità. Le attuali scarpe da running sono create con materiali hi-tech, come microfibre e nylon tecnologici: la nuova tendenza è comporre questa parte sovrapponendo e integrando i vari materiali. La tomaia, nei migliori modelli, ha una forma tubolare che avvolge il piede. È cucita nella parte interna della scarpa e nei punti di maggior sollecitazione, ad esempio dove si piega, è rinforzata con inserti di materiale più duro che conferiscono alla struttura maggiore resistenza evitando che si rompa. I materiali più duri sono posizionati anche nella zona più distale della scarpa, in prossimità della punta delle dita. Fa parte della tomaia anche l'allacciatura, che nella maggior parte dei modelli è diritta, ma che può essere anche obliqua per assecondare meglio la rotazione fatta dal piede nella fase di appoggio-spinta.

Conchiglia: È la parte posteriore della scarpa. Ha il compito di avvolgere il tallone, rendendolo stabile al momento del contatto a terra evitando che il tendine di Achille vada in eccesso di torsione. Questa parte è costruita con materiali confortevoli, anti-abrasione e altamente resistenti, come la termoplastica. In genere si trova nella parte interna del tallone, ma esistono anche modelli dove la conchiglia è esterna. In alcuni modelli di recentissima generazione la conchiglia è divisa in due parti che proteggono il tallone nelle parte laterale lasciando al tendine di Achille maggior libertà di azione in fase di spinta.

Intersuola: È la parte più importante della scarpa, situata tra il battistrada e la tomaia. Permette il trasferimento del carico dalla parte posteriore a quella anteriore. Le mescole tradizionali sono costituite da etil-vinil-acetato, un derivato del petrolio più comunemente indicato con la sigla EVA. L'intersuola può anche essere costituita da poliuretano o da mescole di poliuretano con EVA o con polietilene. I grandi marchi investono molto nella ricerca di nuove mescole: ultimamente la tendenza è quella di aumentarne l'elasticità allo scopo di rendere più dinamica la fase di spinta e garantire un buon supporto in fase di appoggio. Viene posta attenzione anche all'ecologia, esiste, infatti, una speciale mescola: il BioMoGo, a differenza delle classiche intersuole che impiegano 1000 anni per biodegradarsi, questa ne impiega solo 20-22.

I sistemi ammortizzanti. All'interno dell'intersuola i sistemi di ammortizzamento garantiscono un migliore assorbimento dell'impatto con il terreno e ogni casa produttrice usa una propria tecnologia.

Il supporto antipronazione (SA). Chiariamo subito che non deve impedire la pronazione, ma la deve controllare. Costruito con una mescola più dura, è situato nella parte mediale dell'intersuola e serve per regolare gli eccessivi cedimenti verso l'interno del piede in fase di appoggio. Per individuare il SA basta guardare una scarpa nella parte posteriore-laterale-interna. La presenza di una parte di EVA di colore grigio, che può interessare solo la parte del tallone o estendersi fino alla zona mediale della scarpa, è il SA. Toccando questa parte vi accorgerete che è molto più dura rispetto al resto dell'intersuola. In alcune marche di scarpe il SA non è grigio, ma è comunque evidenziabile facilmente perché si presenta con una conformazione diversa rispetto al resto dell'intersuola.

Battistrada. Può essere attaccato all'intersuola o essere parte integrante di essa. I modelli più tecnici usano la prima soluzione. Deve garantire aderenza, trazione e durata. Le mescole utilizzate solitamente sono in

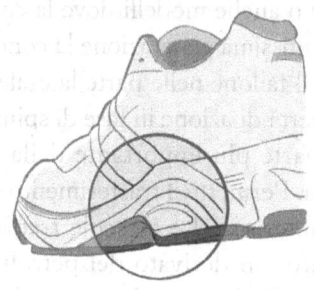

Scarpe e abbigliamento

gomme vulcanizzate, cristalline o al carbonio. Il battistrada presenta delle scanalature che servono a migliorare la stabilità dell'appoggio anche quando il terreno è bagnato o sconnesso.

Dislivello. Osservando una scarpa si nota che l'altezza dell'intersuola nella parte posteriore è diversa rispetto a quella anteriore. Nella parte posteriore l'altezza dell'intersuola può variare dai 13 ai 15 mm delle scarpe stabili o di massima ammortizzazione ai 10 mm come si usa oggi nei moderni modelli di scarpe minimali e arrivare fino a 6 mm per le scarpe da ritmi veloci-gara.

Un tipo di suddivisione delle scarpe è quello fra neutre, antipronazione e antisupinazione.

Le scarpe neutre. Non hanno nessun tipo di SA nella parte posteriore, né nella parte mediale della scarpa. Sono adatte a chi ha un appoggio neutro, che non presenta nessun eccesso di cedimento del piede né verso l'interno, né verso l'esterno.

Le scarpe antipronazione. Hanno il SA nella parte interna per evitare l'eccesso di pronazione ovvero di cedimento verso l'interno del piede in fase di appoggio.

Le scarpe antisupinazione. In pratica non esistono perché sono veramente rari i podisti che presentano in fase di appoggio una eccessiva antiversione ovvero di appoggio verso l'esterno. Le ditte più importanti di scarpe da running, nei modelli più protettivi adatti a persone più pesanti aumentano, nella parte laterale esterna, la quantità e la superficie del sistema ammortizzante.

La scelta della scarpa giusta
Questo è senza dubbio un momento molto delicato. Prima di precipitarvi a comprare le scarpe nel primo negozio che vi capita, fatevi fare una valutazione del vostro tipo di appoggio. Oggi sono moltissimi i negozi specializzati in running in grado di effettuarla. Qui di seguito troverete una serie di strumenti per valutare l'appoggio dei vostri piedi, che messo in correlazione al vostro livello, al tipo di gare che preferite fare, al vostro peso e al vostro sesso vi permetterà di acquistare la scarpa più adatta a voi.

Valutare l'appoggio del piede

La pedana baropodometrica. L'esame baropodometrico potrà essere fatto presso centri di fisioterapia, di podologia e di posturologia. Attraverso questo tipo di esame è possibile visualizzare l'appoggio dei piedi sia in forma statica sia in forma dinamica. Inoltre grazie alla visione della distribuzione dei carichi esercitati sul piede, delle relative superfici, dei centri di pressione di ciascun piede e dell'intero sistema è possibile avere un quadro sull'appoggio podalico del soggetto e valutarne anche alcuni aspetti posturali. La prova viene fatta senza scarpe e successivamente con le scarpe normalmente usate per correre.

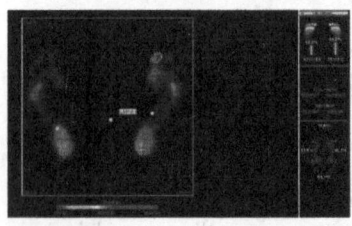 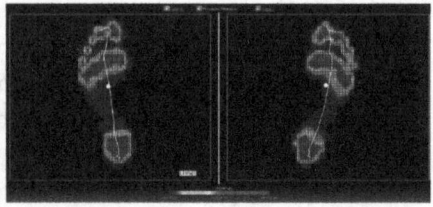

Valutazione del cammino/corsa. L'esame strutturale deve essere integrato con una valutazione visiva. Il soggetto va valutato inizialmente sul cammino e successivamente sulla corsa, sia con le scarpe sia senza. Solitamente questo tipo di test viene effettuato sul tapis roulant mediante l'uso di strumenti per la registrazione video. Quando è possibile preferisco comunque far correre il podista all'aperto.

In questa fase si ricercano delle eventuali asimmetrie e disallineamenti del retropiede. Anche se abbiamo un arco plantare normale è possibile che durante la deambulazione ci sia un cedimento verso l'interno e quindi una pronazione, così come può capitare per un piede cavo.

Il test del bagnato. Questo test è stato diffuso dalla rivista "Runner's World Italia", è di facile applicazione e dà un'idea piuttosto precisa del tipo di piede. Bisogna versare prima di tutto un po' d'acqua in un recipiente poco profondo, bagnare il piede e appoggiarlo poi su un foglio di carta piuttosto pesante. Togliendo il piede dal foglio si potrà vedere l'impronta che è restata impressa. Confrontando l'impronta rilevata con specifiche tabelle potrete già avere un'idea del vostro tipo di appoggio e un'indicazione del tipo di scarpa adatta alle vostre caratteristiche.

Il foot ID. Viene usato dall'ASICS sia durante i marathon expo, sia, periodicamente, nei negozi più specializzati. Si tratta di uno scanner che mostra le caratteristiche del piede e della caviglia. Interessante l'indicazione sull'angolo fra il tendine di Achille e il retro-piede, molto utile per consigliare al podista il giusto tipo di scarpa. Il test al foot ID viene eseguito dopo la compilazione di un questionario che serve ad avere ulteriori indicazioni sul tipo di scarpa da consigliare al podista.

Leggere i risultati
I vari test che vengono fatti servono per capire le caratteristiche del piede, vediamole prendendo spunto da quanto afferma l'amico Andrea Molina sulla rivista "Runner's World Italia" del novembre 2009.

a) **La pronazione**. Se facciamo il test del bagnato l'iperpronatore lascia un'impronta molto allargata, come se avesse il piede piatto. L'eccesso di pronazione crea squilibrio biomeccanico con conseguente errata distribuzione dei carichi sul piede. Si evidenzia con un'eccessiva rotazione del piede verso l'interno. L'effetto di questo problema sono gli infortuni che, in genere, si verificano a livello del tendine di Achille, del tendine rotuleo, della bandelletta-ileotibiale e dei muscoli della pianta del piede.

b) **Il piede piatto** lascia nel test del bagnato un'impronta ancora più marcata. Chi ha questo problema mentre corre tende a far rumore con i piedi perché ha i muscoli poco tonici. Con il piede piatto possono nascere problemi ai muscoli dell'arco plantare.

c) **L'ipersupinazione** è l'inverso dell'iperpronazione, è decisamente più rara. In questo caso il piede appare più arcuato, l'articolazione è più rigida, diminuisce l'ammortizzazione e si creano le condizioni che possono provocare distorsioni alla caviglia o la sindrome della bandelletta-ileotibiale.

d) **Piede cavo ed equino**. In questo caso non c'è continuità fra appoggio del tallone e dell'avampiede. Nel test del bagnato risulta un'impronta nella parte posteriore e una nella parte anteriore. Molti podisti che esamino con il baropodometro evidenziano questo problema. Nel piede equino, che è una estremizzazione del piede cavo, l'appoggio avviene solo di avampiede e il tallone non appoggia a terra. Chi ha queste caratteristiche è più soggetto di altri ad avere infortuni ai muscoli delle gambe.

Dopo aver individuato il tipo di appoggio e aver ricevuto consigli sul tipo di scarpa adatta alle vostre caratteristiche dovrete calzarla, allacciarla e verificare che lo spazio fra la punta del dito più lungo e la punta della scarpa non sia superiore a 1 cm ma nemmeno troppo corto. Vi dovrete sentire comodi, il piede si deve sentire avvolto ma non compresso. Dietro la linguetta di ogni scarpa ci sono tre tipi di misurazioni: quella USA ad esempio 9 1/2, quella Europea ad esempio 43,5 e i centimetri ad esempio 27,5. Vi consiglio di abituarvi ad acquistare le scarpe da running usando la misura in centimetri, eviterete così di fare confusione fra misura USA e misura Europea.

Individuata la scarpa adatta a voi fatevi portare un paio di scarpe dello stesso tipo, ma di altre marche. Calzatele e allacciatele bene, alzatevi, provate e se vi sentite a vostro agio accennate qualche passo di corsa. Molti negozi hanno il tapis roulant, altri addirittura una piccola pista. Se non hanno niente di tutto questo allora correte all'interno del negozio. Bastano 1 o 2 minuti per capire se avete ai piedi la scarpa adatta a voi. Se non la sentite vostra non esitate a provare un altro modello e non abbiate fretta, dalla scelta della scarpa dipende la "salute" delle vostre gambe, dei vostri piedi, della vostra schiena. Se il commesso non vi soddisfa, se il negozio non è abbastanza fornito, salutate e andate da un'altra parte.

Molti amici podisti sono indecisi se avere a disposizione un solo paio di scarpe o due paia distinte per allenamento e gara. La regola che uso è questa: podisti che hanno una velocità di riferimento (VR) fino a 4'30", che sono cioè in grado di correre una gara da 12 km a 4'30" al km, possono avere un solo paio di scarpe da usare indifferentemente per allenamento o gara. Potranno averne due paia dello stesso tipo ma il concetto deve essere: si corre sempre con la stessa scarpa. Chi invece corre più forte potrà pensare di avere due paia di scarpe: una da gara e una più pesante, da allenamento. Il medio ad esempio potrà essere fatto con le scarpe da gara, il lento e il progressivo con quelle da allenamento. Il lunghissimo, essendo l'allenamento principe per la maratona, dovrà essere corso con le scarpe da gara. Questo accorgimento permetterà di acquisire maggior sensibilità al ritmo maratona.

La scarpa da donna
In passato le scarpe da donna erano solo versioni più piccole delle scarpe da uomo. Recenti studi condotti dal ricercatore Simon Bartold, consulente ASICS, hanno messo in evidenza le differenze biomeccaniche e fisiologiche che devono esserci tra le calzature da uomo e da donna. Nei suoi articoli considera le differenze strutturali, come il peso e la forma del piede, ma anche l'effetto degli estrogeni sui tessuti molli. ASICS attraverso lo sviluppo dello "Space Trusstic" garantisce maggior confort, considerando la variazione dell'altezza dell'arco plantare specifica delle atlete di sesso femminile dovuta all'alternanza del ciclo ormonale. La scarpa diventa sempre più elemento fondamentale e la ricerca/sviluppo apre nuovi spiragli e nuove tendenze.

Quando cambiare le scarpe
Solitamente non si sa mai quando è il momento di cambiare la scarpa, si cerca sempre di tirarla fino all'ultimo, tranne in rari casi quando proprio è distrutta. La scarpa è l'unico elemento che vi unisce al terreno, è colei che dovrà attutire tutti gli urti che avvengono nella fase di appoggio della corsa. Non sottovalutiamo la sua importanza. Una scarpa "scarica" non svolge più il suo compito, sovraccaricando enormemente il corpo che dovrà subire i traumi causati dagli impatti al suolo.

Non sempre il battistrada rispecchia l'usura della scarpa. Il battistrada è la parte della scarpa che aderisce al terreno. È uso comune considerarla direttamente legata all'usura della scarpa: niente di più sbagliato. Possiamo avere una scarpa con un battistrada leggermente usurato ma con il sistema di ammortizzazione completamente scarico. Tutto dipende dall'uso che se ne fa, in particolare dal terreno su cui si cammina o corre. Una scarpa che viene utilizzata principalmente su terreno sterrato avrà ad esempio un battistrada minimamente consumato a scapito di un alto utilizzo del sistema ammortizzante.

Attenzione ai primi doloretti. Una scarpa è "scarica" quando ha perso l'elasticità. I primi segnali sono piccoli fastidi e dolori ai tendini e alle articolazioni. Attenzione, però, questi dolori possono essere causati anche da allenamenti eccessivi.

Diamole un'occhiata. La scarpa non va solo "sentita" ma anche guardata, in questo l'aiuto di un esperto del settore vi può dare una mano.

Bisogna posizionarla su una superficie piana e guardarla da dietro. Una scarpa scarica tende a cedere, non ha più quella posizione iniziale diritta ma leggermente inclinata.

Facciamo un po' di conti. Va considerato che una scarpa da running può esser utilizzata mediamente per un chilometraggio che va dai 600 agli 800 km. Se fate i vostri 10-12 km per 3-4 volte a settimana, il conto è presto fatto. Sono 30-48 km circa alla settimana ovvero 120-192 km al mese. In un anno sono circa 1440-2304 km. Chi corre 3 volte alla settimana avrà bisogno di due paia di scarpe ogni anno, tre paia chi corre quattro volte alla settimana e così via. Chi si prepara per la maratona dovrà inoltre prevedere un paio di scarpe in più.

La classificazione delle scarpe

"Runners World Italia" fa una classificazione delle scarpe che mi trova completamente d'accordo e che ho deciso di riproporvi. Per ogni categoria ho indicato il loro peso, riferito ai modelli da uomo (le scarpe da donna pesano mediamente 40-50 g in meno).

Ritmi veloci-gara. Sono scarpe che pesano 200-250 g, hanno un dislivello fra parte posteriore e parte anteriore molto basso. Oggi le maggiori aziende che producono calzature da running stanno promuovendo le scarpe **"minimali"**, molto simili a quelle per ritmi veloci o gara. Avendo visto diversi modelli di scarpe minimali non mi sento di demonizzarle. L'idea che deve essere ben chiara però, è che per correre con le minimali è necessario avere una giusta tecnica di corsa e i muscoli dei piedi e delle gambe devono essere adeguatamente preparati. Queste scarpe vanno usate con gradualità: prima andranno calzate per fare gli esercizi, poi usate per correre per pochi minuti e così via.

Proprio quest'anno all'arrivo della maratona di Chicago e di New York ho visto molti podisti con le Five Fingers a testimonianza che la tendenza è quella di andare sempre verso scarpe più minime. Attenzione però, siate prudenti.

Scarpe ammortizzanti neutre. Sono scarpe adatte a chi ha un appoggio neutro, ma possono essere usate anche da chi ha una leggera pronazione. Non sono per niente adatte a chi prona molto con entrambi i piedi. Possono essere inseriti al loro interno i plantari personalizzati e hanno un peso che varia dai 300 ai 370 g.

Scarpe e abbigliamento

Scarpe stabili. Appartengono a questa categoria le scarpe antipronazione. Il loro peso varia dai 320 ai 360-370 g. Sono adatte a chi ha una pronazione da entrambi i piedi mentre ne è sconsigliato l'uso a chi ha un appoggio neutro e a chi usa plantari personalizzati.

Le scarpe con massimo controllo. Sono scarpe antipronazione per corridori pesanti e con accentuata iperpronazione: il loro peso è sui 350-390 g.

Le scarpe da trail running. La loro caratteristica è diminuire la possibilità di scivolare e garantire una corsa efficace su terreni molto sconnessi. Hanno una suola molto pronunciata e una tomaia rinforzata. Anche se i modelli ultimamente si sono molto evoluti, non le ritengo comunque adatte a essere usate su asfalto o su terreni minimamente sterrati. Anche le scarpe da trail, come le minimali, richiedono di essere calzate con gradualità e previa preparazione dei muscoli dei piedi e delle gambe.

Attenzione infine alle scarpe in svendita. Quando vedete scarpe che vengono offerte a prezzi molto bassi sappiate che sono modelli vecchi. L'intersuola con il passare del tempo tende a perdere elasticità, quindi sarebbe come calzare scarpe consumate.

Lavare le scarpe
Non usate la lavatrice. Le scarpe da running vanno lavate a mano e con acqua fredda. Inoltre vanno fatte asciugare lontano da fonti di calore. Se lavate le scarpe in lavatrice e poi le mettete ad asciugare sul calorifero accorcerete la loro vita. Ecco perché è meglio avere a disposizione due paia dello stesso modello.

Allacciare le scarpe
Solitamente le scarpe da running hanno una doppia asola parallela nella parte alta che pochi podisti utilizzano. Per avere una completa fasciatura del piede, potete far passare lo stesso laccio all'interno delle due asole in modo da formare un occhiello. Fate passare il laccio opposto all'interno dell'occhiello e fate normalmente il fiocco.

Andiamo a correre

Dove gettarle
Il mio amico Nicolas Meletiou, italiano di origine greca, ha inventato ESOSPORT, un sistema di riciclaggio delle scarpe da running. Quando decidete di cambiare le scarpe potrete recarvi in uno dei negozi, ormai sono moltissimi in Italia, autorizzati da ESOSPORT e consegnare le vostre scarpe da running, che diventeranno piste di atletica o tappeti di gomma su cui far giocare i bambini.

2.2 L'abbigliamento

Chi inizia a correre, in genere, lo fa indossando vecchie tute e vecchie maglie usate negli anni precedenti per fare educazione fisica a scuola. Dopo poco tempo, nasce però l'esigenza di indossare capi più moderni, non solo per una questione estetica e di moda, ma anche perché sono utili. Negli ultimi anni c'è stata una grande evoluzione nell'abbigliamento da running sul piano progettuale e dei materiali. È aumentata la protezione dagli agenti esterni, sono stati ridotti al minimo i problemi legati alle abrasioni da sfregamento ed è migliorata la traspirabilità. Numerosi sono i capi dotati di tasche per le chiavi, per gli integratori, per il telefonino, per il lettore mp3 e addirittura spazi per far passare i cavi dell'auricolare senza intralciare i movimenti.

I materiali di oggi. Il vecchio cotone è stato sostituito da tessuti di origine sintetica: poliestere, poliammide (nylon), polipropilene, poliuretano. I capi di abbigliamento sono più sicuri perché realizzati con materiali sottoposti a test che ne verificano la tossicità e la compatibilità con la pelle. I materiali di oggi sono più resistenti ai lavaggi, si asciugano prima ed essendo morbidi sono piacevoli da indossare. Mi ricordo i primi capi di abbigliamento non di cotone che indossavo per correre: erano tremendi, non facevano traspirare la pelle e aumentavano la sudorazione.

Scarpe e abbigliamento

Grazie all'uso del chitosano, oggi anche il problema del cattivo odore sugli indumenti è stato completamente risolto. Il grosso salto di qualità dell'abbigliamento da running si evidenzia anche nell'invenzione di fibre bi-componenti fatte con filati idrofili all'esterno e idrorepellenti all'interno che favoriscono l'eliminazione del sudore per effetto "risucchio" verso l'esterno (→ F. Pavesi, 2010). La protezione da vento forte e da precipitazioni intense è assicurata da indumenti che pur garantendo traspirabilità sono altamente impermeabili.

Sono in aumento gli indumenti a compressione, fino a qualche anno fa solo per le gambe mentre oggi per tutto il corpo con l'intento di favorire il ritorno venoso e quindi contribuire a diminuire l'affaticamento, prevenire i crampi, smaltire l'acido lattico.

I moderni indumenti da running sono anche molto più ergonomici garantendo quindi una vestibilità più attinente alle reali esigenze del podista.

Colori luminosi e strisce fosforescenti, posizionate nella parte posteriore delle scarpe, garantiscono maggiore visibilità e sicurezza quando si corre al buio.

Cosa indossare in estate. Sicuramente canottiera e pantaloncini corti. L'obiettivo è permettere all'organismo di raffreddarsi, abbassando la temperatura corporea attraverso il sudore. Copritevi il meno possibile facendo attenzione all'irraggiamento del sole. Soprattutto quando farete le prime uscite estive vi consiglio di proteggervi le parti scoperte con una crema solare. Se siete particolarmente sensibili al sole correte con la maglietta a mezze maniche. In gara: pantaloncino corto e canottiera. Le ragazze potranno indossare pantaloncini tipo ciclista.

Cosa indossare in primavera-autunno. Una maglia a mezze maniche tecnica e un pantaloncino tipo ciclista o a tre quarti può andar bene. I più lenti potranno correre anche con la calzamaglia detta "pinocchietto". Se dovesse tirar vento abbinate anche un giubbotto traspirante senza maniche. In caso di pioggia copiosa, indossate uno dei moderni impermeabili fatti in materiale traspirante. In gara: come in estate. Chi farà la maratona pensando di impiegare più di 4 ore è preferibile che indossi un intimo e pantaloncini tipo ciclista invece di quelli corti. In caso di tempo davvero brutto potrà seguire le indicazioni riportate qui sopra.

Cosa indossare in inverno. Il consiglio è quello di vestirsi a strati. Ottimo l'utilizzo di calzamaglia lunga, maglia tecnica a manica lunga e giubbotto traspirante. Quando le temperature sono molto basse, coprite anche le estremità del vostro corpo con dei guanti tecnici traspiranti per le mani e fascia copri-orecchie. Se piove indossate anche un cappellino, con la visiera rivolta in avanti per chi porta gli occhiali. In gara: i più forti potranno vestirsi come in estate aggiungendo un intimo sotto la canottiera in caso di freddo intenso. Chi corre la maratona oltre le 4 ore potrà coprirsi con calzamaglia lunga o pinocchietto e coprire la parte superiore del corpo come indicato precedentemente.

Fondamentali per evitare inutili vesciche sotto la pianta del piede e alle sue estremità è l'utilizzo di calzini tecnici. La particolarità è l'imbottitura nella parte posteriore, inferiore e sulle dita del piede mentre la parte superiore risulta totalmente traspirante.

Il reggiseno. Le podiste ormai lo sanno, ma le ragazze che si avvicinano al nostro sport devono correre con i reggiseni contenitivi appositamente studiati per le runner, facilmente acquistabili in tutti i negozi specializzati.

Costume da bagno o sospensorio. Gli uomini dovranno invece avere rispetto per i propri testicoli, che correndo vengono sbalzati da tutte le parti. A voi la scelta tra correre con un costume da bagno o con il sospensorio, che consiglio di indossare anche con i pantaloncini che hanno la mutandina incorporata.

Un grave errore. Il K-way non permette la traspirazione, con il suo utilizzo si può rischiare un gran bel raffreddore oltre a mettere sotto sforzo e a rischio l'apparato cardiocircolatorio. Il pericolo diventa maggiore in estate, in quanto aumenta la possibilità di subire un colpo di calore. La plastica del K-way non permette l'abbassamento della temperatura corporea che tenderà inevitabilmente ad aumentare. Non mi stancherò mai di ricordare a tutti i podisti che ciò che si perde correndo con il K-way sono liquidi corporei (acqua e sali minerali) che verranno ripresi nelle ore successive.

Conclusioni

Massima attenzione dovrà essere posta all'acquisto della scarpa. Raccomando di affidarsi a negozi specializzati dove i commessi siano competenti e appassionati del nostro mondo e vi posso garantire che in Italia ce ne sono tantissimi.

Il running può essere praticato anche con un abbigliamento essenziale di cotone, però chi vorrà potrà avere a disposizione materiale davvero ottimo.

Capitolo 3

ALLENARSI A CORRERE SENZA CORRERE

Una delle difficoltà maggiori che ho incontrato in questi anni di lavoro è stata quella di far capire ai podisti la necessità di eseguire esercizi complementari alla corsa per poter correre nel migliore dei modi. Ai podisti piace correre, guai a fermarli. È facile dire loro di correre 10-20 minuti in più del previsto, ma davanti alla richiesta di fare 10 minuti di stretching o due esercizi di tonificazione si sentono "persi". Non capiscono che va tutto a loro vantaggio.

Le esercitazioni che saranno proposte in questo capitolo hanno lo scopo di prevenire gli infortuni del podista rendendo la sua "carrozzeria" più flessibile e forte, in grado di sopportare l'impatto del peso con il suolo per molti e molti chilometri. Gli esercizi che sto per proporre serviranno anche a ottimizzare la vostra corsa, a renderla più efficace e ad aiutarvi ad andare più forte. Analizzeremo l'importanza dello stretching, della ginnastica propriocettiva, del core stability, degli esercizi di tonificazione e della ginnastica respiratoria. Vi garantisco che se farete quanto vi è indicato troverete grande beneficio, anche perché ogni esercizio è stato provato e approvato da podisti come voi.

3.1 Lo stretching

Verso la metà degli anni Novanta, analizzando la mia esperienza personale e quella dei podisti e atleti che allenavo, mi sono reso conto che il metodo di stretching usato fino a quel momento, il metodo di Bob Anderson, non dava grandissimi risultati sul piano della flessibilità muscolare e tendinea.

Fare stretching, per me e i miei atleti era diventato un incubo. Avevo ridotto di molto gli esercizi ed ero più comprensivo nei confronti dei podisti che inventavano ogni scusa pur di saltare questa fase di allenamento. Questo mi portò, dopo qualche anno, alla messa a punto di un nuovo metodo di stretching, che presenterò nella fase finale di questo paragrafo. Ma non ero il solo a nutrire dei dubbi, negli ultimi anni sono stati pubblicati alcuni articoli che mettono in discussione la pratica dello stretching (→ G. Alberti e L. Ongaro, 2009). In molti raccomandano di evitare il fenomeno "creping"[1]. Questa precisazione mi fa molto piacere anche perché era stato uno dei motivi che mi aveva messo, a suo tempo, in crisi: non riuscivo a convincermi che il dolore causato dalla ricerca dell'eccesso di allungamento fosse positivo. Ma veniamo a oggi e cerchiamo di capire come mai ritengo lo stretching molto utile per il benessere dei podisti.

Cos'è lo stretching
Il termine *stretching* ha la sua origine nel vocabolario inglese e significa "allungamento". Deriva del verbo *to stretch* che significa stirare, allungare. In ambito sportivo quando parliamo di stretching intendiamo l'esecuzione di una serie di esercizi atti a favorire la flessibilità di muscoli e tendini e la mobilità articolare.

Cos'è la mobilità articolare
Rappresenta la capacità di esecuzioni e ottimizzazione dei movimenti di: flesso estensione, abduzione-adduzione, circonduzione. In sintesi la facilità nell'effettuare movimenti nello spazio.

Cos'è l'estensibilità
Rappresenta la capacità che ha un muscolo di allungarsi. Oltre un certo limite, più il muscolo si allunga, più è la resistenza che si oppone all'allungamento.

Cos'è la flessibilità
Dipende dalla mobilità articolare e dall'estensibilità. È influenzata dai seguenti fattori:

---

[1] Eccesso di stiramento e di durata della fase di allungamento.

1) Età: la flessibilità tende a ridursi con il trascorrere degli anni. L'età giovanile è ideale per favorire il miglioramento dell'estensibilità e della mobilità articolare.
2) Sesso: le donne hanno maggiore flessibilità degli uomini a tutte le età. Nell'uomo comincia a diminuire già intorno ai 10 anni. L'allenamento, in relazione allo sport praticato, rallenta la diminuzione della mobilità articolare. La pratica del podismo tende a renderci meno flessibili.
3) Temperatura: con il caldo la flessibilità tende ad aumentare, con il freddo a diminuire.
4) Orario: nel pomeriggio la flessibilità è maggiore che nella mattina.
5) Componenti ereditarie: anche il corredo genetico influenza la flessibilità.
6) Stress: le tensioni nervose rendono meno flessibili.

Il podista, sia chiaro, non deve essere come una ballerina o un contorsionista, deve solo avere i muscoli elastici, con meno tensioni possibili. Deve sentirsi come una pallina gonfia, in grado di fare dei piccolissimi ribalzi per moltissimo tempo. Questo è possibile proprio attraverso lo sviluppo della flessibilità e la giusta impostazione tecnica.

La flessibilità migliora già dopo la prima sessione di allenamento. L'aumento permane per 24 ore dimostrando che non è solo legato all'innalzamento della temperatura corporea. Lo stretching praticato sistematicamente e in modo corretto migliora la flessibilità in modo pressoché permanente.

Durante gli allenamenti o le gare il podista resta nella stessa posizione per diversi minuti, se non addirittura per ore, con inevitabile perdita di flessibilità e sensazione di durezza soprattutto a livello della muscolatura posteriore delle cosce e della schiena. Sono sufficienti 5-10 minuti ogni giorno per mantenerla.

Ci sono diversi fattori che determinano l'aumento della flessibilità: cambiamenti strutturali della capsula articolare e dei legamenti; cambiamenti strutturali nei muscoli e probabilmente anche nei tendini; aumentata inibizione dei riflessi dei muscoli che si oppongono al movimento.

Vediamo ora a cosa serve lo stretching.
1) Muscoli, tendini e articolazioni flessibili rendono l'azione di corsa più fluida, efficace, divertente e piacevole da praticare.
2) Contribuisce a prevenire gli infortuni. Su questo tema è in corso un dibattito, ma in base alla mia esperienza coloro che praticano in modo corretto e sistematico lo stretching si infortunano meno di chi non lo pratica o lo pratica in modo saltuario o in forma non corretta.
3) Contribuisce ad affrontare nel miglior modo un allenamento o una gara e a recuperarne la fatica.
4) Supporta il riscaldamento.
5) Contribuisce a diminuire il costo energetico della corsa o del gesto tecnico.
6) Contribuisce ad allentare tensioni talvolta legate all'aspetto psicologico.
7) Contribuisce al miglioramento dello stato di salute generale.
8) Stimola la lubrificazione delle articolazioni.
9) Favorisce la circolazione del sangue.
10) Migliora la funzionalità del sistema respiratorio.
11) Sviluppa la consapevolezza del proprio corpo.
12) Attenua lo stress.
13) È un presupposto all'apprendimento della coordinazione e degli schemi motori.

I metodi di stretching
Dopo il mio periodo di "crisi" sono diventato un acceso sostenitore della pratica sistematica dello stretching tanto che ne propongo 20 minuti ogni mattina agli allievi che partecipano ai miei Training Holidays estivi. Io dedico allo stretching i primi 5 minuti di ogni mia giornata e lo ripeto prima e dopo l'allenamento.

I metodi attualmente più usati sono: il metodo balistico, il metodo di Bob Anderson, la PNF, lo stretching globale "decompensato" e il metodo di Warton.

Il metodo dinamico-balistico. Rappresenta il vecchio metodo di fare allungamento. Si basa sull'esecuzione di una serie di esercizi attraverso leggeri molleggi che hanno l'obiettivo di far avvicinare i segmenti corporei interessati. Per qualche anno questo sistema è stato poco usato perché era ritenuto responsabile di infortuni. Oggi invece è nuovamente in voga.

Il metodo Bob Anderson. All'inizio degli anni Settanta ebbe larga diffusione il libro di Bob Anderson che, dopo aver osservato la scarsa efficacia del metodo balistico, ne creò uno completamente diverso. È un metodo cosiddetto statico: si basa sul mantenere una postura tale da allungare un muscolo per un totale di circa 30-40 secondi. Una volta raggiunta la posizione di allungamento, Anderson indica di ricercare due tipi di tensione.

1) Tensione facile. Si ricerca una leggera-media sensazione di allungamento e la si mantiene per 10-30 secondi. Poi, mantenendo la stessa postura, si ricerca il successivo tipo di tensione.
2) Tensione di sviluppo. Si tratta di cercare nuovamente una sensazione di allungamento leggera-media e mantenerla per altri 10-30 secondi. Si noterà che rispetto alla tensione facile il muscolo raggiunge subito maggior flessibilità.

Ogni esercizio deve essere ripetuto 3-4 volte per muscolo, mantenendo un ritmo di respirazione normale. È fondamentale evitare la tensione drastica, ovvero il dolore.

Questo metodo, se eseguito secondo le indicazioni di Anderson, può dare buoni risultati, tuttavia io ritengo che molti degli esercizi presentati nel suo libro propongano posture scorrette. Il rischio è danneggiare in particolare la schiena per ottenere la flessibilità di altri gruppi muscolari, e favorire il fenomeno del "creping". È proprio questo il metodo che mi ha fatto andare in crisi: ho smesso di usarlo nel 2001.

La PNF. La traduzione in italiano di questa sigla è: Facilitazione-Propriocettiva-Neuromuscolare.

Questo metodo nasce per la riabilitazione dei poliomelitici negli USA, per la precisione a Washington dal dott. Karbat e dalle terapiste Margaret Knot e Dorothy Voss.

Il muscolo interessato viene contratto in forma isometrica, mantenendo la tensione per 6-7 secondi, lavorando anche in contro-resistenza. Successivamente si tiene rilassato il muscolo per 3-5 secondi, dopodiché si passa alla fase di allungamento, che viene mantenuta per una ventina di secondi. Ogni esercizio dovrebbe essere ripetuto 2-3 volte.

Ritengo questo sistema sostanzialmente valido, anche se non adatto per il dopo allenamento o il dopo gara perché è troppo faticoso. Può andare bene nel riscaldamento, specialmente se preceduto da 3-5 minuti di blanda attività aerobica. Ottimo in caso di sosta forzata a causa di una malattia, impegni di lavoro o altro. La PNF è valida anche se eseguita nei giorni in cui non è previsto l'allenamento. Da evitare in periodi troppo vicini alle gare.

Lo stretching globale decompensato si avvale dell'ausilio della Pancafit. Rispetto ai metodi che si basano sull'allungamento muscolare, questo metodo si basa sull'allungamento delle catene muscolari. Molta importanza viene data alla respirazione.

Il metodo Warton. Jim e Phil Warton sono padre e figlio e hanno uno studio di fisioterapia a New York. Il sottotitolo del metodo Warton è tradotto in italiano come: "stretching, attivo e isolato". *Attivo* significa che ogni esercizio deve essere ripetuto per 10-15 volte mantenendo la posizione di allungamento per 1-2 secondi, per passare a una posizione di relax che deve durare quanto l'allungamento. Ogni muscolo sul quale intendiamo esercitare l'allungamento deve essere *isolato*, concentrandosi sulla contrazione concentrica dell'antagonista. I Warton anno studiato 59 esercizi relativi a tutti i principali gruppi muscolari. La loro metodologia prevede che ogni esercizio possa essere eseguito sia da soli, sia con l'aiuto della corda o di un compagno.

Le posture della serie di esercizi proposti sono tutte accuratamente studiate e per niente dannose. I Warton raccomandano di non arrivare mai a sentire dolore e di eseguire gli esercizi in ambiente idoneo (→ Jim e Phil Warton, 1996). Nel febbraio del 2001 dopo aver conosciuto i Warton alla maratona di New York del 2000, che avevo corso accompagnando il cantante Riccardo Fogli, incuriosito dal loro metodo e in piena "crisi" andai a fare uno stage da loro. Esperienza

> *Osservazioni*
>
> *Approfondendo le conoscenze del metodo di esecuzione dello stretching proposto dai Warton ho notato che:*
> - *È difficile isolare tutti i gruppi muscolari. Un'esecuzione perfetta, così come indicano i Warton, è possibile per i grandi gruppi muscolari, ma difficilissima per i gruppi muscolari più piccoli.*
> - *Uno o due secondi di allungamento sono troppo pochi, l'azione rischia di diventare troppo veloce, stancante e non abbinata con la respirazione.*

professionalmente importantissima per me che mi fece "riconciliare" con lo stretching. Non accettai completamente il loro metodo anche se mi piacque moltissimo.

Le modifiche e i nuovi gruppi di esercizi
Dopo aver osservato bene gli effetti del metodo Warton e averne riconosciuto la validità, decisi di adattarlo e perfezionarlo, facendo riferimento alle mie conoscenze e a quanto riportato in letteratura sull'argomento. Quanto vi propongo è già stato provato con buoni risultati da molti podisti. La modifica principale riguarda la respirazione, alla quale attribuisco la massima importanza. In posizione di riposo si effettua una inspirazione con il naso; arrivati poi nella posizione di allungamento si effettua un'espirazione che viene effettuata con la bocca. Quando sono stati appresi gli esercizi, almeno quelli più importanti, invito i podisti a effettuare lo stretching abbinato alla respirazione addominale o diaframmatica. Con questo tipo di respirazione, che favorisce il rilassamento, gli effetti benefici dello stretching aumentano.

Ho pensato a tre gruppi di esercizi che non mettano sotto stress le articolazioni delle vertebre, garantendo quindi salute alla schiena.

1) **Pre-corsa**: 5-6 esercizi da effettuare in piedi in spazi piccoli, quindi anche prima della partenza per una gara con 20.000-40.000 persone. Questi esercizi devono essere fatti sempre dopo gli esercizi di riscaldamento.

2) **Post-corsa immediato**: 2 esercizi da fare immediatamente dopo l'arrivo, proprio mentre si aspetta di smettere di sudare, prima di fare la doccia. Anche questi sono da fare in piedi, necessitano solo di un piccolo appoggio che in exstremis può essere costituito dalla gomma di un auto.

3) **Post-corsa**: il riferimento al metodo Warton è più spiccato in questo gruppo di esercizi, che sono da fare con calma, anche dopo diverse ore dal termine dell'allenamento o della gara, in un luogo se possibile rilassante evitando, sempre se possibile, i figli che saltano addosso, il cane che abbaia perché vuole uscire e altre situazioni tali da disturbare la quiete.

Per lo stretching pre-corsa si eseguono 5-10 ripetizioni, per quello post-corsa immediato 10-20 ripetizioni per gamba e lo stesso per il post-corsa.

STRETCHING PRE-CORSA

A. Partenza   B. Esecuzione

1. Mani dietro la schiena. Portare una gamba avanti assumendo la posizione di divaricata sagittale. Mantenere la gamba anteriore tesa e piegare quella posteriore. Flettere la schiena in avanti mantenendola diritta fino ad avvertire la sensazione di allungamento ai muscoli posteriori della coscia della gamba anteriore, espirare. Ritornare alla posizione di partenza, inspirare.

2. Mani dietro la schiena. Portare una gamba avanti assumendo la posizione di divaricata sagittale. Piegare la gamba anteriore e spingere con il bacino in avanti, espirare. Il tallone della gamba posteriore non deve essere sollevato. Ritornare alla posizione di partenza, inspirare.

A. Partenza   B. Esecuzione

A. Partenza   B. Esecuzione

3. Mani dietro la schiena. Portare una gamba avanti assumendo la posizione di divaricata sagittale. Piegare le gambe quasi a toccare con il ginocchio il terreno, espirare. Ritornare alla posizione di partenza, inspirare.

A. Partenza   *B. Esecuzione*   4. Mani dietro la schiena, divaricare le gambe. Piegare una gamba e tenere tesa l'altra ruotando la punta verso l'alto e mantenendo il busto dritto, espirare. Ritornare alla posizione di partenza, inspirare.

5. In piedi. Palmi delle mani rivolti verso l'alto. Piegare le ginocchia fino a sedersi sui talloni fissi al terreno. Estendere le mani in avanti, espirare. Ritornare alla posizione di partenza, inspirare tenendo le mani vicino al corpo.   *A. Partenza*   *B. Esecuzione*

A. Partenza   *B. Esecuzione*   6. In piedi. Mani in alto unite e gambe accavallate. Flettere lateralmente il busto dalla parte del piede posteriore, espirare. Ritornare alla posizione di partenza, inspirare.

STRETCHING POST-CORSA IMMEDIATO

1. Appoggiare un piede sopra un rialzo situato a 10-20 centimetri sotto l'anca. Il busto è in posizione eretta, la gamba in appoggio è tesa con il piede rivolto verso il rialzo. Inspirare e piegare l'arto inferiore situato sul rialzo avanzando con l'arto inferiore in appoggio, mantenendo il tallone in terra e la schiena verticale. Raggiunto il massimo piegamento dell'arto inferiore in appoggio sul sostegno espirare e mantenere la posizione fino al termine della espirazione. Sarà avvertita tensione sulla coscia dell'arto piegato, sulla parte alta della coscia, sulla zona addominale e sul polpaccio dell'arto in appoggio sul terreno. A questo punto, inspirando, estendere l'arto in appoggio sul rialzo e arretrare con il busto. Raggiunta la massima estensione dell'arto inferiore, espirare e avvicinare il tallone verso il sostegno. Mantenere la posizione fino al termine dell'espirazione. Sarà avvertita tensione ai muscoli posteriori della coscia, del polpaccio e dei muscoli sotto la pianta del piede. Ripetere per 1-3 serie di 10-15 ripetizioni.

2. Appoggiare un piede sopra un rialzo situato a 10-20 centimetri sotto l'anca. Il busto è in posizione eretta e parallela al rialzo, la gamba in appoggio è tesa con il piede parallelo al rialzo. Inspirare e piegare l'arto situato sul rialzo avanzando con l'arto in appoggio, mantenendo il tallone in terra e la schiena verticale. Raggiunto il massimo piegamento
dell'arto in appoggio sul sostegno espirare e mantenere la posizione fino al termine dell'espirazione. A questo punto, inspirando, ritornare nella posizione di partenza. Espirando piegare il busto dalla parte del rialzo, cercando di avvicinare il tallone al sostegno. Sarà avvertita tensione sull'interno, dietro la coscia e sul lato esterno del busto. Ripetere per 1-3 serie di 10-15 ripetizioni.

STRETCHING POST-CORSA

1. *Tendine di Achille e soleo.* Seduti, piegare una gamba fino a farle raggiungere un angolo di circa 90°. Estendere leggermente le dita. Con le mani afferrare il piede nella sua parte più larga, all'altezza dei metatarsi, e aiutare la flessione dorsale della caviglia, espirare. Tornare nella posizione di partenza, inspirare. Con il tallone vicino alla coscia, l'esercizio interessa maggiormente il tendine di Achille; con il tallone più distante dal coscia, il muscolo coinvolto in prevalenza è il soleo.

A. Partenza   *B. Esecuzione*

2. *Muscoli posteriori della coscia.* Mani lungo i fianchi. Testa appoggiata, mento in avanti. Estendere una gamba fino a quando sarà avvertita la sensazione di allungamento, mantenere il piede a martello, contrarre leggermente i muscoli anteriori della coscia. Espirare. Tornare nella posizione di partenza, inspirare. La gamba che non partecipa all'esercizio rimane leggermente piegata.

A. Partenza   *B. Esecuzione*

3. *Schiena.* Raccogliere le ginocchia al petto, afferrarsi le mani che passano dietro le cosce più vicino possibile alle ginocchia. Facendo una leggera forza con le mani avvicinare il più possibile le ginocchia al petto, espirare. Tornare nella posizione di partenza e inspirare. Sarà avvertito l'appiattimento della schiena e allo stesso tempo una sensazione di allungamento a livello di glutei e muscoli dorsali. In questo esercizio, fin dall'inizio consiglio di applicare la respirazione diaframmatica (→ 3.7).

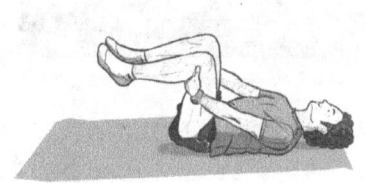 

A. Partenza   *B. Esecuzione*

4. *Muscoli laterali degli arti inferiori.* Braccia in fuori. Portare una coscia perpendicolare al terreno in modo che formi un angolo di 90° con il bacino. Ruotare ed estendere la gamba mantenendo il bacino attaccato al terreno, espirare e ruotare il capo dalla parte opposta. Tornare nella posizione di partenza e inspirare.

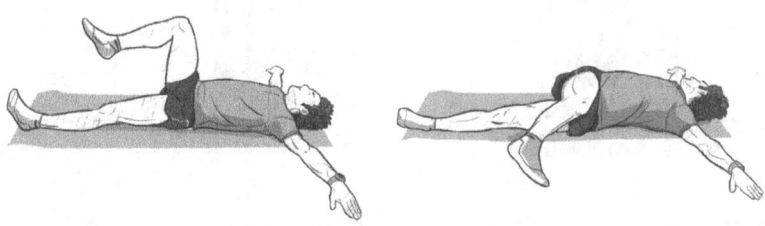

A. Partenza   *B. Esecuzione*

5. *Muscoli glutei e laterali della coscia.* Accavallare una gamba e porre le mani dietro il ginocchio posteriore. Facendo una leggera forza con le mani avvicinare il più possibile il ginocchio al petto, espirare. Ritornare nella posizione di partenza, inspirare e ripetere. In questo esercizio, fin dall'inizio consiglio di applicare la respirazione diaframmatica (→ 3.7).

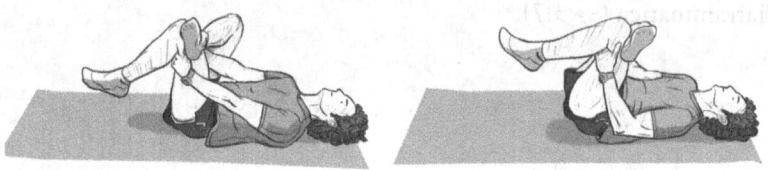

A. *Partenza* B. *Esecuzione*

6. *Muscoli anteriori della coscia e di collegamento fra schiena e femore.* In ginocchio su una gamba, piegare l'altra in modo da formare un angolo retto tra gamba e coscia. Mantenendo la schiena diritta avanzare con la parte di bacino corrispondente al ginocchio che appoggia in terra, espirare. Ritornare nella posizione di partenza e inspirare.

A. *Partenza* B. *Esecuzione*

7. *Muscoli della pianta del piede.* In quadrupedia, appoggiarsi sull'avampiede e mantenere un angolo chiuso tra gamba e coscia. Mantenere l'angolo invariato, sbilanciarsi in avanti e portarsi sulle punte dei piedi, espirare. Ritornare nella posizione di partenza e inspirare.

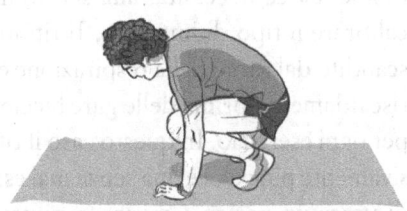

A. *Partenza*   B. *Esecuzione*

8. *Anteriori della gamba e della coscia, schiena.* In ginocchio sui talloni, schiena allungata e braccia in avanti, espirare. Staccare il sedere dai talloni e sollevarsi, estendendo in contemporanea le braccia verso l'alto. Inspirare e ritornare nella posizione di partenza.

A. *Partenza*   B. *Esecuzione*   C. *Esecuzione*
                             intermedia   *finale*

Talvolta può essere necessario eseguire gli esercizi anche per un numero superiore di ripetizioni, oppure 2-3 serie di 10 ripetizioni di ogni esercizio per gamba.

Questo è il metodo che uso io: il numero delle ripetizioni è gestibile a livello individuale e varia anche in relazione al gruppo di esercizi, alle momentanee necessità, alla sensibilità dell'allenatore e del podista di calibrare il tipo di impegno. Il ritmo di esecuzione degli esercizi viene scandito dal ritmo della respirazione ed è piuttosto tranquillo. Durante il riscaldamento prima delle gare faccio eseguire tre serie di 5-6 ripetizioni per ogni esercizio. In questo caso il ritmo di esecuzione diventa progressivamente più veloce, ma senza mai esagerare. Ad alcuni podisti consiglio di usare un nastro semirigido piuttosto largo non per tirare troppo il muscolo, ma solo per raggiungere la posizione richiesta dall'esercizio.

Evitare gli errori
Lo stretching fa bene, ma è necessario non dimenticare alcune regole fondamentali. Addirittura ci sono alcune situazioni in cui è meglio evitare di praticare questa serie di esercizi piuttosto che farli in modo non corretto.

1) **La fretta.** Lo stretching deve essere fatto sempre con calma e concentrazione, altrimenti può essere dannoso. Se non si ha tempo sufficiente meglio non farlo o rimandarlo. Proprio per questo motivo ho pensato agli esercizi del post-corsa immediato: soli 5 minuti mentre si sta ancora sudando sono facili da trovare, mentre trovarne 15 potrebbe essere un'impresa davvero ardua.
2) **In fase acuta.** Non farlo quando c'è un trauma che genera un dolore muscolare o tendineo e quando c'è mal di schiena. In questi casi è preferibile prima il riposo e le adeguate cure, poi potranno essere inseriti esercizi di stretching molto blandi. Eseguire lo stretching senza essere sicuri della perfetta guarigione può far rinascere il problema.
3) **Quando la stanchezza è forte.** Può capitare al termine di una gara o di un allenamento di sentirsi "cotti". È preferibile eseguire lo stretching in forma molto soft dopo diverse ore, o addirittura il giorno dopo.
4) **Quando la concentrazione è scarsa.** Prima di una gara può succedere di essere un po' agitati, a causa dell'arrivo all'ultimo momento o della normalissima "tensione pre-gara". Invece di eseguire qualche esercizio male, perché non sufficientemente concentrati, è bene non farlo proprio e limitarsi a qualche esercizio di riscaldamento.

5) **Le superfici.** Se non avete a disposizione una superficie adatta per lo stretching del post-corsa, non lo fate. Fate solo quelli dell'immediato post-corsa. Il letto è troppo morbido, il tappeto è troppo duro. L'ideale è un materassino da palestra o un paio di tappeti messi uno sull'altro.
6) **Non sentire male.** Molti purtroppo credono, ancora oggi, che lo stretching faccia bene solo se l'allungamento viene forzato a tal punto da avvertire dolore. Sbagliato. Il dolore esprime una sensazione di disagio dell'organismo, quindi è impensabile che per ottenere maggior flessibilità sia necessario sentire male.
7) **Attenzione alle posture.** Spesso vediamo podisti che nell'intento di allungare i muscoli posteriori della coscia e i glutei sottopongono la schiena a un lavoro decisamente dannoso. La schiena non deve mai essere piegata a livello dorsale. La flessibilità dei muscoli posteriori delle cosce deve essere sviluppata con la schiena in "scarico", cioè in terra o comunque mai in posizione incurvata.
8) **Lo stretching al risveglio.** Dopo una notte di sonno tutto è rallentato, ogni movimento è più difficile. Chi conosce molto bene il suo organismo e le tecniche di esecuzione dello stretching potrà iniziare la giornata "allungandosi" senza meravigliarsi di vedere la flessibilità muscolare molto ridotta. Bastano due o tre esercizi molto soft per affontare la giornata "con il piede giusto", che si debba correre o no. Chi non si sente sicuro dovrebbe eseguire gli esercizi di stretching al risveglio dopo alcuni esercizi di riscaldamento.

3.2 Core stability

I podisti sono convinti che per allenarsi sia sufficiente correre. Sia chiaro, non è certo sbagliato, ma non basta. Il motivo è da ricercare nel fatto che la corsa prolungata tende a far perdere forza soprattutto in quei muscoli che hanno il compito di mantenere un'adeguata postura.

Da moltissimi anni sto conducendo una "battaglia" per far capire ai podisti l'importanza di essere forti per correre, stare bene e andare più veloci. Molti dei podisti che seguo hanno ottenuto buoni risultati, sia a livello di prevenzione degli infortuni, sia di miglioramento della prestazione e di benessere generale, proprio dedicandosi alla pratica sistematica degli esercizi di core stability e di stretching. In pratica il core stability si basa sulla tonificazione dei muscoli che circondano il baricentro, che rappresenta il fondamentale punto di attivazione del movimento. La corsa è un continuo susseguirsi di perdita e ricerca dell'equilibrio. Durante questa azione, che viene ripetuta a ogni passo, i muscoli della zona centrale del corpo devono compiere l'importante lavoro di stabilizzare l'azione degli arti inferiori. Quindi se i muscoli del core sono poco tonici e poco flessibili è facile che possano nascere problemi agli arti inferiori, ma anche a livello della schiena e in particolare della zona lombare. La sindrome della bandelletta ileotibiale, un problema purtroppo molto conosciuto fra i podisti, può essere ad esempio causato proprio da un deficit di forza e flessibilità dei muscoli del core. Se facciamo le ripetute sui 200 metri l'azione è "tosta", se facciamo il lento è meno potente, ma comunque siamo lì a impattare con il suolo. Pensate poi alla corsa in discesa, dove l'impatto è accentuato enormemente in relazione alla pendenza e alla velocità di percorrenza.

La National Academy of Sport Medicine nel 2003 ha definito il core come formato da una serie di gruppi muscolari con funzioni di stabilizzatori e di movimento.

Sistema Stabilizzatore	
Trasverso dell'addome	
Obliquo interno	
Multifido	
Trasverso spinale lombare	
Sistema di Movimento	
Retto dell'addome	Adduttori
Obliquo esterno	Quadricipite
Erettore spinale	Ischio-crurali
Quadrato dei lombi	Grande gluteo

In questi anni ho trovato notevole difficoltà a far prendere coscienza della muscolatura del core ai podisti. Gli esercizi di core stability si eseguono in forma isometrica mantenendo inizialmente la posizione per 5-6 secondi. È preferibile che chi soffre di ipertensione esegua gli esercizi in forma dinamica e non in forma statica per renderli meno impegnativi. Gli esercizi di core possono essere fatti anche con semplici attrezzi, come la fit ball e lo skimmy[2].

---

[2] Sorta di palla di gomma gonfiabile e regolabile in relazione alle abilità del podista.

ESERCIZI DI CORE STABILITY

1. Prono, appoggiato sugli avambracci, gomiti all'altezza delle spalle. Alzare il busto tenendo gambe e bacino fermi su una stessa retta dalle spalle ai talloni. Espirare e mantenere la posizione per 5-6 secondi. Ripetere 3-10 volte con un recupero di 30-40 secondi.

   A. Partenza   B. Esecuzione

   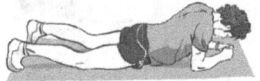   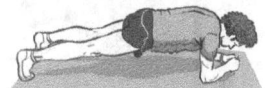

2. Prono, appoggiato sugli avambracci, gomiti all'altezza delle spalle. Alzare il busto tenendo gambe e bacino fermi su una stessa retta dalle spalle ai talloni. Sollevare una gamba tenendo fermo il resto del corpo. Espirare e mantenere la posizione per 5-6 secondi. Ripetere 3-10 volte con un recupero di 30-40 secondi.

   A. Partenza   B. Esecuzione

   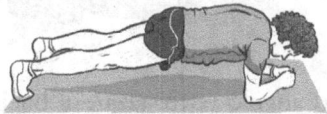   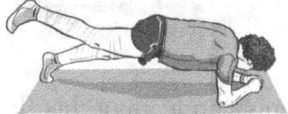

3. Supino, appoggiato sugli avambracci, gomiti all'altezza delle spalle. Alzare il busto tenendo gambe e bacino fermi su una stessa retta dalle spalle ai talloni, sguardo rivolto verso l'alto. Espirare e mantenere la posizione per 5-6 secondi. Ripetere 3-10 volte con un recupero di 30-40 secondi.

   A. Partenza   B. Esecuzione

4. Supino, con le ginocchia flesse ad angolo retto, alzare il bacino. Formare una linea retta tra le spalle e le ginocchia. Espirare e mantenere la posizione per 5-6 secondi. Ripetere 3-10 volte con un recupero di 30-40 secondi.
   A. Partenza   *B. Esecuzione*

5. Supino, con le ginocchia flesse ad angolo retto, alzare il bacino. Formare una linea retta tra le spalle e le ginocchia. Estendere una gamba. Espirare e mantenere la posizione per 5-6 secondi. Ripetere 3-10 volte con un recupero di 30-40 secondi.
   A. Partenza   *B. Esecuzione*

6. Supino, con le ginocchia flesse ad angolo retto, alzare il bacino. Formare una linea retta tra le spalle e le ginocchia. Estendere una gamba e poi fletterla in sospensione fino a formare un angolo di 90° tra gamba e coscia. Espirare e mantenere la posizione per 5-6 secondi. Ripetere 3-10 volte con un recupero di 30-40 secondi.
   A. Partenza   *B. Esecuzione*

7. Supino, gambe tese in sospensione a formare un angolo di 90°, sguardo rivolto verso l'alto. Invertire la posizione delle gambe alternativamente mantenendole in estensione per 5-6 secondi. Espirare e ripetere 3-10 volte con un recupero di 30-40 secondi.

A. Partenza   B. Esecuzione

 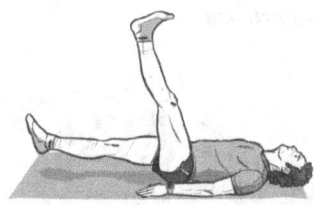

8. Seduti a terra, gambe in estensione a formare con il busto un angolo di 90°. Braccia aperte verso l'esterno. Mantenendo la posizione, spostare il peso del corpo indietro fino a ricercare un nuovo equilibrio. Espirare e mantenere la posizione per 5-6 secondi. Ripetere 3-10 volte con un recupero di 30-40 secondi.
A. Partenza   B. Esecuzione

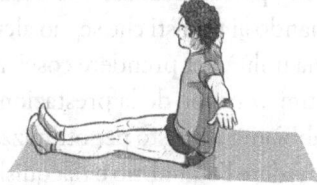 

9. Disteso su un fianco, poggiarsi sull'avambraccio interno. Sollevare il bacino. Espirare e mantenere la posizione per 5 secondi. Ripetere 3-10 volte con un recupero di 30-40 secondi.

A. Partenza   B. Esecuzione

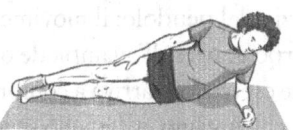 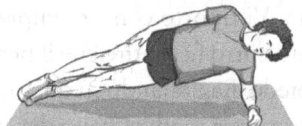

10. Disteso su un fianco, poggiarsi sull'avambraccio interno. Sollevare il bacino. Sollevare la gamba esterna in alto tenendo il resto del corpo fermo. Aprire il braccio esterno verso l'alto fino all'altezza delle spalle. Espirare e mantenere la posizione per 5-6 secondi. Ripetere 3-10 volte con un recupero di 30-40 secondi.

A. Partenza   B. Esecuzione

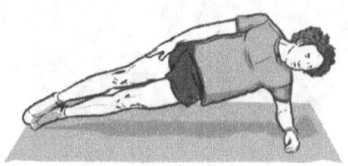

3.3 Ginnastica propriocettiva

La ginnastica propriocettiva consiste in una serie di esercitazioni che permettono di sviluppare quella che a me piace chiamare "sensibilità propriocettiva". Da molti anni sto insegnando ai podisti che seguo alcuni semplici esercizi che si rivelano di estrema utilità per prendere coscienza dell'azione di corsa, con benefici sull'ottimizzazione della prestazione e sulla prevenzione degli infortuni: come abbiamo già visto per ottimizzare il gesto tecnico della corsa è importante perdere l'equilibrio e riacquisirlo immediatamente. Questa azione motoria richiede sensibilità nel recepire gli impulsi che arrivano dall'appoggio del piede e dal posizionamento di tutti i segmenti del corpo interessati. Ebbene l'organismo, una macchina stupenda, possiede strumenti che spesso noi non consideriamo e non utilizziamo al meglio. Attraverso lo sviluppo della sensibilità propriocettiva acquisiamo una maggiore conoscenza di noi stessi in relazione al mondo esterno. Vi riporto come esempio l'esercizio del pendolo: il movimento del baricentro fa sentire che il peso del corpo grava sull'avampiede o sul retropiede. Ragionando su questo semplice esercizio si arriva a comprendere come nei piedi ci siano dei "sensori" che inviano al cervello segnali sulla nostra posizione.

Questi "sensori" sono i cosiddetti propriocettori e sono i fusi neuromuscolari e gli organi muscolotendinei del Golgi. I fusi neuromuscolari hanno il compito di gestire gli stimoli che arrivano al midollo spinale e al cervello in relazione allo stiramento muscolare. Gli organi del Golgi con la collaborazione dei corpuscoli del Ruffini e del Pacini hanno invece il compito di gestire quello che accade nei tendini e nelle articolazioni.

A queste informazioni si aggiungono anche quelle provenienti da recettori sensoriali di tipo tattile, pressorio e dolorifico che andranno inevitabilmente a influenzare l'equilibrio e la percezione del corpo nello spazio. Quando al termine della fase di volo avviene la fase di appoggio, tutti i propriocettori si attivano per inviare le informazioni al cervello che le elaborerà e invierà a sua volta un'indicazione su come effettuare l'appoggio in relazione alle varie situazioni, come ad esempio al tipo di scarpe che si sta calzando o al tipo di terreno su cui si sta correndo. Avere i piedi allenati a far fronte alle diverse situazioni aiuta a risolvere moltissimi problemi legati ad esempio alle distorsioni alle caviglie, ai crampi, alle tendiniti o agli stiramenti. In particolare per noi podisti, oltre alla sensibilità propriocettiva, è importante sviluppare "l'allenamento propriocettivo della forza" (→ J. Weineck, 2009). Se pensiamo infatti a quello che accade quando ci troviamo a correre sui sampietrini, in una corsa campestre o nei trail running è facile intuire che avere dei piedi abili, forti e resistenti ci permette di far fronte a queste situazioni nel migliore dei modi.

In una prima fase propongo esercizi da fare scalzi su una superficie liscia. Successivamente faccio usare strumenti come lo skimmy o le tavolette da ginnastica propriocettiva. Le prime volte è preferibile che questi esercizi vengano eseguiti in situazione di freschezza muscolare e nervosa, ovvero nei giorni in cui non è previsto l'allenamento per la corsa. In una fase successiva invece consiglio di fare gli esercizi di propriocettiva a fine allenamento, proprio per abituare l'organismo a resistere a situazioni difficili, in stato di affaticamento: si rivelerà molto utile nei finali di gare anche di 42,195 metri.

La propriocettiva non è quindi solo un mezzo di riabilitazione, ma è anche un mezzo di allenamento molto importante e utile. A titolo di esempio vi propongo alcuni esercizi di propriocettiva da fare a carico naturale e alcuni da fare con lo skimmy. Possono essere fatti prima a occhi aperti e poi a occhi chiusi. A chi porta gli occhiali li faccio fare prima con gli occhiali e poi senza.

GINNASTICA PROPRIOCETTIVA

1. In appoggio bipodalico, braccia lungo il corpo e testa rivolta in avanti. Portarsi su un solo piede spostando il peso del corpo sull'avampiede e flettendo una gamba in avanti. Ripetere.

2. In appoggio sul piede destro con il braccio destro a 90°. Gamba sinistra in leggera flessione anteriore. Portare lentamente la gamba sinistra indietro flettendo la gamba destra. Il busto deve restare dritto. Espirare. Ritornare nella posizione di partenza inspirando. Ripetere.

3. In appoggio bipodalico sullo skimmy, spostare il peso del corpo alternativamente sulle punte e sui talloni. Braccia lungo il corpo, sguardo fisso in avanti e schiena dritta (movimenti dall'avanti verso l'indietro).

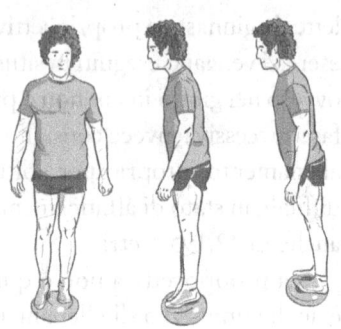

4. In appoggio bipodalico sullo skimmy, eseguire dei mini squat portando durante la discesa le braccia in avanti.

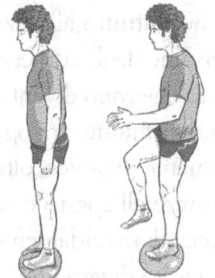

5. In appoggio monopodalico sullo skimmy, spostare il peso corporeo indietro, contemporaneamente all'allontanamento e alla flessione in avanti dell'arto inferiore libero. Mantenere la posizione.

6. In appoggio monopodalico sullo skimmy, spostare il peso corporeo avanti e contemporaneamente allontanare all'indietro l'arto inferiore libero. Mantenere la posizione.

3.4 Tonificazione muscolare

La tonificazione muscolare si basa su facili esercizi da effettuare a carico naturale o con l'ausilio di piccoli attrezzi che permettono di avere molti benefici: dalla prevenzione degli infortuni al miglioramento della postura durante la corsa e in situazioni normali, oltre a una più efficace azione di corsa in pianura, in discesa e in salita. Consiglio di non fare gli esercizi che vi indicherò né prima della gara o di allenamenti intensi, né dopo. Gli esercizi proposti saranno fatti in forma di circuito e devono essere preceduti dal riscaldamento. Ognuno sarà ripetuto per 20-30 secondi. Le prime volte il recupero fra gli esercizi sarà di durata doppia dell'esercizio, ma con il passare del tempo andrà sempre più accorciandosi fino ad annullarsi. Ogni gruppo di esercizi potrà essere fatto per 2-5 volte. Soprattutto all'inizio consiglio di fare una macropausa di 2-3 minuti al termine degli otto esercizi. Con i podisti più evoluti, quando mi rendo conto che sono diventati bravi, inserisco la "sorpresa": una corsa di 30 secondi-1 minuto fra ogni esercizio. La sorpresa serve a sviluppare il condizionamento organico, oltre a quello muscolare. Qualora non fosse possibile correre all'aperto o sul tapis roulant consiglio di inserire a rotazione gli esercizi di riscaldamento. Fatta in gruppo, questa esercitazione diventa anche molto divertente!

ESERCIZI DI TONIFICAZIONE A CARICO NATURALE

1. *Pettorali.* Piegamenti sulle braccia in parziale scarico. Mani in linea con le spalle, testa diritta, ginocchia appoggiate sulla superficie. Espirare e spingere con le braccia fino a distenderle, mantenendo le ginocchia ben fisse al terreno. Testa, collo, spalle, dorso devono mantenersi sulla stessa linea. Inspirare e piegare le braccia fino ad arrivare a sfiorare la superficie con il petto. Ripetere facendo sempre attenzione a non inarcare la schiena.

2. *Affondi con spinta indietro.* In piedi, avanzare con una gamba fino a raggiungere la posizione di affondo. Inspirare. Ora spingere con la gamba indietro fino a tornare nelle posizione di partenza.

3. *Addominali-Crunch.* Piedi appoggiati al suolo, le braccia distese lungo il corpo con i palmi delle mani rivolte verso il basso. Espirando staccare le spalle da terra, mantenendo la testa in linea con il collo e le spalle. Inspirare nella fase di ritorno. Ripetere.

 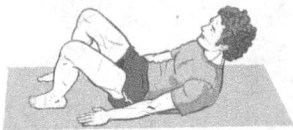

4. *Dorsali.* Mento a terra. Braccia in alto (sul prolungamento delle spalle). I gomiti guidano il movimento, la loro azione gestisce la flessione e l'estensione delle braccia. Inspirando e mantenendo i piedi a terra portare i gomiti in fuori in basso, avvicinarli alla zona laterale del dorso e ripetere il movimento per tornare alla posizione di partenza. Durante il movimento le braccia lavorano staccate dal terreno. Inspirare mentre i gomiti scendono, espirare mentre i gomiti salgono. Ripetere.

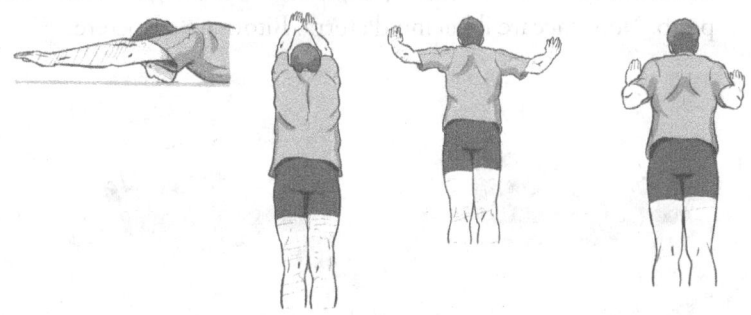

5. *Pettorali, braccia.* Piegamenti sulle braccia. Mani in linea con le spalle, testa diritta. Espirare e spingere con le braccia fino a distenderle. Testa, collo, spalle, dorso, bacino, cosce, ginocchia e gambe devono essere mantenuti sulla stessa linea. Inspirare e piegare le braccia fino ad arrivare a sfiorare la superficie con il petto. Ripetere facendo attenzione a non inarcare la schiena.

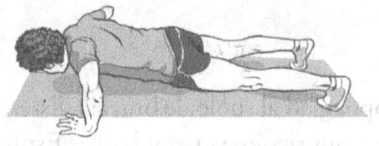 

6. *Affondi, spinte avanti.* Dalla stessa posizione dell'esercizio n° 2, spingere in avanti facendo forza sull'arto anteriore e ritornare nelle posizione di partenza.

7. *Addominali-crunch inversi.* Schiena su una superficie adeguata, mani lungo i fianchi, testa a terra, mento in avanti. Portare le ginocchia perpendicolari al bacino in modo che l'angolo fra cosce e addome risulti essere di 90°. Inspirare. Espirando tirare le ginocchia verso il petto. Non staccare il bacino da terra. Ritornare e ripetere.

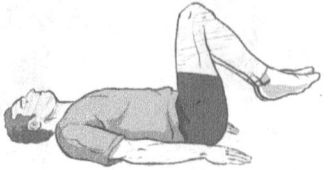 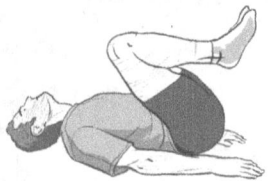

8. *Muscoli posteriori della gamba.* Seduti alla panca, avampiedi in appoggio su un rialzo e gambe leggermente divaricate. Spingere con le punte verso l'alto ed espirare. Tornare nella posizione di partenza e inspirare. Per aumentare il carico appoggiare le mani sulle ginocchia e spingere verso il basso.

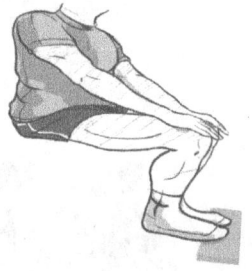 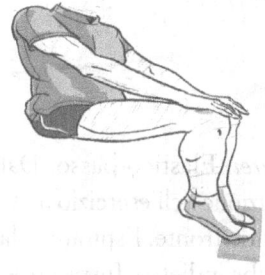

ESERCIZI CON GLI ELASTICI

Un attrezzo facilissimo da trasportare e di grande utilità per fare gli esercizi di tonificazione è costituito dalla fascia elastica. Questo attrezzo è facilmente reperibile nei negozi di sport, è di gomma e ha diversi colori in relazione alla sua consistenza. Ne esistono di più o meno morbidi. Un capo dell'elastico va fissato a un supporto stabile (termosifone, piede del letto...), mentre l'altro sarà posizionato sul vostro corpo (caviglie, mani) che sarà il punto su cui andremo a fare forza. Fondamentale è la scelta della distanza tra il supporto stabile e voi: l'elastico non deve essere in completa estensione, bensì leggermente molle, in modo da non avere, durante la fase di allungamento, una resistenza elevata. Il tipo di lavoro che vi sto proponendo è un circuito di otto esercizi che vanno eseguiti in successione senza pause intermedie. Deve essere svolto per 2-3 volte consecutivamente, con un'unica pausa di 3-4 minuti alla fine di ogni circuito.

1. *Cosce.* Elastico basso. Mantenendo il busto diritto, espirare e slanciare la gamba avanti. Inspirare e ripetere.

2. *Glutei.* Elastico basso. Dalla stessa posizione dell'esercizio n° 1, ma cambiando fronte. Espirare e slanciare la gamba indietro. Inspirare e ripetere.

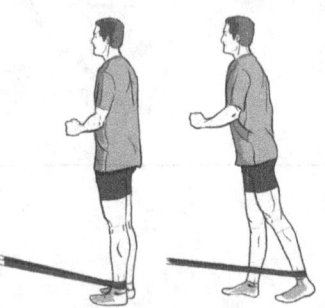

3. *Posteriori delle cosce.* Distesi proni, fissare l'elastico a livello delle caviglie. Espirando avvicinare la caviglia al gluteo.

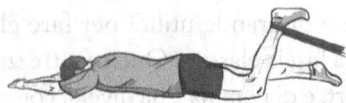
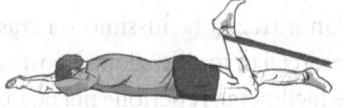

4. *Quadricipiti.* Seduti, schiena diritta. Espirando estendere la gamba.

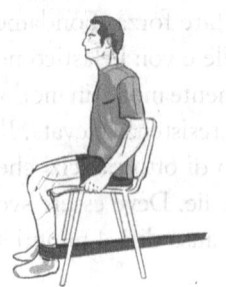
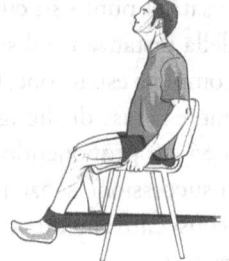

5. *Pettorale*. Stazione eretta, apertura laterale delle braccia a 90°, angolo tra braccio e avambraccio pari a 90°. Espirando estendere in avanti il braccio.

6. *Muscoli Romboidi*. Stazione eretta, apertura laterale delle braccia a 90°, braccio esteso in avanti. Espirando flettere indietro il braccio fino all'allineamento con le spalle.

 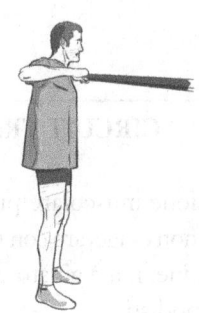

7. *Bicipite brachiale*. Elastico basso. Da seduti, braccio teso, all'altezza del fianco impugnare l'elastico con il palmo in alto. Espirando piegare l'avambraccio sul braccio. Inspirare e ripetere.

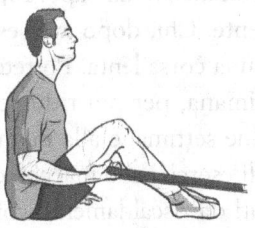 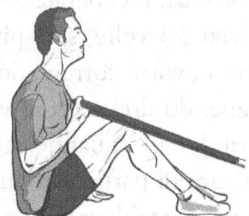

8. *Tricipite brachiale.* Elastico basso. Seduti, schiena diritta, gomito in alto. Spalle rivolte verso il punto di fissaggio dell'elastico. Piegare l'avambraccio impugnando l'elastico con la mano rivolta verso l'alto ed estenderlo espirando.

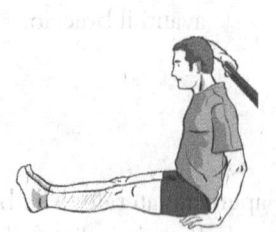 

CIRCUIT TRAINING IN PALESTRA

La tonificazione muscolare può essere fatta anche in palestra, facendo attenzione a non esagerare con i carichi. Ritengo più efficaci le esercitazioni senza macchine, ma è giusto dare anche questa proposta, sperimentata con diversi podisti.

Ogni singolo step del circuito dovrà essere ripetuto 20 volte. Fra ogni esercizio non dovrà esserci nessun recupero. Il carico dovrà essere tale da arrivare a eseguire le 20 ripetizioni previste con fatica, anche se non eccessiva. Appena sarà diventato facile eseguire le 20 ripetizioni, il carico potrà essere aumentato di 1-3 chili. Dopo aver eseguito tutti i 6 esercizi, recuperate 3-4 minuti e ricominciate da capo. Ripetere gli esercizi 2-3 volte, sarà più che sufficiente. Chi, dopo aver eseguito il circuito, vorrà correre, dovrà eseguire una corsa lenta. Potrete iniziare eseguendo il circuito 2 volte alla settimana, per poi ridurre a una e abbandonarlo quando manca una o due settimane alla maratona o a una gara di particolare importanza. Gli esercizi alle macchine che sto per proporre dovranno essere preceduti da riscaldamento completato da 2-3 esercizi di core stability.

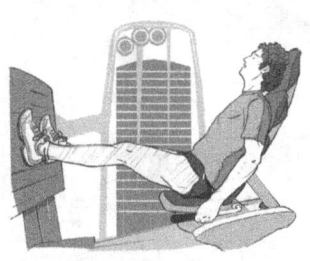

1. *Cosce. Leg press.* Schiena in appoggio sullo schienale, gambe tese e piedi leggermente divaricati. Flettere le gambe verso il busto e inspirare. Estendere le gambe ed espirare. Tornare nella posizione di partenza. Inspirare.

2. *Muscoli pettorali. Pectoral machine.* Schiena in appoggio sullo schienale, gomiti flessi in appoggio, avambracci e polsi rilassati. Avvicinare il più possibile le braccia ed espirare. Tornare nella posizione di partenza e inspirare.

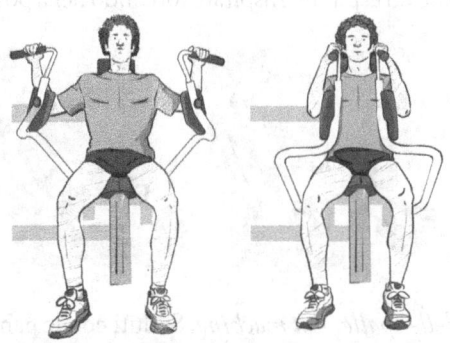

3. *Muscoli della gamba. Spinta dei solei.* Seduti sulla panca, avampiedi in appoggio su un rialzo, gambe leggermente divaricate. Spingere con le punte verso l'alto ed espirare. Tornare nella posizione di partenza e inspirare. Per aumentare il carico, poggiare sulle ginocchia un disco e stabilizzarlo con le mani, o usare l'apposita macchina.

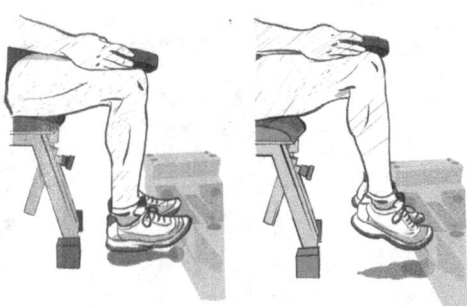

4. *Muscoli posteriori delle braccia. Lat machine.* In piedi di fronte alla macchina. Mani sull'impugnatura e gomiti vicini al busto. Spingere con gli avambracci verso il basso senza spostare i gomiti. Espirare. Tornare nella posizione di partenza e inspirare.

5. *Muscoli posteriori cosce. Leg curl.* Schiena in appoggio sullo schienale, gambe tese con le caviglie sopra l'imbottitura. Spingere con le gambe verso il basso ed espirare. Inspirare tornando nella posizione di partenza.

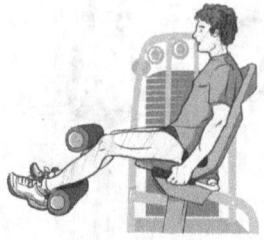 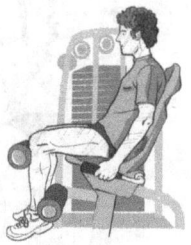

6. *Muscoli delle spalle. Lat machine.* Seduti con le gambe bloccate sotto l'imbottitura, impugnare la barra quasi all'estremità. Portare la barra dietro la nuca tenendo i gomiti in asse con il corpo ed espirare. Inspirare tornando nella posizione di partenza.

Attenzione perché gli esercizi indicati possono non essere adatti a tutti.

3.5 Ginnastica respiratoria

Uno dei nostri muscoli più importanti è senza dubbio il diaframma, che rappresenta lo 0,5% del corpo (→ A.Vivian, 2010). I podisti, ma credo anche le persone normali, hanno difficoltà a lavorare con questo muscolo. Una delle prime azioni che insegno ai miei allievi, soprattutto quando vedo che hanno problemi posturali, è proprio la respirazione addominale o diaframmatica. Respirare in questo modo significa in pratica tirare in fuori l'addome durante l'inspirazione e tirarlo in dentro durante l'espirazione. Ecco alcuni semplici esercizi.

1) In piedi, mani sulla pancia facendo una leggera pressione verso l'interno, tirare in dentro l'addome, poi quando l'aria è uscita allentare la pressione delle mani e iniziare l'inspirazione spingendo l'addome in fuori: le mani svolgono un'azione quasi di accompagnamento.
2) Lo stesso esercizio, ma sdraiati in terra sulla schiena, mettendo un libro sullo stomaco.
3) Lo stesso esercizio da seduti.

Una volta presa sensibilità con il muscolo diaframma, gli stessi esercizi possono essere fatti inspirando con il naso ed espirando con la bocca.

Successivamente può essere accentuata l'anteroversione del bacino durante l'inspirazione favorendo così il raddrizzamento della colonna vertebrale. La respirazione addominale può essere poi applicata, come abbiamo visto, agli esercizi di stretching. Vedremo che è molto importante anche nell'allenamento mentale.

Io faccio usare la respirazione addominale per camminare e, quando è stata ben appresa, anche per correre. Si è rivelata molto utile anche per risolvere alcuni fastidiosi problemi che insorgono durante la corsa, come il dolore al fianco destro.

Avere i muscoli respiratori efficienti è molto importante, quindi ora vi indicherò un paio di esercizi rivolti questa volta allo sviluppo della respirazione toracica:

1) Seduti con le mani incrociate sopra le ginocchia, inspirare cercando di espandere il torace il più possibile raddrizzando anche la colonna vertebrale e la testa. Raggiunta la massima estensibilità espirare piegando gradualmente la schiena.
2) In piedi, estendere il tronco inspirando e fare una extrarotazione

(rotazione verso l'esterno del corpo) delle mani, successivamente espirando fare una intrarotazione delle mani (rotazione verso l'interno del corpo).

Oggi esistono anche strumenti specifici per l'allenamento respiratorio che io comunque non uso. Durante la corsa a velocità basse la respirazione può avvenire anche con il naso, ma quando la richiesta di aria aumenta anche di poco a causa della maggior intensità di corsa la respirazione avviene con la bocca quindi non ritengo utili i cerotti per il naso.

3.6 Esercizi di impulso

L'esperienza di questi anni mi ha spinto a mettere in discussione l'esecuzione di alcuni classici esercizi di tecnica di corsa, o di impulso, come preferisco chiamarli. Per insegnare a correre a un atleta non basta portarlo al campo e invitarlo a fare lo skip, la corsa calciata, la corsa circolare eccetera, senza spiegare bene come devono essere fatte queste andature.

Insegnare questi esercizi trascurando quella che è la giusta impostazione biomeccanica annulla il loro effetto. Per farli bene, prima di tutto bisogna capire che per correre è necessario seguire il proprio baricentro, quindi assumere una posizione leggermente sbilanciata in avanti, tale da permettere di avere sempre il piede sotto la spalla in fase di appoggio. Il piede così appoggerà sulla parte latero-posteriore del tallone e non su quella posteriore. Le braccia, che sono fondamentali per l'equilibrio, devono avere un'apertura tale da permettere all'avambraccio di sfiorare le creste iliache e devono svolgere un'azione leggermente convergente, in perfetta sintonia con l'avanzare della gamba opposta. La testa deve essere diritta, lo sguardo in avanti.

Prima di iniziare a fare gli esercizi che sto per descrivere, bisogna quindi posizionarsi nel modo corretto. Testa diritta, sguardo avanti, collo rilassato, avambracci all'altezza delle creste iliache, mani leggermente aperte, gomiti in linea con il dorso, peso del corpo sulla parte più larga del piede, talloni che sfiorano il terreno.

Eseguite gli esercizi preferibilmente su terreno erboso e con le scarpe leggere, le stesse che si usano per correre in pista (non chiodate) o per le gare brevi. Non vanno mai eseguiti in pista, perché è un fondo troppo elastico. Prima di cimentarvi nella loro esecuzione, effettuate sempre un adeguato riscaldamento.

Ecco alcuni dei principali esercizi d'impulso, riportati in ordine d'importanza, che propongo ai podisti che seguo per rinforzare, rendere più sensibile ed efficace l'azione dei loro piedi. Gli esercizi non sono indicati a chi soffre di problemi di tipo muscolare e tendineo. Non sono semplicissimi da eseguire, ma con l'impegno ci riuscirete e vi divertirete.

I primi tre portano a un avanzamento del corpo, il quarto va svolto in leggero avanzamento, gli ultimi sono da eseguire sul posto.

1. **Balzatina alternata.** Si tratta di una corsa balzata leggera. Correte cercando di estendere completamente la gamba dietro accentuando l'azione di spinta del piede. Il ginocchio dell'arto opposto a quello di spinta avanza, mentre la gamba dietro viene estesa. L'azione di spinta è verso l'avanti e non verso l'alto, è fondamentale rimanere radenti al suolo il più possibile senza alzare troppo il ginocchio della gamba che avanza. Come ritmica potreste usare questa sequenza: op...op...op... op... (i puntini di sospensione danno un'idea del tempo che intercorre tra un appoggio e l'altro). Più forte sarà la spinta verso l'avanti e più ampio diverrà lo spazio fra gli "op", ad esempio: op.....op.....op..... op..... Fare da 3 a 6 tratti di 40-50 metri, recuperando la stessa distanza camminando.

2. **Balzatina successiva.** Dopo la spinta con un piede, ricadete sullo stesso piede, per poi passare sull'altro, ricadendo sullo stesso e così via. L'azione anche in questo caso è rivolta verso l'avanti e non verso l'alto ed è importante rimanere radente al suolo. All'inizio è probabile trovare un po' di difficoltà a coordinare le braccia con le gambe. Come ritmica, ecco un esempio: piede destro op..op..... piede sinistro op..op...... piede destro op..op..... piede sinistro op..op. Aumentando la spinta diverrà: piede destro op..op....... piede sinistro op..op....... piede destro op..op....... piede sinistro op..op. Fare da 3 a 6 tratti di 40-50 metri, recuperando la stessa distanza camminando.

3. **Rimbalzata dietro.** Il piede dopo la spinta in avanzamento sale dietro fino ad arrivare all'altezza dei glutei. Attenzione a non fare una calciata,

STRETCHING POST-CORSA CON LA CORDA

1. *Esterno coscia.* Supini, corda in leggera tensione all'altezza della caviglia. In totale rilassamento muscolare, tirare la corda verso l'esterno. Espirare. Ripetere.

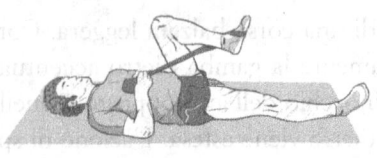

2. *Esterno coscia e gluteo.* Braccia aperte a 90°. Portare una coscia perpendicolare al terreno in modo che formi un angolo di 90° con il bacino e la corda che passa per l'avampiede e va dall'esterno all'interno. Ruotare ed estendere la gamba mantenendo il bacino attaccato al terreno, espirare. La sensazione di allungamento sarà avvertita a livello della muscolatura laterale della coscia e del gluteo.

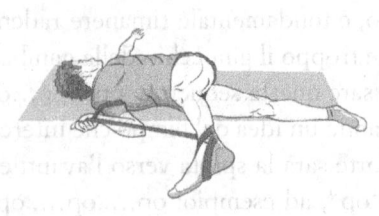

3. *Posteriori coscia.* Supini, una gamba flessa con la pianta del piede fissa al suolo. L'altra gamba a squadra con la corda in leggera tensione. Tenendo fisso il ginocchio estendere la gamba tirando la corda.

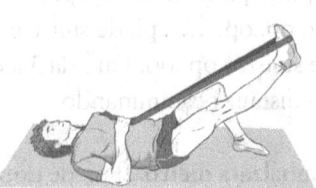

ma una rimbalzata. Il ginocchio deve rimanere perpendicolare al terreno. L'esecuzione ritmica è: op..op..op..op. Aumentando la spinta diverrà: op.op.op.op. Fare da 3 a 6 tratti di 40-50 metri, recuperando la stessa distanza camminando.

4. **Pesticcìo veloce.** Il piede destro spinge contro il terreno e si flette dorsalmente, contemporaneamente il piede sinistro spinge e fa avanzare leggermente (10-15 cm) il corpo; al termine della fase di spinta il piede sinistro viene flesso dorsalmente e così via. Le gambe vanno mantenute tese. La ritmica è molto veloce: op.op.op.op. Fare da 3 a 6 tratti di 5 metri, recuperando la stessa distanza camminando.

5. **Saltelli a piedi uniti su posto.** Mantenendo le gambe tese, saltellare in alto. Accentuare la fase di volo, quindi l'esecuzione ritmica sarà: op...op...op...op... Le braccia si muovono in contemporanea verso l'alto quando il corpo sale e verso il basso quando il corpo scende ed è in appoggio. Fare 5-10 serie di 20 saltelli, recuperando 30 secondi dopo ogni serie.

6. **Saltelli sul posto su un piede solo.** Dalla stessa posizione dell'esercizio precedente, saltellare prima su un piede e poi sull'altro, atterrando sullo stesso piede. Anche in questo caso enfatizzare l'azione verso l'alto e mantenere le gambe più tese possibile. Iniziare con 5-10 serie di 3 spinte sul destro e 3 sul sinistro fino ad arrivare a farne 10 per ogni piede. La ritmica è: piede destro op..op..op..... piede sinistro op..op..op..... piede destro op..op..op..... piede sinistro op..op..op.

Questi esercizi sono utili a tutti i podisti. Se state preparando delle gare brevi, fino ai 10 km, vi consiglio d'inserire gli esercizi 1, 2 e 3 nel riscaldamento prima di prove ripetute o di allenamenti a ritmo medio o progressivo. Eseguite gli esercizi 4, 5 e 6 nei giorni in cui non correte o prima degli allenamenti dedicati allo sviluppo della forza.

Se state preparando la maratona, fate gli esercizi 1, 2 e 3 al termine degli allenamenti di lento, medio, progressivo e il giorno dopo il lunghissimo al termine dell'allenamento. È preferibile eseguire gli esercizi 4, 5 e 6 nei giorni in cui non vi allenate, insieme agli esercizi di core stability.

3.7 L'acqua

L'acqua è un "attrezzo" molto utile per il podista. Il nuoto, soprattutto lo stile a dorso, è un ottimo esercizio di prevenzione e risoluzione dei dolori alla schiena. Quando è possibile consiglio ai miei allievi di dedicarsi una volta alla settimana al nuoto o comunque all'attività in acqua. Il massaggio naturale esercitato dal nuoto reca grande giovamento al runner e l'attività in acqua è molto consigliata anche per la riabilitazione dopo gli infortuni o come allenamento complementare o sostitutivo della corsa.

Corsa in acqua alta. Consiglio di farla solo a chi ha un buon rapporto con l'acqua, nuota bene e non ha problemi a galleggiare. In piscina è obbligatorio correre in acqua con il giubbotto galleggiante. Prima di iniziare, riscaldatevi con una nuotata.

Appena siete pronti iniziate a correre con molta calma, a intervalli: il primo obiettivo potrà essere correre per 1 minuto, recuperando 1 minuto, poi 2 minuti sempre recuperando 1 minuto, poi 3 minuti e così via fino ad arrivare al massimo a 5 minuti di corsa continua. I minuti totali potranno essere all'inizio 10-15 per poi arrivare a 20-25. Gli intervalli di corsa continua potranno variare da un minimo di 1 a un massimo di 5 minuti. Il recupero fra i tratti di corsa continua potrà variare fra 1 minuto e 30 secondi. La corsa in acqua alta è un ottimo esercizio di tonificazione utile a tutti.

La corsa in acqua bassa. Meno efficace della precedente. Per poter svolgere un'azione di corsa di buon livello dovrete correre con l'acqua almeno all'altezza dell'ombelico. Iniziate gradualmente magari da 3 minuti recuperando 1 minuto. Potrete fare degli step più lunghi, almeno fino 5-6-7-8-9-10 minuti. Riducendo sempre il tempo di recupero fra i vari step riuscirete in tempi brevi a correre 20 minuti consecutivi. Il tempo da dedicare a questo tipo di corsa potrà variare dai 15-20 minuti ai 25-30 da fare, se ci riuscirete, anche consecutivamente. Vi consiglio, se siete al mare, di calzare un paio di sandali o scarpe perché non si sa mai cosa può nascondersi sotto la sabbia!

Vi ho illustrato il modo più semplice e scontato per noi podisti di vivere l'acqua, ma chi vuole potrà partecipare ai vari corsi che si svolgono nelle piscine senza temere interferenze negative sull'attività podistica. Durante i Training Holidays al mare ci divertiamo a fare anche altri esercizi galleggiando nell'azzurro del mare.

Conclusioni

In questo capitolo ho voluto fare una carrellata delle esercitazioni che faccio eseguire come preparazione alla corsa. I primi anni trovavo difficile far capire che per correre era necessario fare anche altri esercizi, ma sono davvero molto utili per prevenire gli infortuni e ottimizzare il gesto tecnico.

Oggi finalmente, dopo tante "battaglie", la mentalità sta cambiando e correre è ancora più divertente.

Capitolo 4

I TEST PER LA CORSA DI ENDURANCE

Correre per noi è molto divertente, se lo facessimo senza punti di riferimento ci troveremmo presto senza stimoli e le nostre motivazioni scenderebbero gradualmente fino a farci smettere di praticare il nostro sport preferito. Questo, come più volte viene affermato in questo libro, non significa dover diventare dei fanatici ossessionati da tempi e risultati.

In questo capitolo, tratterò l'argomento dei test soffermandomi in modo particolare nella descrizione di quelli da campo, di cui ho maggiore esperienza. I test devono essere vissuti e interpretati come un sistema per controllare il proprio stato di forma generale, per svolgere l'allenamento a velocità e a livelli di sforzo adatti alle caratteristiche individuali. Vedremo infatti che i test adatti ai principianti sono diversi da quelli per podisti più evoluti. Il nostro sport è fatto anche di numeri, ma non è "matematico" in senso stretto. Ogni numero, ogni valore espresso da un test dovrà essere interpretato e letto in relazione alle caratteristiche del podista.

Il primo test che facevo eseguire negli anni Settanta, quando ho iniziato la collaborazione con l'Istituto di medicina dello sport di Firenze, era il test di Cooper. Kenneth H. Cooper è stato uno dei grandi artefici della diffusione della cultura dell'attività fisica mirata al benessere psico-fisico, oltre che al miglioramento della prestazione. Sono passati moltissimi anni, ma ogni tanto qualcuno mi dice di eseguire ancora questo test, oggi molto usato nel calcio soprattutto a livello dilettantistico. Il test di Cooper si basa sul quantificare la distanza coperta in 12 minuti corsi al ritmo più veloce possibile. Da questo valore, attraverso una serie di tabelle redatte da Cooper, si riesce a determinare il livello del podista e a impostare l'allenamento. Invece del test dei 12 minuti, io utilizzavo la variante dei 2400 metri, più comodo per prendere il tempo e avere immediatamente il risultato cronometrico. Valutavo la frequenza cardiaca (da qui in poi FC) a riposo, il tempo impiegato a correre i 2400 metri, le pulsazioni all'arrivo e ogni minuto nei successivi 5 minuti. Questa procedura mi permetteva di stilare i programmi di allenamento. Dall'inizio degli anni Ottanta non faccio più questo test, ma ne ho voluto parlare per aiutarvi a capire meglio il momento attuale. I test proposti hanno come obiettivo la determinazione della velocità di riferimento (da qui in poi VR). La VR dovrebbe corrispondere alla velocità media al chilometro alla quale si corre una gara di circa 12 chilometri in pianura, alla velocità di deflessione ottenuta con il test Conconi, alla velocità alla soglia del lattato ottenuta con il test del lattato. Sempre in questo capitolo darò indicazioni sui modi di calcolare l'andatura nelle varie gare.

4.1 Il colloquio

Mi rifiuto di pensare al test come a una fredda interpretazione di una serie di numeri, per questo motivo ritengo necessario conoscere il meglio possibile chi ho di fronte. Nel colloquio che faccio prima di iniziare il test cerco di capire qual è la "storia" podistica del soggetto con il quale sto lavorando. Non solo, cerco anche di individuare quali sono le aspettative, i traguardi che vuole raggiungere, come e quanto si allena, i tracciati disponibili, se può allenarsi in pista o solo su uno specifico tipo di terreno. Importante è anche conoscere con quali accessori si allena, se preferisce usare il cardio, se si allena con il satellitare o preferisce usare solo l'orologio e il cronometro. L'orario e i giorni alla settimana che è disposto a dedicare all'allenamento sono informazioni importanti da conoscere prima di fare il test. È anche un modo per entrare in comunicazione con il podista che può sentirsi quasi intimorito al pensiero di dover eseguire un test, vivendolo come una sorta di esame. La chiacchierata serve a farlo sentire a proprio agio, perché fare un test, oltre a essere utile, è molto divertente.

4.2 Indicazioni generali

Un test, soprattutto da campo, per essere attendibile al 100% deve essere preparato rispettando un protocollo standard di difficile realizzazione. La tabella 4.1 (→ J.H. Willmore-D.L Costill, 2005) dimostra come l'umidità possa influire sull'andamento della FC. Più alta è la FC, maggiore è il lavoro che sta svolgendo l'organismo.

Un test per essere valido dovrebbe essere fatto in condizioni di riposo da almeno due giorni; tre ore prima dovrebbe essere stato consumato un pasto leggero; la luce e il rumore dovrebbero essere controllati perché hanno ripercussioni sulla risposta dell'organismo; il sonno della notte precedente il test dovrebbe essere stato tranquillo. Nella tabella 4.2 (→ J.H. Willmore- D.L. Costill, 2005) è invece possibile vedere come i ritmi circardiani influenzino la FC a riposo e a vari livelli di sforzo.

Anche la temperatura sembra abbia un andamento simile alla variazione della FC nell'arco della giornata. Non possiamo trascurare il ciclo mestruale delle donne che, oltre che sulla FC e sulla temperatura corporea, ha influenza su umore, peso, liquidi corporei, volume di sangue espulso a ciascuna contrazione.

Tabella 4.1 Variazioni della risposta della FC per una corsa a 14 km/h su tapis roulant, svolta in condizioni ambientali differenti[*].

Fattori ambientali	Frequenza cardiaca, batt/min	
	in riposo	durante esercizio
Temperatura (umidità 50%)		
21 °C (70 °F)	60	165
35 °C (95 °F)	70	190
Umidità (21 °C)		
50%	60	165
90%	65	175
Livello di rumore (21 °C, umidità 50%)		
Basso	60	165
Alto	70	165
Assunzione di cibo (21 °C, umidità 50%)		
Piccolo pasto, 3 h prima dell'attività	60	165
Pasto abbondante, 30 min prima dell'attività	70	175

[*] J.H. WILLMORE, D.L. COSTILL, *Fisiologia dell'esercizio fisico e dello sport*, Calzetti & Mariucci Editori, Perugia 2005.

Tabella 4.2 Esempio di variazioni circadiane della FC, in condizioni di riposo e durante l'attività fisica*.

Condizioni	Momento della giornata					
	1:00	6:00	10:00	14:00	18:00	22:00
	Frequenza cardiaca, batt/min					
In riposo	65	69	73	74	72	69
Esercizio leggero	100	103	109	109	105	104
Esercizio moderato	130	131	138	139	135	134
Esercizio massimale	179	179	183	184	181	181
Recupero, 3 minuti	118	122	129	128	128	125

* J.H. WILLMORE, D.L. COSTILL, *Fisiologia dell'esercizio fisico e dello sport*, Calzetti & Mariucci Editori, Perugia 2005.

4.3 Le regole per effettuare i test da campo

Eccoci agli aspetti pratici:
1) Prima di eseguire uno dei test dovranno essere fatti due giorni di allenamenti molto leggeri. Chi non si allena ogni giorno, prima del test dovrebbe stare a riposo.
2) Il test dovrebbe coincidere con la settimana di scarico o con la settimana di gara.
3) Il pasto precedente al test dovrebbe essere leggero e consumato 2,30-3 ore prima.
4) Le calzature per fare il test dovrebbero essere ogni volta le stesse, o almeno dello stesso tipo.
5) Il riscaldamento dovrebbe essere fatto sempre nello stesso modo.
6) La notte prima del test dovrà essere dedicata alla quantità abituale di ore di sonno.
7) Le donne dovranno eseguire il test sempre lo stesso giorno del ciclo.

Queste sette semplici regole sono tutte facilmente rispettabili, sarà invece impossibile eseguire il test con la stessa temperatura e con lo stesso livello di umidità.

4.4 Il talk test

Quando una persona inizia a correre preferisco evitare di far fare uno qualsiasi dei test che proporrò più avanti. Mi limito a fare correre a una andatura che consenta di avere una normale conversazione, senza affanno. La VR del talk test rappresenta la velocità alla quale si riesce a parlare con facilità. Il talk test sviluppa la sensibilità di valutare il proprio livello di affaticamento; correre con facilità significa allenarsi senza sforzarsi. Chi inizia a praticare il nostro sport deve immediatamente capire che correre non è un'attività drammaticamente faticosa, ma un piacevole modo di sentirsi attivi. Il talk test (B. Rodgers[1] – S. Douglas, 2010) è il nome attribuito dai due autori a questo modo di valutare l'intensità di corsa. Estremamente empirico, il test permette anche ai podisti più evoluti di controllare il proprio livello di sforzo in relazione al livello di impegno respiratorio. Non solo, ma in gara i podisti più esperti potranno usare questo test per capire il livello di fatica dell'avversario. Basterà infatti cercare di fare qualche domanda, anche di tipo generale, durante la gara per valutare se l'avversario è in crisi o sta bene.

4.5 Il test dei 3 km

Il test dei 3 km è di facile esecuzione e permette di calcolare la VR sempre con una discreta approssimazione. È chiaramente un test empirico.
Come si esegue. Dopo un riscaldamento si corrono 3 km cercando di interpretarli come una gara. All'inizio l'andatura dovrà essere tale da permettere di parlare con una certa difficoltà, non lenta da poter parlare

---

[1] Bill Rodgers è stato il più grande maratoneta americano di tutti i tempi: ha vinto 4 volte la maratona di N.Y., 4 volte quella di Boston fra il 1975 e il 1980, una volta quella di Fukuoka in Giappone.

I test per la corsa di endurance

facilmente, ma nemmeno impegnata da avere l'affanno. Nel fare questo test, le prime volte saranno facilitati i podisti abituati a gareggiare su distanze brevi.

Dal tempo finale ottenuto, si ricava la velocità media al km e aggiungendo il 10% si arriva a determinare la VR.

Facciamo un esempio: se la media a km nelle prova dei 3 km è 4'00", la VR sarà di 4'24" a km. Per ottenere questo risultato basta fare queste semplici operazioni:

4'00" × 60 = 240" (trasformazione dei minuti in secondi).

Aggiungendo il 10% otterremo 264" che trasformati in minuti diventeranno 4'24", che dovrebbe corrispondere alla VR.

Pregi. Non richiede attrezzature particolari, basta un cronometro. Può essere fatto in pista o su strada e in questo caso, per essere il più possibile attendibile, dovrebbe essere ripetuto sullo stesso tratto, possibilmente pianeggiante. Costituisce comunque un modo di fare un allenamento a ritmi elevati.

Difetti. Non fornisce un risultato esatto. Dovendo essere interpretato come una gara c'è il rischio che il risultato finale sia falsato da una partenza troppo veloce o, come accade più raramente, troppo lenta. Il test è destinato a chi ha almeno un minimo di esperienza, nel ripeterlo infatti si impara a gestire l'andatura e il test diventa più preciso.

Chi non deve fare il test. Chi ha problemi all'apparato cardiocircolatorio, chi non si è mai sottoposto a un elettrocardiogramma sotto sforzo, chi non ha l'idoneità alla pratica agonistica dell'atletica leggera. Scrivo questo per invitarvi a essere severi con voi stessi ed effettuare una prova da sforzo almeno una volta all'anno.

Nella tabella 4.3 sono rappresentati i valori di una ipotetica VR determinata dal test dei 3 km.

Con un buon numero di podisti abbiamo effettuato nell'arco della stessa settimana sia il test Conconi, sia il test dei 3 km. Per molti di loro sono emersi valori di VR differenti di massimo 5 secondi fra i due test. Il test dei 3 km e Conconi sono stati anche confrontati con i risultati in gare o test gara di circa 12 km e si è visto che il test dei 3 km può dare valide indicazioni sulla VR in chi non ha possibilità di fare test più precisi.

Andiamo a correre

Tabella 4.3 Ipotetiche VR determinate dal test dei 3 km.

Passo/Km	Km/h	IPOTESI VR (3000+10%)		
		Km/h	min/Km	
0.03.00	20,00	18,00	3	18
0.03.05	19,46	17,51	3	24
0.03.10	18,95	17,05	3	29
0.03.15	18,46	16,62	3	35
0.03.20	18,00	16,20	3	40
0.03.25	17,56	15,80	3	46
0.03.30	17,14	15,43	3	51
0.03.35	16,74	15,07	3	57
0.03.40	16,36	14,73	4	2
0.03.45	16,00	14,40	4	8
0.03.50	15,65	14,09	4	13
0.03.55	15,32	13,79	4	19
0.04.00	15,00	13,50	4	24
0.04.05	14,69	13,22	4	30
0.04.10	14,40	12,96	4	35
0.04.15	14,12	12,71	4	41
0.04.20	13,85	12,46	4	46
0.04.25	13,58	12,23	4	52
0.04.30	13,33	12,00	4	57
0.04.35	13,09	11,78	5	3
0.04.40	12,86	11,57	5	8
0.04.45	12,63	11,37	5	14
0.04.50	12,41	11,17	5	19
0.04.55	12,20	10,98	5	25
0.05.00	12,00	10,80	5	30
0.05.05	11,80	10,62	5	36
0.05.10	11,61	10,45	5	41
0.05.15	11,43	10,29	5	47
0.05.20	11,25	10,13	5	52
0.05.25	11,08	9,97	5	58
0.05.30	10,91	9,82	6	3
0.05.35	10,75	9,67	6	9

I test per la corsa di endurance

Passo/Km	Km/h	IPOTESI VR (3000+10%)		
		Km/h	min/Km	
0.05.40	10,59	9,53	6	14
0.05.45	10,43	9,39	6	20
0.05.50	10,29	9,26	6	25
0.05.55	10,14	9,13	6	31
0.06.00	10,00	9,00	6	36

4.6 Il test dei 5 km di Tom Schwartz

Il test dei 5 km (→ C. Caporali – G. Esposito, 2010) è molto simile al test dei 3 km. È un test empirico e dà un'indicazione sulla VR con una buona approssimazione.

Come si esegue. Dopo un riscaldamento si corrono 5 km, che dovranno essere interpretati come una gara, oppure si corre una gara vera e propria di 5 km. Valutando il tempo finale della prova si determina la media al km che divisa per 0,93 dà un'indicazione su quella che dovrebbe essere la VR.

Prendiamo ad esempio un atleta che abbia corso i 5 km in 20 minuti, ovvero a 4'00" a km. Anche in questo caso trasformo i minuti in secondi ottenendo 4'00"x 60 = 240. Dividendo questo valore per 0,93 otterrò un valore della VR di 4'18".

Pregi e difetti sono gli stessi rilevati a proposito del test dei 3 km. Trattandosi di un test che ha una durata maggiore rispetto a quello dei 3 km c'è il rischio che il calo di velocità nella parte finale sia ancora più evidente. Sto facendo eseguire questo test da troppo poco tempo per cui non mi sento di affermare niente in modo deciso. A diversi podisti nella settimana di scarico sto facendo fare prima il test dei 3 km e poi, dopo 3-4 giorni, il test dei 5 km e sto notando una buona correlazione.

Chi non deve fare il test. Il test dei 5 km è in pratica una gara, quindi è sconsigliato a tutti coloro che non sono sicuri di essere perfettamente sani come indicato in precedenza.

4.7 Il BAS Test

Anche questo è un puro test da campo e secondo coloro che lo hanno ideato garantisce indicazioni piuttosto attendibili sulla VR (→ E. Arcelli-F. Massini, 2003). Gli ideatori di questo test sono: Bisciotti, Arcelli, Sagnol.

Come si esegue. È richiesto un cronometro e un campo di atletica. Consiste nell'eseguire una prova di 2 km e una di 3 km a qualche giorno di distanza. Si inseriscono poi i valori nella formula e si estrapolano i dati della VR. Ecco l'esempio: supponiamo che il tempo sui 3 km sia stato di 13'40" e il tempo sui 2 km 9'00". Trasformando in secondi avremo 13'40" × 60 = 820; 9'00" × 60 = 540, quindi 820 − 540.

$$\frac{3000 \text{ m} - 2000 \text{ m}}{820 \text{ sec} - 540 \text{ sec}} = \frac{1000 \text{ m}}{280 \text{ sec}} = 3{,}57 \text{ m/sec}$$

Pregi. Ho provato questo test troppe poche volte per poter esprimere un giudizio, ma essendo di semplice applicazione è sicuramente valido, questo è il motivo per cui lo propongo in questo libro.

Difetti. Oltre a quelli evidenziati a proposito dei test dei 3 km e dei 5 km presenta il problema di dover eseguire due prove quasi simili nella stessa settimana.

Chi non deve fare il test. In questo caso le gare da fare sono due in una settimana, quindi vale quanto già indicato a proposito delle condizioni di salute.

4.8 Il test Conconi

Il Prof. Francesco Conconi dell'Università di Ferrara studiò per molti anni il rapporto fra andamento delle pulsazioni cardiache e velocità di corsa e nel 1982 uscirono delle pubblicazioni che illustravano il test omonimo. Il test Conconi per noi, uomini di campo, costituì un valido supporto per la determinazione delle velocità di allenamento. Gli strumenti richiesti a quei tempi erano: un cardiofrequenzimetro, il cronometro, la carta millimetrata. I cardiofrequenzimetri erano molto rudimentali e bisognava essere in due per fare il test. Con gli strumenti che si sono andati via via evolvendo, tutto è diventato più semplice.

I test per la corsa di endurance

Cos'è. Il prof. Conconi osservò che fino a una certa velocità di corsa le pulsazioni cardiache e la velocità crescevano in modo direttamente proporzionale. Da una certa velocità in poi, però, la velocità cresceva più rapidamente delle pulsazioni.

Il grafico che ne scaturisce, visibile nella figura 4.4, assume un andamento che all'inizio è rettilineo e da un certo punto in poi diventa curvo.

Questo punto viene definito punto di deflessione, a cui corrisponde una velocità di deflessione e una FC di deflessione. Oltre questo punto la velocità di corsa potrà essere aumentata, anche se non per molto, ma la FC non crescerà più in modo lineare. Secondo il Prof. Conconi, che ha verificato i dati attraverso test in campo e in laboratorio, il punto di deflessione rappresenta il livello di intensità massima al quale l'allenamento può svolgersi utilizzando pienamente la capacità aerobica. Da questo punto si assiste a una maggiore produzione di lattato con conseguente incremento del lavoro in regime anaerobico.

Dove si esegue. Il luogo ideale è la pista di atletica. Nel 2007, durante i Training Holidays all'isola d'Elba, per indisponibilità del campo di atletica l'ho fatto eseguire su un campo di calcio adeguatamente segnato, ma devo ammettere che fu una situazione di emergenza. Come vedremo più avanti, il test si può eseguire anche sul tapis roulant.

Come si esegue. Il podista deve fare un riscaldamento come per una gara breve. Il riscaldamento deve prevedere anche 3-5 allunghi di circa 80-100 metri. A questo punto il podista indossa la fascia di un cardio-

Figura 4.4 Aumento delle pulsazioni cardiache in relazione all'aumento della velocità.

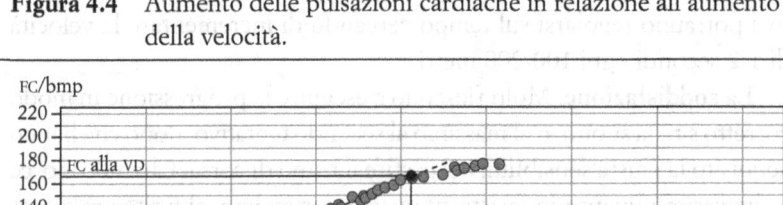

frequenzimetro e un ricevitore delle pulsazioni. Quando le pulsazioni al minuto avranno raggiunto un valore della FC variabile fra 110 e 120, il podista dovrà iniziare a correre sapendo che ogni 100 o 200 metri (la distanza viene stabilita prima della partenza) dovrà aumentare leggermente la velocità e spingere un pulsante che registrerà sia le pulsazioni al minuto sia il tempo impiegato a percorrere quella frazione di 100 o 200 metri. Il test proseguirà fino a quando il podista non sarà più in grado di aumentare la velocità. In genere sono sufficienti 4 giri di pista, ovvero 16 step, che corrispondono ad altrettanti incrementi di velocità e che fanno scaturire un grafico con le indicazioni da noi richieste. Molto spesso i podisti più evoluti e sensibili nel riuscire a cambiare il ritmo riescono a fare anche 5-6-7 giri di pista, arrivando a 20-24-28 step. Più step il podista riesce a fare, più precisa sarà la determinazione della VR. I dati ricavati vengono elaborati per determinare la velocità di deflessione e le pulsazioni di deflessione. Con buona approssimazione, chi esegue il test in forma corretta riuscirà anche a ottenere il valore delle pulsazioni massime. Le pulsazioni di deflessione in genere hanno un valore di 10-15 pm inferiore rispetto alle pm massime raggiunte durante l'esecuzione del test. Il test nasce come mezzo utile a impostare le velocità e le frequenze cardiache di allenamento.

Le difficoltà. La principale difficoltà che hanno i podisti è quella di dover partire lentamente e di fare piccoli incrementi ogni 100-200 metri. Tendo a insegnare ai podisti a diventare sensibili nella gestione del ritmo da tenere ogni 100-200 metri: le prime volte indico loro di regolarsi sulla FC cercando di incrementarla di 4-6 bpm ogni 100-200 metri. In alternativa potranno regolarsi sul tempo cercando di incrementare la velocità di 1-2 secondi ogni 100-200 metri.

La soddisfazione. Molti riescono a eseguire la progressione in modo corretto sin da subito, o al massimo al secondo tentativo, dopo che hanno acquisito la giusta sensibilità nel gestire il ritmo di corsa. Chi mi conosce sa benissimo quanto io insista su questo particolare, che ritengo essere importantissimo: il test di Conconi deve essere considerato anche un mezzo di allenamento.

La variante. Per essere sicuri che durante il tratto scelto per la prova (100 o 200 metri) la velocità sia mantenuta costante, si può dare un segnale acustico ogni 50 metri, che diventerà sempre più frequente con il passare degli step.

Il tapis roulant. Il test può essere fatto anche sul nastro. Gli step sono sempre di 100 o 200 metri e l'incremento è 0,5 km/h. Con questo sistema è più facile mantenere la velocità, ma correre sul tapis roulant è decisamente diverso dal correre su una pista di atletica. Personalmente, preferisco la pista di atletica.

Le precauzioni. Consiglio di presentarsi a fare il test dopo almeno un giorno di riposo o un paio di giorni di allenamento blando. Trattandosi di un test in cui si cercherà di arrivare al massimo valore delle pulsazioni, deve essere fatto da chi non ha problemi all'apparato cardiocircolatorio.

Leggere la curva. I mezzofondisti veloci o comunque tutti coloro che sono veloci presentano una retta piuttosto breve e una curva piuttosto accentuata. Viceversa i maratoneti presentano una retta molto prolungata e una curva piuttosto breve. L'applicazione dei vari mezzi di allenamento, specifica del tipo di gara, genera chiaramente una variazione della curva. I principianti che non hanno mai fatto sport in genere presentano solo una linea retta e resta molto difficile leggere il punto di deflessione. Chi invece, pur essendo un principiante nella corsa, proviene da altri sport tipo tennis o calcio presenta, in genere, dopo la retta una curva abbastanza pronunciata.

La precisione. Per esperienza posso affermare che credo sia impossibile pretendere la precisione assoluta nei test soprattutto da campo. Sto usando il test Conconi dall'inizio degli anni Ottanta e continuo a usarlo perché, a oggi, non sono ancora riuscito a trovare un test da campo migliore di questo che mi permetta di avere indicazioni per impostare e monitorare l'allenamento dei podisti che seguo.

Cosa ci indica il test. Una volta individuata la velocità di deflessione e le pulsazioni di deflessione avremo dei valori di velocità e di FC che permetteranno di impostare l'allenamento per migliorare le caratteristiche aerobiche. Se il lavoro è ben svolto e si correrà a velocità non troppo distanti dalla velocità e dalle pulsazioni di riferimento, la velocità di deflessione migliorerà.

I pregi. L'attrezzatura richiesta è minima, è di facile esecuzione, è un ottimo allenamento alla sensibilizzazione al ritmo, fornisce dati che se saputi interpretare danno valide indicazione sulla VR e di conseguenza sull'impostazione dei ritmi di allenamento e gara. Attraverso l'esecuzione del test Conconi è possibile vedere il livello di allenamento di un podista e il suo evolversi nel tempo. Lo ritengo molto adatto ai podisti amatori che non hanno bisogno di un'indicazione troppo precisa della VR.

I difetti. Numerose le critiche che sono state fatte a questo test: ne viene messa in discussione la precisione dei dati riferiti alla soglia anaerobica, viene contestata la difficoltà nel mantenere costante la velocità e la lunghezza dei singoli step. Come tutti i test da campo non può essere certamente preciso, ma lo stesso J. Weineck afferma che può essere un valido supporto all'allenamento soprattutto per atleti amatoriali.

Ho fatto e sto facendo varie verifiche confrontando il test Conconi con la velocità su gare di circa 12 km, così come con il test dei 3 km + 10%. Devo ammettere che pur non ritenendolo preciso al 100% lo considero ancora un ottimo mezzo per la determinazione della VR, ma anche di altri parametri relativi all'allenamento del podista.

4.9 Il test del lattato

Questo test è ritenuto da tutta le letteratura il più preciso per la determinazione della soglia del lattato (soglia anaerobica). Il test da campo per determinare la soglia del lattato segue il protocollo studiato già alla fine degli anni Ottanta dal dott. Faraggiana e dal prof. Gigliotti. A quei tempi frequentavo, con i miei atleti, i raduni della nazionale e quindi ebbi modo di vedere l'evoluzione di questo test che, a sua volta, è l'evoluzione del test di Mader. Oggi l'esecutore materiale dei test nella nazionale di atletica è il dott. Fiorella.

A cosa serve. Il test del lattato serve a misurare la velocità e la FC corrispondenti a 2 mmo/l di lattato e a 4 mmo/l di lattato. I valori corrispondenti a 2 mmo/l di lattato dovrebbero corrispondere alla velocità alla quale dovrebbe essere corsa la maratona, mentre a 4 mmo/l dovrebbe corrispondere il valore della VR e della FC alla VR.

Come si esegue. Il test consiste nel correre da un minimo di 4 a un massimo di 6-7 volte 2 km in pista. La velocità viene mantenuta costante durante ogni frazione di 2 km, ma viene aumentata in genere di 10 secondi ogni 2 km. L'atleta indossa un cardiofrequenzimetro che gli permette di monitorare la FC. Al termine di ogni frazione di 2 km viene prelevata dal lobo dell'orecchio una goccia di sangue che, inserita in un apposito analizzatore, fornisce la quantità di lattato prodotta dopo ogni singola prova. Raccolti i dati viene costruita la curva del lattato, prendendo anche in considerazione i valori delle FC rilevati ai singoli step di 2 km. Per consentire agli atleti di correre a velocità costante ogni frazione di 2 km il dott. Faraggiana e il dott. Fiorella, insieme con i tecnici della nazionale italiana di mezzofondo, hanno studiato un sistema di segnali acustici che permette di tenere sempre controllata la velocità. Il sistema è usato ancora oggi e consiste nel porre ai bordi del campo, e più precisamente ogni 20 metri, un birillo. Gli atleti al segnale acustico devono trovarsi in corrispondenza del birillo.

Le varianti

Il test del lattatto può essere fatto anche sul tapis roulant con una pendenza dell'1% e step di 4 minuti. La velocità viene aumentata ogni 4 minuti e al termine di ogni step di 0,5 o 1,00 km/h. (Figura 4.5).

Figura 4.5 Il test del lattato.

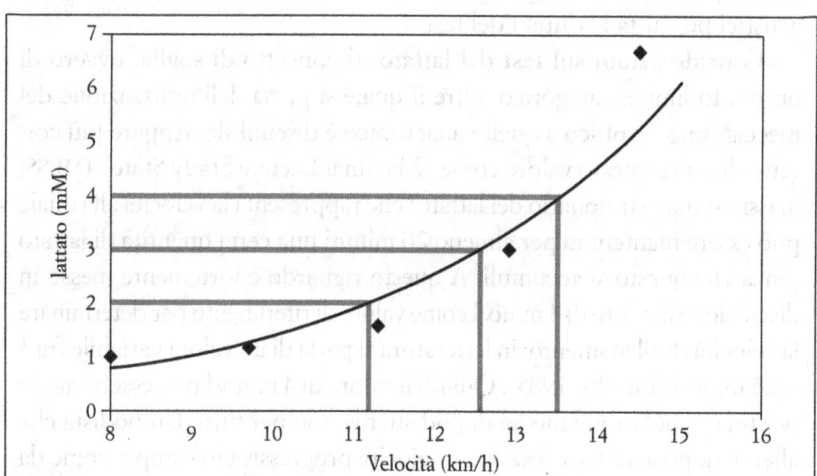

Leggere la curva

Durante l'allenamento per una maratona la curva del lattato appare più piatta, ovvero tende a spostarsi verso destra. Viceversa durante l'allenamento per una gara breve la curva appare più ripida, si sposta verso sinistra, i valori di soglia anaerobica diminuiscono, ma ciò non significa che l'allenamento sia sbagliato (→ C. Caporali-G. Esposito, 2010). Un podista "resistente" avrà una curva piatta; un podista veloce avrà una curva ripida.

I pregi. Il test, soprattutto quello sul tapis roulant, è di facile esecuzione in quanto permette di regolare facilmente la velocità. Più complesso il test Faraggina-Fiorella-Gigliotti, che svolgendosi in pista permette di ottimizzare al massimo la tecnica di corsa e quindi fornisce dati più attendibili. I dati ricavati dalle individuazioni della soglia a 2 mmo/l e a 4 mmo/l sono valori medi presenti nella letteratura scientifica. Va ricordato che ogni individuo ha caratteristiche differenti e che l'utilizzo di un valore fisso può non essere adatto a tutti. Vedremo più avanti l'effettivo valore di utilizzazione sul piano pratico dei dati ricavati dal test.

I difetti. Se il test viene eseguito sul tapis roulant la valutazione delle soglie può risentire della non appropriata economia di corsa causata dal fatto che non si corre su strada o su pista. Se il test viene eseguito in campo il problema è allestire l'attrezzatura per mantenere costante la velocità nelle frazioni di 2 km, perché non è pensabile che l'attività di un campo di atletica venga disturbata da una tromba che "spara" segnali acustici per tutta la durata del test.

Considerazioni sul test del lattato. Il concetto di soglia, ovvero di un punto limite, categorico, oltre il quale si passa dall'utilizzazione del meccanismo aerobico a quello anaerobico è discutibile. Appare più corretto definire questo valore come "Maximal Lactate Stady State" (MLSS, massimo stato stazionario del lattato) che rappresenta la velocità alla quale può essere mantenuta per almeno 20 minuti una certa quantità di lattato senza che questo si accumuli. A questo riguardo è fortemente messo in discussione il valore di 4 mmo/l come valore di riferimento per determinare la velocità di allenamento: in letteratura si parla di un valore variabile fra 3 e 5,5 mmo/l (Brooks, 1985). Quindi il valore di 4 mmo/l può essere valido per una popolazione media di podisti, ma non per tutti. Un podista che alleno, dopo aver fatto 7x2 km a velocità progressiva in campo, come da protocollo del test di Mader modificato Faraggiana-Fiorella-Gigliotti, è arrivato al massimo ad avere 3,9 mmo/l. Questo dato conferma quanto espresso in queste considerazioni. Vi presenterò un modo diverso di analizzare il MLSS (→ C. Caporali-G. Esposito 2010). Questo sistema è denominato D Max. Si tratta di unire il primo e l'ultimo punto della curva del lattato in modo fa formare una D. Poi, da metà della linea che unisce i due punti, si traccia un'altra linea fino al punto più distante della curva

I test per la corsa di endurance

del lattato. Da questo punto, andando a incrociare l'asse delle ascisse, si individua la velocità alla soglia anaerobica ovvero il dato che interessa a noi: la VR. Per determinare la VR attraverso il test del lattato non basta prendere come valore di riferimento le 4 mmo/l, ma deve essere analizzata la curva per individuare un range di velocità. Ai fini pratici, facendo tutte le considerazioni del caso, non me la sento, almeno per gli amatori, di demonizzare il test Conconi. Il test del lattato è un valido supporto all'individuazione della VR soprattutto per i podisti più evoluti.

Da considerare che ai fini degli effetti dell'allenamento, al termine di tutti i test è opportuno valutare il recupero controllando l'andamento della FC o del lattato.

4.10 La scala di Borg

Inventata da Gunner Borg nel 1973, la scala che porta il suo nome è definita Rating of Perceived Exrtion (RPE). Gunner sostiene che la percezione dello sforzo avviene dal lavoro respiratorio, dai dolori muscolari e articolari e dalla temperatura corporea. Capire questo è importante per ottimizzare l'allenamento e divertirsi a correre. I dati che si possono ricavare dalla semplice tabella 4.6 mettono il podista in condizione di verificare, nel tempo, la variazione della percezione

Tabella 4.6   Scala di Borg.

Intensità	Percezione dello sforzo
0	Nullo
0,5	Estremamente lieve
1	Molto lieve
2	Lieve
3	Discreto
4	Piuttosto intenso
5/6	Intenso
7/8	Molto intenso
9	Quasi insopportabile
10	Insopportabile

dello sforzo in allenamento e in gara inviando dei precisi segnali che confermano o meno la validità della programmazione. Sto usando la scala di Borg da molto tempo perché l'analisi dei dati ricavati dà interessanti spunti di discussione e di approfondimento sugli effetti dell'allenamento (Tabella 4.6).

In origine la scala di Borg prendeva in considerazione 20 livelli di intensità; oggi ne comprende solo 10, ma sono più che sufficienti.

Una volta capito a quale numero corrisponde il livello di sforzo basta segnarselo nell'agenda di allenamento per monitorare la percezione della fatica durante i vari tipi di percorso e di allenamento specifici per una determinata gara. La verifica della percezione del livello di sforzo va fatta proponendo periodicamente al podista lo stesso tipo di allenamento-test, valutandone il livello di sforzo percepito correndo la stessa distanza sullo stesso tracciato, alle stesse condizioni. Grande importanza ha l'uso della scala di Borg per i principianti, da usare in parallelo al talk test. Gli amatori potranno porsi come obiettivo il raggiungimento di un risultato cronometrico abbassando sempre il livello di percezione dello sforzo. Se ad esempio un maratoneta amatore corre la maratona in 4 ore e la termina con una percezione di sforzo di livello 7, potrà porsi l'obiettivo di correre la maratona successiva sempre in 4 ore, ma con un livello di percezione di sforzo 4, se non addirittura 3.

4.11 La frequenza cardiaca

Molti podisti usano il cardiofrequenzimetro come strumento per determinare la velocità di corsa durante i loro allenamenti, quindi è giusto che conoscano il valore della FC massima. Il miglior sistema per ottenere esattamente questo valore è fare un test da sforzo in una struttura medico-sportiva o da un cardiologo. Non è quello che viene fatto durante la classica visita di idoneità alla pratica sportiva, ma è una prova diversa, che richiede la presenza di uno specialista in cardiologia. Consiste, in pratica, nel correre a velocità crescente fino al massimo delle proprie possibilità, seguendo un protocollo indicato dal medico.

Per chi non vuole fare la prova da sforzo esistono le classiche formule di Karvonen, FC max = 220−età, e di Tanaka, 208−(0,7 x età).

Entrambe le formule danno un'indicazione di massima, ma si rivelano quasi sempre inesatte perché non tengono in considerazione le caratteristiche individuali.

Attraverso l'esecuzione del test Conconi e del test del lattato si ottengono valori decisamente più attendibili e utili ai fini della determinazione della FC di riferimento. Questi test forniscono i valori della FC alla VR, ottimi parametri per impostare i ritmi di allenamento e gara.

Per ottenere il valore della FC massima possono anche essere corsi, previo riscaldamento, 4-10 minuti alla massima velocità, terminando in progressione e registrando il valore della FC, che sarà quindi quello massimo (T. Noakes, 2003). Il prof Roberto Sassi propone di determinare la FC massima correndo al massimo delle proprie possibilità gli ultimi 200 metri del test Conconi. La FC massima può essere determinata anche correndo gli ultimi 200 metri del test dei 3 km o dei 5 km alla massima velocità.

4.12 Gara test/Test gara

Fino a questo momento abbiamo visto alcuni test che permettono di valutare una serie di parametri certamente utili, ma non necessariamente interessanti. Il podista ha sempre bisogno di riscontri pratici, vuole correre, quindi ecco come possono essere interpretati alcuni tipi di gara per cercare di ricavarne la VR.

La differenza fra Gara test e Test gara è questa: la Gara test è una gara ufficiale dove ci sono i cronometristi che rilevano il tempo. Il Test gara si svolge da soli o in compagnia di amici, non ha niente di ufficiale e il tempo viene preso individualmente. Non sempre, quando c'è la necessità di valutare la VR, c'è anche una gara che corrisponde alle esigenze del momento: in questo caso il runner deve organizzarsi per conto proprio individuando un percorso adatto a correre un Test gara. Correre da soli, soprattutto al limite delle proprie possibilità, è più difficile che correre in compagnia, ma crea maggior resistenza mentale a sostenere per un periodo di tempo prolungato ritmi elevati.

Le Gare test che uso con i miei allievi sono: i 3 km, i 5 km, i 12 km e la mezza. Quando è possibile organizzo, soprattutto in estate, dei Test gara sui 3 km o sui 5 km in pista. Uso moltissimo la prova di 12 km soprattutto per individuare la velocità di corsa della mezza maratona. Ho potuto notare che la differenza della media al km di una gara di 12 km rispetto a quella di una mezza maratona può variare dai 3-6 secondi fino ai 10 secondi al km. Più alto è il livello del runner, minore è la differenza di velocità. Se un podista corre i 10 km in 35 minuti, ovvero a 3'30" al km, dovrebbe riuscire a correre la mezza maratona a 3'34"-3'36" al km, per concludere la gara fra 1:15'04" e 1:15'57".

Uso da moltissimi anni la distanza della mezza maratona per individuare il ritmo da tenere durante la maratona. Anche in questo caso più forte è l'atleta, minore è la differenza fra la media al km della mezza maratona e quella della maratona. In podisti di buon livello ben allenati, in grado di correre la maratona in meno di 3 ore, la differenza fra il ritmo della mezza maratona e quello della maratona può essere di 10-12 secondi al km. Se un runner corre la mezza a 3'36" al km, ovvero in 1:15'57", potrà correre la maratona correndo a 3'48" al km con una proiezione finale di 2:40'20".

La tabella 4.7 indica il ritmo gara consigliato dopo aver conosciuto i valori della VR. Nella tabella 4.8 sono invece riassunte le differenze di velocità media al km in gara ottenute nella mezza e la media al km da tenere nella maratona. Ho definito "fortissimi" coloro che impiegano meno di 3 ore a correre la maratona, "forti" coloro che impiegano fra le 3:00' e le 3:20', "buoni" fra le 3:25' e le 3:40', "veri amatori" oltre le 3:40'.

Non ho volontariamente aggiunto i top atleti, che possono avere una differenza fra la media al km della mezza e quella della maratona ancora inferiore. La classificazione è chiaramente indicativa, ma serve per ribadire il concetto in virtù del quale: più basso è il livello del podista, più alta diventa la differenza fra la VR e la velocità di maratona e di conseguenza fra la media al km della mezza maratona e quella della maratona.

Tabella 4.7

Vr	10-15 k	Mezza maratona	Maratona
	Fra uguale alla VR e – 2-3" a km	Da – 5" fino a – 10" di VR	Da – 15" a – 55" di VR

Tabella 4.8

Mezza maratona	Fortissimi	Forti	Buoni	Veri amatori
	– 10-12" + di RME	– 15-20" + di RME	– 25-30" + di RME	Oltre 30" di RME

VME: velocità media al km nella mezza maratona

I test per la corsa di endurance

La tabella 4.9 indica invece il ritmo da tenere nelle gare di maratona, mezza maratona, circa 12 km ricavati dal test dei 3 km.

Come sempre, si tratta di numeri derivati dall'esperienza, che potrebbero pertanto essere non adatti a ognuno.

Tabella 4.9

VR		RG 12 KM ca		RG 21,097 KM				RG 42,195 KM			
				minimo		massimo		minimo		massimo	
min/Km		min	sec	min	sec	min	sec	min	sec	min	sec
FORTISSIMI											
3	0	3	0	3	3	3	9	3	13	3	16
3	5	3	5	3	8	3	14	3	18	3	22
3	10	3	10	3	13	3	20	3	23	3	27
3	15	3	15	3	18	3	25	3	29	3	33
3	20	3	20	3	23	3	30	3	34	3	38
3	25	3	25	3	28	3	35	3	39	3	43
3	30	3	30	3	33	3	41	3	45	3	49
3	35	3	35	3	38	3	46	3	50	3	54
3	40	3	40	3	43	3	51	3	55	3	60
3	45	3	45	3	48	3	56	4	1	4	5
3	50	3	50	3	53	4	2	4	6	4	11
3	55	3	55	3	59	4	7	4	11	4	16
4	0	4	0	4	4	4	12	4	17	4	22
4	5	4	5	4	9	4	17	4	22	4	27
4	10	4	10	4	14	4	23	4	28	4	33
4	15	4	15	4	19	4	28	4	33	4	38
FORTI											
4	20	4	20	4	25	4	33	4	41	4	46
4	25	4	25	4	30	4	38	4	46	4	52
4	30	4	30	4	35	4	44	4	52	4	57
4	35	4	35	4	41	4	49	4	57	5	3
4	40	4	40	4	46	4	54	5	2	5	8
4	45	4	45	4	51	4	59	5	8	5	14

Andiamo a correre

VR		RG 12 KM ca		RG 21,097 KM				RG 42,195 KM			
BUONI											
4	50	4	50	4	56	5	5	5	22	5	28
4	55	4	55	5	1	5	10	5	27	5	33
5	0	5	0	5	6	5	15	5	33	5	39
5	5	5	5	5	11	5	20	5	39	5	45
5	10	5	10	5	16	5	26	5	44	5	50
5	15	5	15	5	21	5	31	5	50	5	56
AMATORI											
5	20	5	20	5	26	5	36	6	2	6	8
5	25	5	25	5	32	5	41	6	7	6	14
5	30	5	30	5	37	5	47	6	13	6	20
5	35	5	35	5	42	5	52	6	19	6	25
5	40	5	40	5	47	5	57	6	24	6	31
5	45	5	45	5	52	6	2	6	30	6	37
5	50	5	50	5	57	6	8	6	36	6	43
5	55	5	55	6	2	6	13	6	41	6	48
6	0	6	0	6	7	6	18	6	47	6	54
6	5	6	5	6	12	6	23	6	52	6	60
6	10	6	10	6	17	6	29	6	58	7	6
6	15	6	15	6	23	6	34	7	4	7	11
6	20	6	20	6	28	6	39	7	9	7	17
6	25	6	25	6	33	6	44	7	15	7	23
6	30	6	30	6	38	6	50	7	21	7	29
6	35	6	35	6	43	6	55	7	26	7	34
6	40	6	40	6	48	7	0	7	32	7	40
6	45	6	45	6	53	7	5	7	38	7	46
6	50	6	50	6	58	7	11	7	43	7	52
6	55	6	55	7	3	7	16	7	49	7	57
7	0	7	0	7	8	7	21	7	55	8	3

Conclusioni

Ritengo la verifica dello stato di forma dei runner molto importante per tenere sotto controllo gli aspetti fisici e mentali relativi all'allenamento. Abbiamo visto che i test devono comunque essere verificati con il rendimento in gara nei podisti agonisti e con il raggiungimento dello stato di benessere generale nei runner a un livello amatoriale. I test da campo come quello dei 3 km e dei 5 km sono di facile esecuzione e, vista la loro elevata attendibilità, sono da fare una volta al mese o anche più spesso. Il test Conconi e il test del lattato devono essere letti da addetti ai lavori ed eseguiti presso strutture specializzate. I numeri che risultano dall'analisi dei test sono molto importanti, ma hanno bisogno di un confronto con la realtà del momento. Il ruolo dell'allenatore è anche questo.

Capitolo 5

COME ALLENARSI

Molti di noi non hanno ben chiaro cosa significa allenarsi.

L'obiettivo che mi pongo in questo capitolo è proprio quello di far capire cosa succede all'organismo quando si corre. Quando si inizia a correre diventa davvero difficile doverci rinunciare, si vorrebbe correre sempre, senza pensare che l'allenamento può diventare eccessivo. Esagerare significa, anche per gli amatori, andare incontro alla sindrome da superallenamento. Analizzeremo in questo capitolo come il riposo e il sonno possano essere considerati dei veri e propri elementi fondamentali, per aumentare la gioia di correre.

5.1 Cos'è l'allenamento

In letteratura ci sono moltissime definizioni del concetto di allenamento, tutte bellissime e giustissime. Con Silvia e Gianni, i miei collaboratori, ho discusso sul concetto di allenamento e siamo arrivati a questa definizione: «L'allenamento è un mezzo per ottenere, attraverso la regolare pratica della corsa, dei benefici sul piano psicofisico e sullo stile di vita».

Queste semplici parole implicano un coinvolgimento della persona sul piano dell'organizzazione della vita, dell'alimentazione, dei rapporti con il proprio corpo, della propria mente, della vita sociale. Nonostante da molti anni mi occupi di questo argomento, continuo a essere affascinato da quello che un regolare allenamento "scatena" dentro di noi. L'allenamento è, infatti, una forma di stress, qualcosa che turba la quiete; quando andiamo a correre rompiamo quello stato di equilibrio che l'organismo tende sempre a ricercare. Tutti noi corriamo perché

Come allenarsi

l'allenamento permette di adattarsi a questa nuova situazione che va a influenzare il nostro stile di vita. Questo succede perché la pratica sistematica e regolare dell'allenamento crea quel fenomeno importantissimo sintetizzato con la parola: "adattamento". Il primo a studiare gli effetti dell'allenamento sull'organismo fu il grandissimo Hans Selye che individuò la GAS (General Adaptation Syndrome Teory). In pratica, se l'organismo è sottoposto all'azione di uno "stressor" attraverso i mezzi di allenamento, risponde con una reazione aspecifica e una reazione specifica. La reazione aspecifica è causata da tutti gli stressor e prevede l'intervento delle ghiandole endocrine e crea una certa "eccitazione". Facciamo un esempio: se usciamo a correre, anche se andiamo piano, sappiamo che la nostra FC aumenta e sappiamo anche che dopo un mese di allenamento regolare la FC diminuisce. Questa è una reazione aspecifica, comune a tutti. Se invece si decide di migliorare le prestazioni si deve iniziare a eseguire, ad esempio, le prove ripetute brevi e lunghe. Ecco allora che la reazione diventa diversa da persona a persona, è generata dal tipo di stimolo dato e ha come obiettivo: miglioramento della prestazione intesa non solo come risultato cronometrico, ma anche come crescita della qualità della vita. Per ottenere il miglioramento dovremmo andare a turbare in modo razionale l'omeostasi, lo *steady state*. Lo scopo dell'allenamento è quello di creare una "eterostasi organizzata" (→ K. Hottenroth, 2010) concetto che esprime molto chiaramente come l'allenamento non può essere eseguito in modo casuale, ma deve sottoporre l'organismo a una serie di stimoli allenanti (stressor) organizzati in relazione alle caratteristiche individuali e agli obiettivi da raggiungere.

Allenamento = organizzazione di stimoli allenanti
Gli adattamenti non avvengono con la bacchetta magica, ma richiedono tempo. Ogni tanto capita che qualcuno mi chieda di essere allenato per correre la maratona sotto le 3 ore: se fosse così semplice farei il mago, non l'allenatore. Solo la conoscenza del soggetto e il tempo permettono di ottenere risultati che devono essere valutati sulla realtà psico-sociale del runner. Se un podista ha una VR di 4'40", si allena 3 volte alla settimana e non ha intenzione di aumentare i suoi giorni di allenamento né di perdere i chili in eccesso, è molto difficile che possa riuscire a correre i 42,195 km a 4'15" al km.

5.2 L'organizzazione dell'allenamento

Chi si allena sempre allo stesso ritmo, sullo stesso tracciato, magari con gli stessi amici e alla stessa ora, a un certo punto non migliora più, anzi tende a peggiorare. Può accadere che una 10 km corsa in 50 minuti, l'anno successivo sia corsa in 51 minuti e non in 49. Gli adattamenti avvengono dando tempo all'organismo di "assorbire" il disagio causato dal correre. La modulazione dell'allenamento è difficile da far capire ai podisti, ma quando riescono a rispettarla, le prestazioni migliorano. L'allenamento deve essere organizzato in modo da alternare periodi di carico in cui si mette in crisi l'organismo, a periodi di scarico durante i quali l'organismo dà il "via libera" al miglioramento delle prestazioni. Recentemente si sta mettendo in discussione il concetto di supercompensazione, infatti sembra che l'adattamento debba avvenire attraverso diverse fasi che sono:

1) L'aggiustamento, fenomeno che ha luogo appena l'organismo viene sollecitato da un mezzo di allenamento.
2) Il primo stadio dell'adattamento, durante il quale, dopo 7-10 giorni, avvengono cambiamenti a livello delle fibre muscolari sia lente sia veloci.
3) Il secondo stadio dell'adattamento, che permette l'aumento delle riserve di glicogeno.
4) Il terzo stadio dell'adattamento, durante il quale aumenta il numero dei mitocondri e di conseguenza la capacità di avere a disposizione energia proveniente dai carboidrati e dai grassi.
5) Il quarto stadio, in cui si attua un coordinamento fra gli adattamenti del sistema nervoso vegetativo, cardiocircolatorio, respiratorio, fra gli elettroliti, il sistema ormonale e immunitario. L'adattamento termina quando il muscolo lavora in sintonia con l'evoluzione dei sistemi precedentemente indicati. Nelle molecole sembra esista una struttura gerarchica di proteine che, rielaborando l'azione dei mezzi di allenamento attraverso diversi stadi della sintesi proteica, determina cambiamenti strutturali.

Queste ultime scoperte scientifiche servono a dimostrare anche agli amatori come sia importante modulare i carichi di allenamento. I miglioramenti avvengono, ma per vederli è richiesta un po' di pazienza. Vediamo ora cosa è necessario per organizzare l'allenamento:

Obiettivi. È il requisito fondamentale perché allenarsi senza obiettivi è come mettersi alla guida di un'auto senza sapere dove andare. Gli obiettivi devono essere a breve, media e lunga scadenza. Facciamo un esempio: se l'obiettivo a lunga scadenza è di correre fra un anno una maratona, devo pensare a una breve scadenza, come correre una 12 km fra 2 mesi, e a una media scadenza, ovvero correre una mezza maratona fra 6 mesi.

Giorni a disposizione per l'allenamento. In questi anni ho visto che l'ideale per gli amatori è correre a giorni alterni. In quasto modo in una settimana ci sono quattro allenamenti e nella settimana successiva tre: è una situazione ideale che non crea scompensi sul piano dell'organizzazione familiare, perché il fine settimana viene lasciato libero (una volta l'allenamento sarà previsto il sabato e una volta la domenica). Alcuni podisti potranno allenarsi più spesso, altri meno. Agli amatori non consiglio mai più di sei allenamenti alla settimana, né meno di tre. Inoltre i giorni d'intervallo fra ogni allenamento non dovrebbero essere più di due. Chi si allena solo il sabato e la domenica dovrebbe inserire a metà settimana almeno altri 30-40 minuti di corsa. Allenarsi troppo spesso può essere dannoso per i tendini, che hanno bisogno di riposare, ma più di due giorni di stop rallenta i processi di adattamento.

5.3 I periodi dell'allenamento

Nella metodologia di allenamento i vari periodi vengono suddivisi in: microcicli, mesocicli e macrocicli.

Il microciclo è costituito dalla settimana di allenamento. Durante questo periodo, per me fondamentale, dovremo prestare molta attenzione alla disposizione dei vari mezzi di allenamento per evitare che l'organismo si affatichi troppo. Il rischio è di non riuscire ad "assorbire" gli effetti dei sistemi di allenamento necessari per ottenere gli obiettivi che ci siamo proposti. Ad esempio dopo un allenamento di prove ripetute, nelle successive 48-72 ore è preferibile dedicarsi alla corsa lenta, evitando lavori d'intensità medio-alta. In realtà, il microciclo potrebbe essere anche di 10-15 giorni, ma non voglio entrare in particolari che vi creerebbero confusione, quindi limitiamoci a pensare: microciclo = una settimana.

Facciamo un esempio di microciclo settimanale considerando 4 allenamenti: lunedì 12 km lento, mercoledì ripetute brevi, venerdì bis, domenica medio.

I microcicli possono essere di carico, come quello dell'esempio appena visto, o di scarico: lunedì 8 km lento, mercoledì 4 km lento + 4 km medio, venerdì 6 km lento, domenica gara breve.

Durante il microciclo di scarico il volume di allenamento diminuisce del 30-40% e vengono inseriti i test o le gare.

Il mesociclo comprende i microcicli di carico e i microcicli di scarico di un determinato periodo. Facciamo un esempio: un mesociclo = 2 microcicli di carico + 1 di scarico, oppure un mesociclo = 3 microcicli di carico + 1 di scarico. Alla mia runner Michela da ormai molti anni faccio alternare un microciclo di carico e uno di scarico. Così facendo ha ridotto enormemente il numero degli infortuni che la affliggevano, migliorando la performance nelle gare. Atleti di alto livello, come indicato, possono arrivare a fare anche 4-6 microcicli di carico, dopodichè anche per loro è necessario farne uno di scarico.

Il macrociclo invece rappresenta la preparazione specifica mirata per raggiungere un determinato obiettivo e comprende un certo numero di mesocicli costituiti a loro volta da microcicli. Facciamo un esempio: la preparazione specifica per la maratona è un macrociclo di 16 settimane costituito da 4 mesocicli a loro volta costituiti da 3 microcicli di carico e uno di scarico. Senza una razionale e personalizzata periodizzazione dell'allenamento non può esserci crescita, né tantomeno miglioramento. La periodica verifica dei contenuti dell'allenamento attraverso i test e i colloqui con l'allenatore permetteranno sempre di ottimizzare la programmazione stabilita.

5.4 I metodi di allenamento

I metodi che uso per impostare la programmazione dell'allenamento sono: il metodo della respirazione, il metodo della distanza-tempo, il metodo misto (distanza-tempo-respirazione), il metodo della frequenza cardiaca e i giochi di velocità.

Il metodo della respirazione
Questo è senza dubbio il metodo più semplice, più rilassante e più immediato che si possa usare per correre. Rappresenta, un modo particolare

di vivere la corsa, come divertimento, come ricerca di una maggiore intimità con noi stessi.

Il metodo della respirazione si basa sulla gestione del rapporto fra andature e ritmo del respiro e la relativa facilità nel parlare durante la corsa. Lo scopritore di questo rapporto fu il medico-allenatore Ernest Van Aaken, che rifletté a lungo sull'uso della respirazione come metodo per determinare l'andatura di corsa, suggerendone la ragione scientifica. Correndo lentamente possiamo parlare tranquillamente perché gli atti respiratori sono solo un po' più accelerati di quando siamo a riposo, l'organismo produce poco acido lattico e poca anidride carbonica. Se aumenta la velocità di corsa, aumenta la concentrazione di anidride carbonica nel sangue e, di conseguenza, anche la frequenza degli atti respiratori. A un incremento ulteriore della velocità, la quantità di acido lattico aumenta sempre più producendo una variazione dei tempi di espirazione, rendendo sempre più difficile parlare, fino a impedirlo del tutto (→ Arcelli-Massini, 2003). Quest'ultima situazione va assolutamente evitata perché non è adatta allo sviluppo delle capacità fisiche che servono per la corsa prolungata.

CRF, CRLI, CRI. La conoscenza del significato e dell'uso di queste sigle è basilare per capire e fare propria una certa filosofia di corsa.

CRF = Corsa con Respirazione Facile

CRLI = Corsa con Respirazione Leggermente Impegnata

CRI = Corsa con Respirazione Impegnata.

CRF: rappresenta un ritmo di corsa blando, al quale risulta facile chiacchierare. A questa intensità dovreste poter essere tranquillamente in grado di raccontare barzellette agli amici, di ridere e di scherzarci sopra. Il ritmo di CRF è quello a cui si corre il lento, rallentando un po' il ritmo respiratorio potrete correre il lento di rigenerazione e rallentando ancora la surplace.

CRLI: indica invece un ritmo un po' più impegnato, che vi consente ancora di parlare con relativa tranquillità, quindi di raccontare, anche se con un po' di difficoltà, le barzellette agli amici. Riderci sopra sarà più difficoltoso. Le sensazioni indotte dalla CRLI sono uguali a quelle che avvertite quando iniziate a correre senza riscaldamento, quindi a una velocità troppo elevata per il livello di attivazione dell'organismo. Al ritmo di CRLI potrete comunque percorrere molti chilometri. È il ritmo respiratorio al quale si corre il medio.

CRI: rappresenta un ritmo che consente ancora di parlare agli amici, ma con difficoltà. Quando sarete impegnati in uno sforzo di questa intensità, le barzellette non avrete né la voglia né la possibilità di raccontarle. È la classica andatura delle gare brevi o delle prove ripetute. Quando gareggiate o vi allenate a CRI, fate sempre attenzione a non esagerare. Va bene avere il fiato corto, ma bisogna sempre essere in grado di scambiare qualche parola.

I vantaggi del metodo della respirazione
Il sistema della respirazione presenta due grandi vantaggi: necessita solo di un orologio per controllare di rimanere nei tempi previsti dal programma; rafforza la conoscenza di se stessi, perché consente di monitorare l'organismo attraverso il respiro. Per utilizzarlo basta tenere presenti alcuni accorgimenti:
1) Quando correte in salita è inevitabile che la vostra CRF tenda a diventare CRLI; stesso discorso se vi trovate ad affrontare un dislivello mentre state girando a ritmo CRLI: in pochi metri scoprirete la tendenza ad andare a ritmo CRI. Con l'allenamento imparerete a controllare lo sforzo e a gestire il ritmo respiratorio, riuscirete ad accelerarlo solo leggermente se vi troverete ad affrontare dei dislivelli. Quest'accorgimento si rivelerà molto utile durante le gare, soprattutto di mezza e di maratona, quando non dovrete sprecare energie. Potrete però anche scegliere di fare un fartlek: in questo caso per mantenere la velocità più costante possibile in relazione alle asperità del terreno dovrete lasciare variare il ritmo respiratorio.
2) A mano a mano che il vostro livello di allenamento crescerà, vi accorgerete che, a parità d'impegno respiratorio, andrete più forte.
3) Per verificare a quale ritmo di corsa corrisponde un certo impegno respiratorio, correte in pista o su un percorso misurato. Vi sarà molto utile perché poi in gara non dovrete guardare continuamente il cronometro o il satellitare.
4) Non mettetevi mai nella condizione di dover "rompere il fiato". Iniziate sempre a un ritmo CRF, anche se quest'andatura comporta il dover "camminare" per qualche centinaio di metri, e terminate sempre l'allenamento correndo qualche minuto a ritmo CRF, per ritornate lentamente a uno stato di normalità.
5) Se siete principianti, nei primi 3 mesi dell'avventura nel mondo della

corsa correte esclusivamente a ritmo CRF poi, piano piano, iniziate anche a variare le andature magari con un fartlek molto leggero.
6) Se capitasse di dovervi allenare in bici, sulla macchina ellittica, con lo sci di fondo o lo skiroll, potrete utilizzare ugualmente il metodo della respirazione per continuare a sviluppare correttamente le vostre caratteristiche cardiocircolatorie. Come dovreste aver capito, io mi alleno di solito con il metodo della respirazione perché mi consente di divertirmi, sia quando sono da solo, sia quando sono con i miei amici. Chi si allena per le gare, inutile dirlo, non potrà sempre allenarsi in questo modo perché avrà bisogno di verifiche sulle distanze cronometriche.

Il metodo distanza-tempo

Questo è il metodo che faccio usare alla maggior parte dei miei allievi. Fino a pochi anni fa era fondamentale avere a disposizione dei percorsi misurati: per vedere i luoghi frequentati da runner, basta guardare in terra per scoprire una serie di numeri che indicano i chilometri. Ogni gruppo in genere fa la sua segnatura, per cui possono trovarsi sullo stesso tratto di strada una serie di numeri di diversi colori con conseguente confusione. Addirittura alcuni tratti di strada sono segnati ogni 100 metri. Anch'io sono stato un segnatore di tracciati per correre: prima dell'avvento della strumentazione satellitare, non potendo sempre correre in pista, era questo l'unico modo per valutare il ritmo di allenamento. Con l'avvento dei satellitari tutto è diventato più semplice, in qualsiasi parte del mondo basta spingere il pulsante e attendere che l'apparecchio si connetta con il satellite per essere pronti a svolgere l'allenamento desiderato pur non conoscendo le distanze e i tracciati del vostro percorso.

In cosa consiste. Prima di tutto, per poter impostare la velocità alla quale andranno corsi i vari mezzi di allenamento è necessario conoscere la propria velocità di riferimento (VR). Con il sistema distanza-tempo possono essere corsi tutti i tipi di allenamento, basta avere tempo a disposizione, voglia e possibilità di effettuare la misurazione. Evitate le misurazioni dei percorsi con auto o scooter, molto meglio la bici. Ancora più precisa risulta la misurazione a terra effettuata con la rotella metrica.

Il metodo distanza-tempo è molto pratico, è facilmente applicabile a tutti i tipi di allenamento e permette sempre di avere sotto controllo il rapporto fra andatura al km e distanza percorsa. Il satellitare è chiaramente lo strumento più adatto per poter svolgere questo tipo di allenamento, anche se non garantisce la perfetta misurazione come quella fatta dal responsabile della AIMS (Association of International Marathon and Distance Running). Alcuni podisti usano gli accelerometri, strumenti che, sistemati sull'allacciatura della scarpa, misurano la velocità e la distanza in relazione all'ampiezza del passo. Il podista che usa questo metodo deve diventare sensibile a gestire l'andatura in relazione al ritmo respiratorio. Il rischio è quello di andare a velocità troppo elevata rispetto alle proprie caratteristiche e al livello di allenamento.

Il metodo distanza-tempo-respirazione
Rappresenta l'evoluzione, la sintesi, dei due metodi esposti precedentemente. Questo è un criterio che prevede di effettuare alcuni allenamenti tenendo conto del ritmo respiratorio e altri della distanza-tempo. Requisito fondamentale per applicare questo metodo è la determinazione della VR, comunque importante per tenere sotto controllo le andature.

In cosa consiste. Il sistema tende a togliere "pressione" all'interno del microciclo di allenamento perché prevede sia giorni in cui è necessario rispettare le andature indicate nel programma, sia giorni in cui c'è libertà nel gestire l'andatura di allenamento affidandosi al ritmo respiratorio. Così facendo, molto spesso, è garantita una migliore assimilazione degli allenamenti più intensi. In virtù di questo sistema anche le prove ripetute potranno essere sostituite dal fartlek. Ci sono infatti alcuni runner che non sopportano proprio l'idea di fare ripetute, perché infastiditi dal dover correre in un tempo stabilito, una determinata distanza, con un livello di sforzo piuttosto elevato. Gli stessi runner sono disposti a fare allenamenti che richiedono lo stesso tipo di sforzo ma con maggiore libertà nel gestire il rapporto distanza-tempo. Ecco un paio di esempi che possono spiegare meglio il sistema distanza-tempo-respirazione. Prendiamo in considerazione un modo di impostare un microciclo settimanale in un podista che ha una VR di 4'30" a km.

Esempio: lunedì 60' CRF; mercoledì 5x1 km a 4'23" rec. 3'; venerdì 10 km a 4'50"; domenica 16 km a 5'10".

Il metodo della frequenza cardiaca (FC)
Fino a qualche anno fa consigliavo alla maggior parte dei podisti di usare il cardiofrequenzimetro per impostare l'allenamento, poi con il passare

degli anni ne ho limitato l'uso. La FC è senza dubbio un ottimo mezzo di valutazione e di gestione dell'allenamento perché consente di monitorarne costantemente gli effetti. A noi allenatori risulta utilissimo perché permette di avere sempre sotto controllo la condizione del podista. La valutazione della FC dà indicazioni sugli aspetti generali oltre che su quelli prettamente relativi all'allenamento del runner, ecco allora che un turbamento emotivo può causare una FC più alta del normale, così come una situazione di malessere indipendente dall'allenamento. Uno dei motivi che mi ha fatto rallentare nel consigliare l'uso sistematico della valutazione della FC è che i podisti tendono a spaventarsi quando la vedono salire oltre certi valori. Questo particolare può essere valutato in senso positivo perché significa che il podista è cosciente dei propri limiti e teme uno sforzo eccessivo, ma anche in senso negativo perché non permette mai di correre in libertà. In questo libro viene più volte ripetuto il concetto della necessità di sottoporsi ad adeguati e periodici controlli medici specialistici relativi alla salute dell'apparato cardiocircolatorio: se il podista giovane risulta sano ed è adeguatamente allenato, può fare anche lavori di intensità che si avvicina a quella massimale. Il controllo dell'intensità del respiro permette sempre di non superare i propri limiti. Può accadere che la FC sia bassa, ma il ritmo respiratorio talmente elevato da non permettere di parlare. Questo è uno dei casi in cui si rende necessario diminuire il ritmo di corsa per riportare lo sforzo entro limiti di assoluta sicurezza.

Ecco ad esempio due situazioni in cui l'uso del cardiofrequenzimetro può creare inganno, confusione e alterazione degli effetti dell'allenamento:

a) **Durante le prove ripetute, sia in pianura sia in salita.** Se avete programmato ad esempio di dover correre 10x300m a 170 bpm con recupero di 1 minuto a 140 bpm, anche se avete eseguito il riscaldamento, durante le prime prove non riuscirete a portare subito la FC ai valori desiderati. Andrete allora sempre più forte, sarete in affanno, vi impegnerete in modo eccessivo, stressando troppo il vostro organismo.

b) **In gara.** Generalmente la FC è più elevata rispetto all'allenamento a parità di velocità e distanza e questo dimostra come l'aspetto agonistico incida sul costo della prestazione. Se in gara si vogliono seguire i valori della FC si deve prevedere di andare più lentamente del previsto, viceversa volendo mantenere la velocità prevista si deve accettare una FC più elevata.

La deriva

Nell'illustrarvi gli aspetti pratici dell'uso del cardiofrequenzimetro, voglio soffermarmi un attimo ad analizzare questo importantissimo fenomeno denominato "deriva cardiaca". Correndo in pianura a velocità costante dopo alcuni chilometri la FC tende a salire. Facciamo un esempio: il programma di allenamento prevede di correre 10 chilometri a 140 bpm. Durante i primi chilometri a 140 bpm corrisponde una velocità di 5'30" a km, continuando ci si accorge che cercando di mantenere i valori della FC a 140 bpm la velocità diventa di 5'40" a chilometro. Viceversa, se si vuole mantenere la velocità costante a 5'30" a chilometro la FC sale a 150 bpm. Il fenomeno della deriva cardiaca si evidenzia anche durante gli allenamenti di prove ripetute, sia effettuando la prova, sia durante il recupero. Ad esempio, se il programma di allenamento prevede di correre 3x2 km in 9'00" (4'30" per ogni km) seguiti da un recupero di 3 minuti in surplace, noteremo che al termine della prima prova la FC risulta di 170 bpm, al termine della seconda è di 175 bpm e al termine della terza è di 180 bpm. L'aumento del valore della FC durante le prove ripetute di 2 km rappresenta appunto la deriva durante lo sforzo. Interessante è valutare la deriva durante il recupero: infatti vediamo che correndo nei 3 minuti di recupero la stessa distanza, che supponiamo essere di 300 metri fra la prima e la seconda prova, correremo con un valore della FC di 140 bpm, mentre fra la seconda e la terza il valore salirà a 145-150 bpm. La deriva, con l'evolversi del livello di allenamento del runner, si riduce fino a rimanere su valori minimi: rappresenta infatti l'adattamento dell'organismo alla corsa relativamente al mantenimento della temperatura interna dell'organismo, al costo energetico, alla capacità di utilizzazione dell'ossigeno e alle condizioni climatiche.

In sintesi, maggiore è la perdita di liquidi, minore è il livello di allenamento e maggiore è la deriva cardiaca. La valutazione della deriva si rivela molto importante al fine della valutazione dell'allenamento e permette di monitorarne gli effetti.

Cardiofrequenzimetro sì o no?

L'uso del cardiofrequenzimetro costringe, in senso buono, a fare una valutazione medica seria, che comprenda una prova da sforzo per valutare la FC massima e lo stato di salute dell'apparato cardiocircolatorio.

Come allenarsi

Consiglio caldamente a tutti, anche ai principianti, di ripetere questo esame ogni anno.

Chi muove i primi passi nella corsa e sa di essere sano, se segue i programmi di allenamento organizzati sull'uso del ritmo respiratorio, potrà anche non usare il cardiofrequenzimetro. Dovrebbero invece usarlo coloro che non sono più principianti, ma non ancora runner evoluti. Questi podisti dovranno infatti allenarsi considerando l'entità dello sforzo e non il rapporto velocità-distanza determinato in relazione alla valutazione della VR. Stesso discorso vale per i podisti non in perfette condizioni fisiche, in particolare con problemi all'apparato cardiovascolare: è compito del medico determinare per ognuno la FC massima. Anche per loro l'allenamento dovrà prevedere la gestione dello sforzo, non quella legata alla prestazione cronometrica (tempo-distanza). I più esperti potranno tranquillamente farne a meno, ma io sto allenando podisti che continuano a usare la FC come parametro principale. Oggi gli strumenti in commercio permettono di tenere sempre sotto controllo sia la FC, sia la distanza-tempo, ma nonostante tutto consiglio sempre di essere sensibili al proprio ritmo respiratorio. La valutazione della FC può aiutare a capire se il disagio avvertito durante la corsa è di tipo organico o muscolare: quando i valori sono elevati significa che qualcosa non funziona; una FC che non incrementa è invece sintomo di fatica muscolare.

I giochi di velocità

Sia il metodo distanza-tempo, sia il metodo della frequenza cardiaca creano sempre dipendenza da uno strumento. Capita spesso durante le gare di sentire suoni, segnali, bip, che indicano distanza o FC o entrambi. Gli strumenti sono importanti, ma per divertirsi a correre è necessario imparare a seguire le proprie sensazioni. Possedere la sensibilità al ritmo gara non è importante solo per le competizioni, ma anche perché permette di avere sempre sotto controllo, oltre all'andatura, i vari messaggi ricevuti dal proprio corpo. Ritengo che abituarsi a sentire il ritmo sia proprio una forma di educazione che ogni podista dovrebbe avere. Ultimamente molti podisti dicono di divertirsi a fare gli esercizi che sto per proporre anche se devo ammetterlo: i primi tempi, far togliere dal polso gli strumenti di misurazione non è stato facile.

Ecco alcuni semplici "giochi" per liberarsi dalla schiavitù di cronometro, satellitare e cardiofrequenzimetro e per imparare a concentrarvi di più sulle vostre sensazioni.

Lo Svizzero
Il nome è tutto un programma: questo gioco vi aiuterà a essere precisissimi. Dopo il classico riscaldamento, correte 2 km alla VR. Guardate pure il cronometro tutte le volte che volete, l'importante è centrare l'obiettivo, ovvero correre alla velocità stabilita. Oltre a controllare i passaggi, concentratevi sul ritmo respiratorio e sul ritmo degli appoggi. All'arrivo controllate il tempo, recuperate 2 o 3 minuti correndo lentamente, quindi ripartite per un'altra prova di 2 km a ritmo VR, ma questa volta senza guardare il cronometro. Sarete assaliti dalla tentazione di buttare l'occhio al polso, ma cercate di resistere. All'arrivo schiacciate il cronometro e controllate la differenza tra il tempo ottenuto nel primo e nel secondo 2 km. Sono sicuro che sarà minima. Recuperate ancora 2 o 3 minuti e poi ripartite per altri 2 km senza controllare l'orologio. Ora i vostri muscoli saranno un po' affaticati ed è molto probabile che la vostra respirazione risulti leggermente più impegnata rispetto a prima. Alla fine di questo terzo 2 km controllate il tempo che avete ottenuto e fate le vostre considerazioni. Lo svizzero è particolarmente utile per preparare le gare dai 10 ai 14 km.

Insegui il tempo
A mano a mano che prendete confidenza con lo Svizzero sarete in grado di gestire sempre meglio il rapporto fra spazio e tempo e potrete passare a giochi più difficili. Questo l'ho chiamato "insegui il tempo" ed è adatto in particolare per correre le distanze dai 5 ai 10 km. Si tratta di correre 5 volte un chilometro con recupero di 3 minuti senza mai guardare il cronometro, se non al termine della prova. Dopo il riscaldamento, correte un chilometro a ritmo VR, recuperate 3 minuti, quindi correte un altro chilometro a ritmo VR. Recuperate ancora 3 minuti, quindi fate un chilometro a un ritmo di 2-3 secondi più veloce della VR, recuperate altri 3 minuti e fate un chilometro questa volta a un ritmo di 3-4 secondi più veloce della VR. Infine, dopo aver recuperato altri 3 minuti, correte un ultimo chilometro a un ritmo di 5-6 secondi più veloce della VR. Questo tipo di gioco vi permetterà di gestire al meglio le diverse parti della gara. Lo potete fare da soli, ma anche in compagnia di atleti con caratteristiche simili alle vostre.

A polso libero
Quando Fabio ha tagliato il traguardo dell'ultima Cortina-Dobbiaco Run era strafelice, non solo per il tempo ottenuto (2:05' sui 30 km della gara), ma anche perché, per la prima volta in vita sua, era riuscito a portare a termine una gara senza orologio al polso. Questa volta si è saputo gestire e ha vinto quell'istinto che lo portava a partire sempre troppo forte per poi rallentare a fine gara o ritirarsi. Provateci anche voi, non abbiate paura e provate a correre la vostra prossima gara senza cronometro. Vi stresserete meno e raggiungerete il vostro obiettivo.

Chi non ha il ritmo, abbia le gambe
Ho fatto fare questo gioco a ogni gruppo che ha partecipato ai Training Holidays la scorsa estate. Il programma era di fare 5x1 km con recupero di 3 minuti in surplace senza controllare il cronometro. A ognuno ho dato un tempo di percorrenza della prova con una tolleranza di 10 secondi. Chi faceva un errore superiore ai 10 secondi alla fine dell'allenamento doveva fare 500 metri alla velocità prevista per il chilometro. All'inizio per molti fare questa prova è stato difficile, ma poi è risultata molto utile e piacevole. Infatti la prima prova veniva corsa a un ritmo troppo veloce, la seconda a un ritmo troppo lento, dopodiché il tempo iniziava ad avvicinarsi a quello previsto.

5.5 *Il riposo*

Fino a questo momento abbiamo visto una serie di metodi per correre, che per essere ottimizzati e non diventare dannosi devono essere alternati con periodi di riposo. Molto spesso mi accorgo che è difficile far capire che il riposo è un mezzo di allenamento. Quando si corre sistematicamente diventa difficile capire di doversi prendere dei periodi di riposo, o periodi in cui l'allenamento va ridotto sia in quantità sia in intensità.

Due illustri scienziati, D.L. Costill e J.H. Willmore, definiscono il periodo in cui si riduce l'allenamento con il termine *tapering*. Ecco cosa succede: vengono ricostruite le riserve di glicogeno sia nei muscoli sia nel fegato; avviene una forma di rilassamento mentale; aumenta la forza muscolare; vengono totalmente o in parte riparati i danni muscolari causati dall'impatto con il terreno; si creano i presupposti per il miglioramento della prestazione.

Spero che questa premessa sia sufficiente a tranquillizzare i podisti che temono di perdere tutto l'allenamento dopo 2 o 3 giorni di pausa! La modulazione dell'intensità e del volume del carico permette di ottimizzare la prestazione ed ecco perché, in determinati periodi, è davvero necessario allenarsi meno e più lentamente. Il riposo forzato o la fortissima riduzione dell'allenamento possono essere salutari appena si avvertono i fenomeni classici dell'overreaching (→ 5.7) e dell'overtraining (→ 5.6).

Vediamo ora in pratica come si inserisce il riposo nell'ambito dell'allenamento per la corsa di endurance.

1) **I periodi di scarico.** Il periodo in cui si applica il concetto di *Tapering*, in gergo podistico, si chiama settimana di scarico.
2) **Il riposo dopo l'allenamento.** Paula Raddicliffe, una fra le più forti maratonete del mondo, usava immergersi in una vasca piena di ghiaccio per recuperare dopo gli allenamenti. Scusatemi, ma non riesco proprio a immaginarvi immersi in una vasca piena di ghiaccio, magari con il telefonino in mano per comunicare il motivo del vostro ritardo. Sono di più i runner che, soprattutto dopo le maratone, ricorrono a un periodo di scarico. Per gestire correttamente il dopo allenamento o il dopo gara, vi consiglio comunque le indicazioni date in questo libro per quanto riguardo lo stretching (→ Cap. 3), il defaticamento (→ Cap. 6.8) e l'alimentazione (→ Cap. 9). In alcuni casi, se c'è stato un problema muscolare o tendineo, può essere utile anche il massaggio, purché fatto da mani esperte. Io sono contrario all'uso della sauna.
3) **Fra un allenamento e l'altro.** Il tempo necessario ad "assorbire" un determinato tipo di allenamento varia da persona a persona e anche dal tipo di allenamento che si è svolto.

Il recupero dopo le prove ripetute

I dati della letteratura, riferiti a lavori svolti su atleti di élite affermano che siano necessarie almeno 48 ore per assorbire un allenamento. L'esperienza mi suggerisce invece che solo atleti molto forti e giovani necessitano di così poco tempo: molto spesso sono necessarie 72 ore o anche più per poter tornare a eseguire allenamenti qualitativi come ripetute, medio, tempo run. L'età senza dubbio dilata i tempi di recupero.

Dopo il lunghissimo. Il miglior sistema per recuperare questo mezzo di allenamento è il day after (→ Cap. 5.2).
Dopo allenamenti di forza generale è preferibile fare corsa lenta.
Dopo le prove ripetute in salita. Dopo un allenamento breve in salita nelle 24-48 ore sarà preferibile fare corsa lenta o eccezionalmente, per atleti forti, a ritmo medio. Se le salite sono di 1000 metri o più lunghe può essere necessario fare corsa lenta o riposo per 72 ore e anche oltre.

Il recupero dopo la gara

Dopo la maratona. Da diversi anni invito i podisti che seguo a non mettere le scarpe da corsa per tutta la settimana dopo la gara. Consiglio però di andare in bici pedalando con rapporti molto leggeri in pianura per un'ora anche ogni giorno. Passati i 7 giorni potranno ricominciare a correre iniziando da 30 minuti di corsa lenta e via di seguito. Da sempre sono contrario a correre 2 maratone senza aver fatto trascorrere almeno 3 mesi tra le gare. Molti podisti, quando corrono due maratone ravvicinate, spesso fanno il loro primato personale, però rischiano l'infortunio. Quindi meglio fare una o due maratone all'anno, non di più.

Dopo la mezza maratona. Sono pur sempre 21 km, quindi richiedono tutta la settimana successiva dedicata alla corsa lenta o di rigenerazione per una lunghezza massima di 10-12 km.

Dopo le gare brevi. Una gara breve dopo 72 ore dovrebbe essere stata "assorbita". I giorni successivi dovrebbero quindi essere dedicati alla corsa lenta.

Nel bigiornaliero. Sono sempre di più i podisti che tendono a fare il bigiornaliero. Per ottimizzare gli effetti della doppia seduta di allenamento dovrebbero avere il tempo, fra un allenamento e l'altro, di fare una "pennichella" di almeno mezz'ora. Il bigiornaliero non è adatto a chi fa lavori pensanti sul piano fisico.

La vita di tutti i giorni e il recupero

Talvolta i podisti sono stanchi dagli impegni di lavoro o di famiglia. In questo caso proporre allenamenti stressanti come ripetute, medi o tempo run sarebbe davvero deleterio per la loro salute psico-fisica. Meglio eseguire solo allenamenti di corsa lenta, magari con una leggera progressione, se possibile all'aperto e in compagnia di podisti che vanno allo stesso passo, senza controllare i ritmi di corsa ma "ascoltando la musica del proprio corpo". Fare delle prove ripetute aumenterebbe i livelli di stress e, in caso di prestazioni inferiori alle aspettative, anche il senso di frustrazione.

Età e recupero. Come ho accennato nel precedente paragrafo, con il passare degli anni il recupero fra i vari mezzi di allenamento o fra le gare tende a dilatarsi. Un allenamento di prove ripetute a 20 anni può essere recuperato in 48 ore, mentre a 50 anni saranno necessari 4-5 o anche più giorni.

I runner spesso dopo l'allenamento o la gara hanno dolori alle gambe e pensano che siano dovuti all'accumulo di acido lattico. In realtà ne viene prodotto molto poco e non in quantità tale da creare dolori. La responsabilità è da imputare al DOMS (Delayed Onset Muscle Soreness), dolore muscolare tardivo che è causato dalle microdistruzioni della fibra muscolare provocate durante la corsa. Un adeguato recupero collegato a una corretta alimentazione contribuirà a risolvere velocemente questo problema.

Il sonno. Per noi podisti dormire bene è davvero di fondamentale importanza per recuperare pienamente le energie psico-fisiche. Una bella dormita ricarica le riserve di glicogeno e quindi ristabilisce le riserve di energia nei muscoli. Dormendo viene prodotto anche l'ormone della crescita, il GH che facilita il recupero muscolare favorendo la rigenerazione e la crescita delle cellule (→ J. Weineck, 2009). Con il passare degli anni, in particolare dopo i 50, capita di svegliarsi durante la notte e questo può determinare maggiore stanchezza durante la giornata, compromettere il buon esito della gara e favorire il verificarsi dell'overtraining. Il sonno può essere anche disturbato da allenamenti fatti in tarda serata e non seguiti da un'adeguata alimentazione: la causa principale è da ricercare nella produzione di catecolamine (adrenalina, noradrenalina) che l'allenamento genera specialmente quando si lavora a elevata intensità. Altri disturbi del sonno nascono dopo viaggi in Paesi con diverso fuso orario, l'ideale sarebbe quindi arrivare nella località prevista per la gara un giorno prima per ogni ora di differenza di fuso. Chi va a correre la maratona di Chicago, dove ci sono sette ore di fuso, dovrebbe, ad esempio, arrivare in città sette giorni prima per poter essere sicuro di dormire perfettamente la sera della maratona. In realtà sono pochi coloro che possono permettersi una simile trasferta: in questo caso può essere d'aiuto l'assunzione di melatonina.

In questi anni, non solo in chi fa lunghi viaggi aerei, ma anche in chi ha normali disturbi nel prendere sonno, ho ottenuto buoni risultati facendo praticare la respirazione addominale. Quindi se vi svegliate durante la notte e non riuscite a prendere sonno non fatevi prendere dal panico, respirate profondamente con il diaframma e vedrete che vi addormenterete subito.

5.6 L'overtraining, il superallenamento

Chi pratica il nostro sport tende a sentirsi un superessere vivente. La "colpa" di questa sensazione è degli oppioidi endogeni, le famose endorfine che l'organismo produce in grande quantità praticando l'attività fisica. Troppo allenamento può far male, cerchiamo quindi di capire quali sono i sintomi del superallenamento e soprattutto quali sono i "trucchi" per evitarlo.

Analizziamo i segnali che vengono inviati dall'organismo per capire se stiamo esagerando: aumento della FC al mattino (5-6 battiti); difficoltà a raggiungere elevati livelli di FC durante l'allenamento; eccessivo calo di peso; perdita dell'appetito; difficoltà di recupero fra le varie sedute di allenamento; eccessivi dolori muscolari; eccessiva rigidità muscolare; tendenza alla depressione; ansietà; irritabilità; estremità degli arti fredde; sudorazione notturna; sete notturna; facilità nel contrarre infezioni alle vie respiratorie con conseguenti stati febbrili; herpes sulle labbra; maggiore possibilità di infortunio; calo della libido; amenorrea; situazione difficile sul piano emotivo; abbassamento del livello di motivazione.

Sicuramente a molti podisti sarà capitato di avvertire qualcuno dei sintomi sopra descritti. Ecco le possibili cause: allenamenti ad alta intensità senza adeguato recupero; eccessivo e non graduale aumento di volume dell'allenamento; competizioni troppo ravvicinate o serie di competizioni senza adeguato recupero; repentino incremento del carico di allenamento senza dare un adeguato tempo per il verificarsi degli adattamenti; monotonia delle sedute di allenamento.

È facile commettere questi errori, i podisti tendono molto spesso a esagerare, specialmente con le gare. È difficile far capire l'importanza di limitare il numero di partecipazioni alle maratone o convincere che nelle gare domenicali o notturne non è necessario dare sempre il massimo (le manifestazioni podistiche servono anche per stare con gli amici!). Se si aggiunge poi la tendenza a forzare un po' i ritmi di allenamento, ecco che non è difficile arrivare al superallenamento.

Vediamo ora come fare per prevenire il superallenamento: attenta programmazione che preveda tempi adeguati per il riposo e il recupero; ascolto dei segnali del proprio corpo; acquisizione di elasticità e sensibilità nell'adattare il programma di allenamento in relazione alle proprie condizioni psicofisiche; ottimizzazione dell'alimentazione, dell'integrazione e della reidratazione; impostare un adeguato equilibrio fra allenamento, lavoro, studio, impegni familiari ecc.; dormire bene per un adeguato numero di ore.

Se vi accorgete di soffrire di superallenamento, sappiate che può durare da alcuni giorni a diverse settimane e, per chi ha davvero esagerato, possono essere necessari anche diversi mesi per smaltirne gli effetti.

Ecco allora alcune dritte per uscirne il prima possibile: ridurre il volume e l'intensità dell'allenamento; riposare sia in modo attivo sia passivo; recuperare il sonno; adeguare l'alimentazione, l'integrazione e la reidratazione.

Correre e cercare di migliorare è un giusto obiettivo che ogni podista si deve porre. Attenti però a non esagerare, altrimenti la corsa può non essere così divertente e soprattutto potreste essere costretti a periodi di stop. Occhio, quindi!

5.7 L'overreaching

Letteralmente significa "superarsi". Soprattutto atleti o podisti di buon livello tendono sempre a ricercare stimoli e allenamenti piuttosto pesanti senza un adeguato recupero e senza dar modo all'organismo di adattarsi. In questo caso siamo al limite ed è compito dell'allenatore captare i segnali e decidere di far recuperare, temendo l'insorgere dell'overtraining, o insistere nel far fare certi tipi di allenamento per puntare alla miglior performance possibile.

5.8 La mancanza di allenamento

Purtroppo può accadere che i podisti, per infortunio o per mancanza di tempo, non possano allenarsi per periodi più o meno lunghi. Fino a quando le soste sono brevi, limitate nell'arco di una settimana, l'organismo non perde molto allenamento. Oltre questo periodo invece c'è perdita di forza, ma anche di capacità di correre forte e se il periodo è ancora più lungo si perde anche la capacità di correre a lungo.

Nei limiti del possibile è sempre meglio cercare di mantenere un buon livello di forza. Se per esempio si è costretti a letto per 7-8 giorni con l'influenza è bene, ogni tanto, applicare l'elettrostimolatore con un programma di forza resistente. Alla ripresa consiglio di ripartire con molta gradualità, iniziando con alcuni esercizi di core stability. La corsa dovrà essere ripresa iniziando da 20-30 minuti e incrementando di 5-10 minuti a ogni seduta fino a raggiungere l'ora. A questo punto potrà essere ripreso il programma di allenamento originario.

Chi si allena tutti i giorni o quasi ed è costretto a interrompere per motivi di lavoro o di infortunio può accusare la "sindrome acuta da scarico" (→ J.Weineck, 2009), gli atleti di alto livello, che all'improvviso

Fig. 5.1 Concentrazione delle endorfine nel plasma ematico in soggetti allenati e non allenati prima e dopo un carico di resistenza[*].

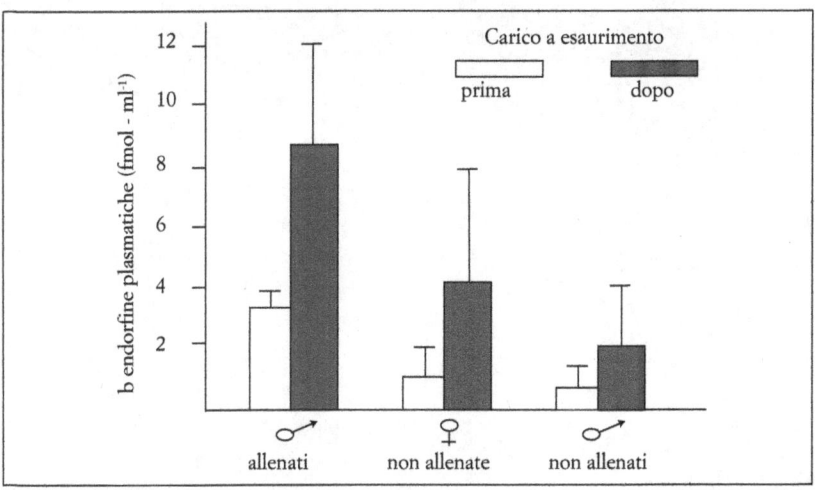

[*] J. WEINECK, L'allenamento ottimale, Calzetti e Mariucci Editori, Perugia 2009.

smettono di allenarsi per le specialità di endurance, sono maggiormente interessati da questo problema, che coinvolge anche gli amatori. I sintomi con cui si manifesta possono essere: umore depresso, disturbi digestivi, mal di testa, disturbi del sonno, instabilità emotiva. La spiegazione è da ricercare nell'abbassamento del livello di endorfine. Nella figura 5.1 è mostrato il livello della variazione di beta endorfine plasmatiche prima e dopo un allenamento di resistenza in soggetti allenati e non allenati.

Anche se può sembrare paradossale, è necessario allenarsi a smettere di allenarsi. Chi è abituato a praticare con regolarità la corsa di endurance, se dovrà o vorrà smettere, dovrà farlo con gradualità.

Conclusioni

In questo capitolo, oltre a sistemi per vivere la corsa e far diventare gli allenamenti meno monotoni e più divertenti, abbiamo analizzato i vari modi per affrontare la corsa di endurance. Sta adesso a voi scegliere di usare uno dei metodi proposti. Nella parte finale ho voluto mettervi in guardia dal pericolo del troppo allenamento non per farvi paura, ma per farvi correre senza rischi. Mi raccomando allenatevi, ma senza tralasciare il tempo per il riposo e per il sonno.

Capitolo 6

I MEZZI DI ALLENAMENTO

Dopo aver analizzato i sistemi per determinare la velocità di riferimento, vedremo ora l'applicazione pratica di questo importante valore e analizzeremo i numerosi modi di correre.

Le varianti che illustrerò non sono adatte solo a coloro che da principianti vogliono diventare runner, ma anche a chi voglia dedicarsi alla corsa di endurance compresa fra i 10 km e la maratona.

6.1 Le 4 fasce di velocità

Per trattare questo argomento partiamo da un grafico che suddivide la velocità di corsa in 4 fasce (fig. 6.1).

Fig. 6.1 Grafico delle velocità di corsa.

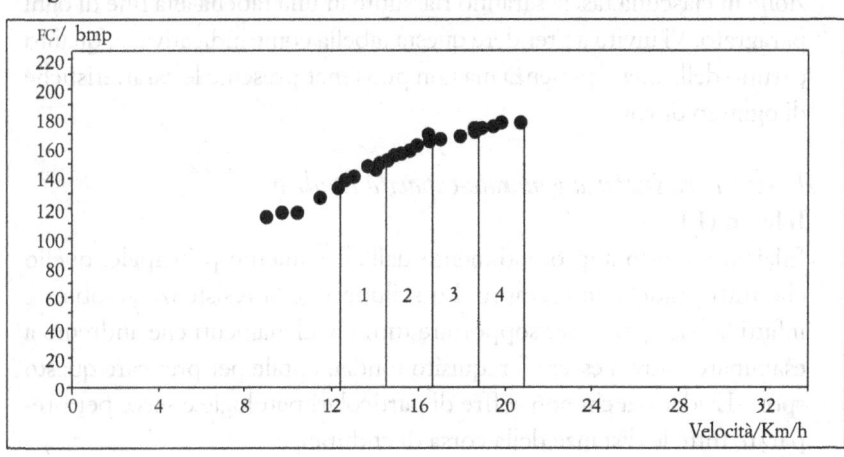

La fascia 1 rappresenta un range di velocità di corsa utile per allenare la resistenza generale, definita anche "capacità lipidica". La fascia 2 è quella della cosiddetta "resistenza specifica" o, per usare un termine più calzante, della "potenza aerobica lipidica" (termine introdotto dal dott. Enrico Arcelli). La fascia 3 è dedicata agli allenamenti di sviluppo della "soglia del lattato" che servono a migliorare la VR. Correre a velocità comprese in questa fascia serve anche a sfruttare al massimo la capacità di utilizzare il Vo2 max. Nella fascia 4 le velocità di corsa sono più elevate. È dedicata allo sviluppo del Vo2 max, ovvero della massima potenza aerobica.

La larghezza delle fasce è da ritenersi indicativa e, come tale, va considerata: sarà solo la conoscenza approfondita del runner a creare i presupposti per dare indicazioni calzanti sulla durata e sulla velocità da tenere durante i vari tipi di allenamento.

Per ogni allenamento saranno date indicazioni relative alla FC, sebbene ritenga che non sia sufficiente ai fini del miglioramento delle prestazioni in relazione agli obiettivi che potrà porsi un runner. Verrà indicato anche l'impegno respiratorio attraverso la CRF (Corsa Respirazione Facile), la CRLI (Corsa Respirazione Leggermente Impegnata) e la CRI (Corsa Respirazione Impegnata). Sarà preso in considerazione l'uso della scala di Borg. So benissimo che le indicazioni sono soggettive e che il podismo non è certo solo una questione "matematica", ma ritengo stimolante per i runner prestare attenzione ai messaggi che arrivano dal loro corpo e sintetizzarli con un numero.

Le velocità di corsa di ogni mezzo di allenamento preso in considerazione in ciascuna fascia saranno riassunte in una tabella alla fine di ogni paragrafo. Vi invito a prendere questa tabella come indicativa, in quanto è frutto della mia esperienza ma non può tener presente le caratteristiche di ognuno di voi.

Fascia 1: Resistenza generale-capacità lipidica
Il lento (L)
Iniziamo questo approfondimento dall'allenamento principale, quello che tutti pratichiamo sempre. Lo sviluppo della resistenza aerobica è infatti la base per poter sopportare tutti gli allenamenti che andremo a esaminare, oltre a essere il requisito fondamentale per praticare questo sport. È adatto a chi non soffre di particolari patologie e serve per preparare tutte le distanze della corsa di endurance.

I mezzi di allenamento

A quale velocità si corre. Il lento può essere corso a una velocità di 40-50 secondi più lenta rispetto alla VR.

L'impegno respiratorio. Il lento deve essere corso mantenendo un tipo di respirazione che permetta di parlare con facilità, la CRF.

La frequenza cardiaca. Il cardiofrequenzimetro dovrebbe segnare valori tra il 70-80% della FC massima.

Percezione dello sforzo. La percezione dello sforzo dovrebbe essere di tipo 2. Qualora si notasse che a parità di velocità questa fosse di livello superiore, è preferibile riportare lo sforzo a livello 2 e analizzare le cause dell'aumento della fatica.

La lunghezza. Il lento può variare da una lunghezza di 4-5 km fino a 20 km, dai 15-20 minuti ai 90-120 minuti. Dai 20 km in poi o oltre i 120 minuti parleremo di lunghissimo e non più di lento: una seduta classica di lento dura fra i 10 e i 14 km. Il giorno prima della gara faccio fare da 3-4 a 8 km, il giorno dopo il lunghissimo in genere faccio fare 10-12 km.

Quando usarlo. Il lento può essere corso prima o dopo allenamenti di grande fatica o del lunghissimo. I podisti che corrono due volte al giorno, anche fra gli amatori, dedicano in genere il primo allenamento al lento. Inoltre, quando i runner vedono ristagnare i propri risultati, aumentano il numero di allenamenti settimanali correndo il lento. L'aumento del numero di chilometri settimanali deve avvenire con gradualità: si inizia da 5-6 km per arrivare a 10-12 km per seduta.

Inserimento nella programmazione. Possono esserci periodi di 1-2 o più settimane dedicati solo alla pratica del lento. In una programmazione normale il lento viene praticato 1 volta da chi si allena 3 volte alla settimana, 2-3 volte da chi fa un maggior numero di uscite.

Ci sono 2 possibili varianti del lento: lento di rigenerazione e la surplace.

Il lento di rigenerazione (LR). È la variante soft del lento, viene usato soprattutto per recuperare sforzi intensi, ma anche per prepararsi a gare o allenamenti impegnativi.

In pratica, il lento di rigenerazione si usa quando si avverte stanchezza organica o muscolare. Si tiene una velocità molto blanda, correndo a 60-65 secondi più lentamente rispetto alla VR. La lunghezza varia dai 3-5 km da fare prima di una gara importante o alla ripresa da un infortunio, ai 10-12 km al massimo. Il ritmo del LR viene tenuto nella prima parte del lento, di cui costituisce il riscaldamento. Facciamo un esempio: se in programma ci sono 12 km di corsa a ritmo lento (ovvero 40-50 secondi più lentamente della VR) dopo 1-2 minuti di surplace si possono correre 1-2 km all'andatura del LR, poi 10 km a ritmo lento oppure aggiungere 1-2 km ai 12 km di lento previsti. L'andatura blanda potrebbe farvi assumere un atteggiamento tecnico sbagliato, quindi fate attenzione che la postura durante la corsa rimanga quella corretta. La percezione dello sforzo deve essere davvero minima e valutabile intorno a 1. La FC dovrebbe essere al massimo del 70-75%, ma prendete questo dato come approssimativo perché non tiene conto delle caratteristiche di ognuno.

La surplace (S). Surplace significa, in pratica, corsa a ritmo blando, poiché si procede più lentamente sia del lento sia del LR. La respirazione deve essere facilissima.

Non sono d'accordo sull'uso della S per interi allenamenti. Al podista, ad esempio, non serve correre un'ora in S: potrebbe essere addirittura dannoso a causa del ritmo eccessivamente basso, tale da non consentire un'adeguata esecuzione meccanica del gesto tecnico della corsa. Può essere invece utile all'interno di una serie di allenamenti, vediamo come e quando:

1) Nella fase di preparazione a ogni allenamento o gara. Dopo gli esercizi di riscaldamento e lo stretching del pre-corsa, i primi 2-3 minuti di corsa devono essere fatti in surplace.
2) Nel recupero tra le ripetute. Tra una ripetuta e l'altra, quando non c'è un'indicazione precisa. Lo stesso tipo di recupero sarà usato anche fra le prove per lo sviluppo della velocità aerobica massima (VAM).
3) Nel recupero tra le salite lunghe e brevi. Chi sostiene prove di ripetute in salita dovrà eseguire il recupero correndo in surplace.
4) Nel recupero tra gli allunghi. Gli allunghi sono esercitazioni un po' particolari che, pur essendo un valido supporto alla preparazione, non sono da ritenersi un vero e proprio allenamento. Il recupero fra gli allunghi viene eseguito in surplace.
5) Nel defaticamento. Al termine di ogni gara o allenamento, per tornare gradualmente alla normalità, è buona abitudine rallentare progressivamente fino a correre 1-3 minuti in surplace.
6) Per chi ha problemi di peso. Chi ha necessità di dimagrire, dopo essersi dedicato alla pratica del cammino, magari veloce, potrà iniziare a praticare la corsa correndo a un ritmo estremamente blando, in surplace.

I mezzi di allenamento

7) **Dopo l'infortunio.** Chi riprende la pratica sportiva dopo un infortunio dovrebbe correre almeno il primo allenamento in surplace e seguire poi anche in seguito i consigli dati al punto 1.

La durata. La surplace può durare 20-30 secondi per i recuperi più brevi fra i vari tipi di ripetute, fino a 2-3 minuti in fase di avvio dell'allenamento o in preparazione alla gara e fino a 2-5 minuti nel defaticamento di fine gara o fine allenamento. Solo i soggetti in forte sovrappeso potranno arrivare a correre fino a 10-15 minuti consecutivi di surplace, che potrà essere ripresa dopo un eventuale tratto eseguito camminando.

La velocità. Si tratta di corricchiare orientativamente circa 70-80 secondi più lentamente rispetto alla VR.

La frequenza cardiaca. Potrà essere intorno al 65-70% della FC massima.

L'impegno respiratorio. Per darvi un'idea, sappiate che nella surplace la respirazione è talmente facile da permettervi di fischiare.

La percezione delle sforzo. Indicativamente dovrà essere di 0.5-1 al massimo.

> *Alcuni esempi di uso della surplace*
> a) *Nelle ripetute: 5x1 km rec. 3 minuti in surplace*
> b) *Nel riscaldamento: esercizi di riscaldamento, stretching pre-corsa, 3-5 minuti di surplace con passaggio graduale al ritmo del lento di rigenerazione e poi del lento.*
> c) *Nel defaticamento dopo la corsa lenta: gli ultimi 5-8 minuti si passa in modo graduale dal ritmo lento a quello del lento di rigenerazione per arrivare poi a correre 1-3 minuti in surplace.*
> d) *Nel defaticamento dopo gare, ripetute, medio o progressivo: 3-5 minuti di corsa in surplace.*

Il lunghissimo (LG)

Allenamento "re" per lo sviluppo della resistenza aerobica generale. Vedremo la sua applicazione anche nel miglioramento della potenza aerobica lipidica al fine di dare maggiore specificità agli allenamenti per la maratona. È l'allenamento fondamentale per correre la maratona e, nella sua espressione meno estensiva, anche per la mezza maratona.

La distanza. I chilometri percorsi devono essere più di 20: ritengo che la distanza massima consigliata, per un podista di livello amatoriale possa essere di 35-36 km, ma a un podista di buon livello consiglio di arrivare fino a 38 km.

A cosa serve. Il LG serve ad abituare la mente a uno sforzo prolungato, sia pure relativamente di bassa intensità. Muscoli, tendini e articolazioni acquistano sensibilità nell'eseguire il gesto della corsa e si allenano a ottenere il massimo rendimento con il minimo sforzo, mentre si affinano i meccanismi di termoregolazione e di regolazione idrica. Il runner perfeziona la tecnica, la sua corsa diviene meno dispendiosa, impara a dominare e allentare tutte le tensioni e gli irrigidimenti causati dalla fatica fisica e mentale di uno sforzo così prolungato.

A quale velocità. Chi si avvicina per la prima volta all'allenamento per la maratona avrà come obiettivo quello di riuscire ad arrivare al traguardo senza essere sconvolto dalla fatica e con la voglia di riprovare a fare una maratona. Il principiante dovrà correre i LG al ritmo di respirazione facile (CRF). Il ritmo dei principianti sarà quindi molto più vicino al ritmo del LR che non a quello del lento. La percezione dello sforzo, nonostante il ritmo blando, andrà aumentando con il passare dei chilometri e potrà arrivare anche a livello 3-4. Chi ha già fatto una o più maratone, invece, dovrà correre i LG a una velocità molto simile se non uguale, almeno a tratti, alla velocità tenuta in gara.

Cambiare velocità. Il principiante si deve porre l'obiettivo di iniziare il LG a una determinata velocità, senza rallentare mai. Via via che cresce il livello di preparazione atletica del podista, il LG può essere inteso come "progressivo": due terzi dell'allenamento saranno corsi a velocità di circa 10-15 secondi al chilometro più lenta rispetto a quella prevista per la maratona e un terzo alla stessa velocità della maratona, oppure un terzo a una velocità di 15 secondi più lenta rispetto a quella della maratona, un terzo a una velocità di 5 secondi più lenta e un terzo alla velocità prevista per la maratona. Un altro sistema usato dai podisti un po' più esperti è correre un terzo a 10 secondi più lenti della velocità di maratona e due terzi a quella di maratona.

Come determinare la velocità. Basandosi sulla velocità di riferimento (VR), il LG potrà essere corso a una velocità fra i 30 e i 55 secondi più lenta rispetto alla VR. Più basso è il livello dell'atleta, più grande sarà la differenza fra VR e velocità di percorrenza del LG. La differenza fra la

I mezzi di allenamento

velocità di corsa del lunghissimo e la VR, soprattutto per runner più forti, può essere determinata, oltre che dall'esperienza dell'atleta, anche dal tipo di fibre che costituiscono i suoi muscoli e dal tipo di adattamenti e cambiamenti subiti negli anni. Il dato dovrà essere letto con la solita sana dose di buon senso, in quanto si tratta di dati generali e non personalizzati. Solo una conoscenza delle caratteristiche del runner permette di essere precisi nella determinazione delle andature.

Quanti lunghissimi fare. Questa domanda ricorre molto frequentemente fra i podisti. Dovendo anche in questo caso fornire un'indicazione di tipo generale, ritengo che nelle 12-16 settimane che precedono la maratona debbano essere corsi 3 LG di distanza variabile fra i 26 e i 30 km e 2-3 di distanza variabile fra i 32 e i 34-38 km.

Il dosaggio del lunghissimo. Questo tipo di allenamento è molto impegnativo soprattutto per i muscoli e i tendini, quindi è preferibile ripeterlo solo una volta ogni due settimane; può essere corso anche per due settimane consecutive, se poi però se ne salta una. Dipende molto dalle caratteristiche, dal livello di allenamento e di esperienza sportiva del runner e dalla regolarità nell'applicazione del programma di allenamento previsto. Se per esempio un runner, per vari motivi, durante le 16 settimane di preparazione specifica alla maratona è costretto a stare 3-4 settimane senza correre il LG, è chiaro che si troverà nella necessità di correre due LG in due settimane consecutive.

Lontano dalla maratona. Maratoneti si diventa e si resta tali fino a quando la salute, anche mentale, ci sostiene. A distanza di 4-6 mesi dalla maratona, andare a correre una volta al mese per 20-25 km sarà di grande aiuto per la preparazione alla maratona successiva.

L'ultimo lunghissimo. Ecco un altro amletico dubbio dei podisti: quando è meglio correre l'ultimo LG prima della maratona? Per evitare rischi, sarebbe meglio affrontarlo tre settimane prima, ma vi garantisco che, in certi casi, la prestazione in gara può trarre vantaggio anche da un LG corso solo due settimane prima. Dipende tutto da come si è svolta la preparazione e dalle caratteristiche del podista. In generale, il mio consiglio è di correre il LG più lungo 3-4 settimane prima della maratona.

La percezione dello sforzo. Aumenterà con il passare dei chilometri: all'inizio sarà di 1-2, ma potrà arrivare a 3-4 durante i LG progressivi.

L'impegno respiratorio. Il LG sarà corso a ritmo di CRF, che diverrà CRLI nel caso di LG progressivo.

La frequenza cardiaca. Potrà essere intorno al 75-85% della FC massima. Noterete un aumento nel finale dell'allenamento se vorrete mantenere o aumentare la velocità di corsa, non spaventatevi se dovesse raggiungere valori più alti di quelli indicati: come per tutti gli allenamenti, per mantenere la FC costante dovrete diminuire la velocità.

Quali scarpe usare. Il LG deve essere corso con le scarpe con le quali si pensa di correre la maratona.

L'abbigliamento. Il LG deve costituire la prova generale della maratona. Se possibile, indossate l'abbigliamento da gara.

Il percorso. Deve essere il più possibile simile a quello su cui si svolgerà la gara. Chi si prepara per la maratona di Firenze si abitui ad affrontare tratti di strada con qualche curva. Chi si prepara per Venezia o New York dovrà essere pronto a sopportare i ponti sui canali o i saliscendi di Central Park.

A che ora correre. Dovrete organizzarvi per correre alla stessa ora alla quale partirà la maratona, ottimizzando anche il tempo fra colazione e partenza per la gara.

Ascoltatevi. Approfittate del LG per vedere a che ritmo cronometrico corrisponde il ritmo del vostro respiro. Sarà utile il giorno della maratona e vi eviterà lo stress di guardare continuamente l'orologio. Imparate a sentire il rumore dei vostri passi: un numero sempre maggiore dei miei allievi sta cominciando a correre senza nessun riferimento al polso e i feedback sono molto positivi.

Il buon senso. È il requisito fondamentale per affrontare questo mezzo di allenamento e la maratona. Se dovesse capitarvi di sentirvi molto stanchi proprio nei giorni in cui avevate in programma il LG, non esitate a riposarvi senza sensi di colpa. Talvolta un giorno di riposo è più utile di un allenamento.

Il lunghissimo potente (LP).

Questo mezzo di allenamento è specifico per la maratona. È adatto ad atleti che impiegano meno di 3 ore a correre i 42,195 km, ma credo che sia interessante anche per gli amatori conoscere mezzi di allenamento "spinti".

Come ho già detto, un runner, arrivato a un certo punto della sua carriera podistica, per continuare a migliorare ha bisogno di stimoli nuovi per i muscoli e per la mente. Quindi anche il LG, l'allenamento principale per la maratona, non può essere corso sempre nello stesso modo per anni. Il LP si corre come un normale LG, quindi tra i 28 e i 36 km, ma con modalità differenti. Per i primi 8-10 chilometri dovete mantenere un ritmo di 10-20 secondi più lento del ritmo maratona; nella parte centrale dovete eseguire un vero e proprio allenamento in cui correre dei 1000 metri a un ritmo di 10-15 secondi più veloce del ritmo maratona recuperando 1 km a ritmo maratona; quindi, nella parte finale, dovete correre ancora a ritmo maratona. In generale, è sempre bene iniziare da un numero di chilometri piuttosto basso e con una differenza di ritmo tra prova veloce e chilometro di recupero di 10 secondi. Il LP riveste grandissima importanza sul piano fisiologico perché sviluppa la resistenza specifica, la "potenza lipidica" e la resistenza generale. Insegna all'organismo a utilizzare una miscela più ricca di grassi correndo a velocità relativamente elevate e a metabolizzare il lattato, prodotto nella parte più veloce dell'allenamento, recuperando con la corsa a ritmo maratona. Il LP migliora la capacità di sostenere il ritmo maratona e, soprattutto, di sopportare i cambi di ritmo che si possono verificare durante la gara a causa del percorso o di determinate situazioni tattiche. Durante una maratona può essere necessario aggiustare il ritmo in un tratto in salita, fiaccare la resistenza di un avversario dopo 25 o 30 km, oppure staccarlo prima dell'ultimo chilometro. Nell'arco della preparazione specifica per la maratona potranno essere collocati 1-2 allenamenti di LP. Consiglio di inserire questo tipo di lavoro al termine della settimana di scarico e di farlo comunque precedere da 2 o 3 giorni di allenamento a ritmo blando, e comunque almeno 4-5 settimane prima della maratona.

La percezione dello sforzo andrà aumentando con il passare dei chilometri: passerà dal livello 2-3 durante i tratti di corsa a ritmo maratona per arrivare a 4-6 durante la velocità più elevata. I tratti più lenti saranno corsi a un livello respiratorio di CRF, in quelli a velocità più elevata il ritmo sarà di CRLI. La FC si aggirerà fra il 75-80% della FC massima e potrà arrivare anche all'85-90% se vorrà essere mantenuta la velocità nella parte finale.

Il lunghissimo potente è chiaramente adatto a podisti molto esperti.

Il day after

Tranquilli: non è il titolo di un film dell'orrore. Questo nome un po' particolare mi venne in mente nel 2003 mentre stavo scrivendo, insieme al dott. Arcelli, il libro *La mia maratona*. In realtà avevo già scritto di questo coraggioso mezzo di allenamento nel libro *La maratona per gente come noi* del 1990, ma lo chiamavo semplicemente "variazioni di ritmo"; anche negli anni successivi, in articoli che pubblicai su varie riviste, mi riferivo a questo particolare mezzo di allenamento con il nome CTLL: corsa trasformazione del lunghissimo. Nonostante i nomi diversi il concetto è sempre uguale ed esprime quanto emerse da alcune osservazioni fatte su di me e sui miei amici mentre stavamo preparando la maratona del Mugello del 1979, la mia prima maratona.

Ecco quindi alcune indicazioni pratiche per il day after utile soprattutto durante la preparazione della maratona.

A cosa serve. In pratica serve a recuperare l'elasticità muscolare dopo aver eseguito molti chilometri, soprattutto se eseguiti a velocità del lento.

Quando si esegue. Il giorno dopo aver fatto il LG, invece di stare distesi sul divano a guardare le scarpe da running con la paura che vogliano tornare ad avvolgere presto i nostri piedi, è preferibile uscire e fare una corsetta con le modalità che sto per descrivervi. Le vostre scarpe vi ringrazieranno, fatelo per loro, anche se non ne avete voglia.

Quanto dura. Un buon day after dura dai 50 ai 70 minuti, da 10 a 12 km al massimo.

Come si esegue. Prima di tutto bisogna fare un riscaldamento che potrà durare i classici 15-20 minuti, 3-4 km da correre a ritmo LR. Poi dovrete fare da 5 a 10 tratti di 100-200 metri correndo alla VR o poco più lentamente. Il segreto sta nel recupero, fra ogni tratto di 100-200 metri: 1 km a ritmo maratona o poco più lento. Facciamo un esempio: dopo 2-3 km di corsa a ritmo del lento dovrete fare 8x100 metri alla VR, seguiti da un recupero di 1000 metri a ritmo maratona. Supponiamo che la VR sia a 4'30" al km, trasformando i minuti in secondi risulterà 270" che diviso 10 vi darà il tempo di 27" nei quali dovrete correre i 100 metri. Considerando che il ritmo maratona potrà essere di 40" più lento della VR, dovrete correre 1 km di recupero a 5'10" al km.

Questo mezzo di allenamento è stato provato da tantissime persone, quindi superate senza paura l'ansia di dover correre in questo modo il giorno dopo la maratona. L'importante è correre con sciolezza e decontrazione e vedrete che le gambe vi ringrazieranno. L'alternativa al day after potrebbe essere pedalare 60-70 minuti a ritmo molto blando. Il riposo lo consiglio solo il giorno dopo aver corso il day after.

I mezzi di allenamento

La percezione delle sforzo. Può variare fra 1-2 durante i tratti da correre a ritmo maratona fino ad arrivare al massimo a 3 nei tratti più veloci.

L'impegno respiratorio. Deve essere di CRF nei tratti da correre a ritmo maratona per arrivare al massimo a CRLI nei tratti più veloci. Essendo molto breve la distanza da correre non arriveremo mai a livelli di CRI.

La frequenza cardiaca (FC). Orientativamente oscillerà fra il 75% e l'85% della FC massima perché, trattandosi di tratti brevi, non riuscirà a raggiungere livelli elevati.

A chi è adatto. Lo consiglio a maratoneti che abbiano almeno un minimo di esperienza.

Tabella 6.2

VR	D.A.	L	LG	LR	S
0	– 30/50" di VR	– 40/50" di VR	– 30/55" di VR	– 60/65" di VR	– 70/80" di VR

Legenda: VR = velocità di riferimenti; D.A. = day after; L = lento; LG = lunghissimo; LR = lento di rigenerazione ; S = Surplace; / indica il range di velocità; – indica che la velocità è più lenta della VR.
Nelle riga superiore sono indicati tutti i mezzi di allenamento relativi alla fascia 1. Nella riga inferiore sono invece indicati i secondi di differenza fra la media al km della velocità di riferimento e quelle dei singoli mezzi di allenamento presi in considerazione. Trattandosi della fascia 1 le velocità prese in considerazione sono tutte più lente rispetto alla VR. Facciamo un esempio: se la VR = 4'30" S = a 5'40"- 5'50", RG = 5'30"-5'35"; LG 5'00"-5'25"; L = 5'10"-5'20"; D.A. = da correre in 27" i 100 m o 54" i 200 m e a 5'10-5'20" il chilometro fra i 100 metri o fra i 200 metri.

Fascia 2: Resistenza specifica – potenza lipidica
I mezzi di allenamento proposti nella seconda fascia di velocità hanno lo scopo di insegnare all'organismo a usare una maggior quantità di grassi a mano a mano che aumenta la velocità. Così facendo nelle cellule muscolari resta una maggior quantità di glicogeno che garantisce il mantenimento della velocità fino alle ultime battute di gare anche lunghe come la maratona. Gli allenamenti di resistenza specifica sono molto utili anche perché permettono di ottimizzare mezzi di allenamento della fascia 3, più strettamente collegati con la crescita delle prestazioni. Vorrei chiarire che quando mi riferisco al miglioramento della prestazione non mi

riferisco solo a parametri cronometrici, ma anche al rapporto fra stare bene e prestazione.

Il medio (M)
Ecco un mezzo di allenamento adatto ai podisti che hanno almeno un paio di anni di esperienza. Chi riesce a fare bene il medio ha davanti a sé un unico destino: andare forte e divertirsi sempre di più.

Ritengo questo tipo di allenamento necessario a tutti coloro che praticano le specialità di corsa, dai 5 km alla maratona e anche oltre. Lo potremmo definire un allenamento di base, perché crea quei presupposti e quegli adattamenti organici necessari per ottimizzare gli effetti degli allenamenti per lo sviluppo della velocità alla soglia del lattato. Letteralmente parlando, il medio può essere considerato come un mezzo di allenamento che si corre a un'andatura che è più lenta di quella corrispondete alla VR, ma più veloce di quella del lento.

A quale velocità si corre. Faccio correre il medio per le gare brevi a una velocità che varia fra i 10 e i 20 secondi più lenta della VR. Durante la preparazione per la mezza maratona e la maratona la velocità potrà variare invece tra i 15 e i 25 secondi più lenta della VR.

La lunghezza. Il chilometraggio del medio può variare dai 5-6 km che faccio correre ai principianti fino ai 18-20 km in casi particolari nell'ambito della preparazione alla maratona. La classica distanza rimane comunque quella fra i 10 e i 14 km.

L'impegno respiratorio. La respirazione deve essere leggermente impegnata (CRLI): mai troppo facile, ma nemmeno troppo impegnata.

La frequenza cardiaca. Dovrebbe essere fra l'85 e il 90% della FC massima.

La percezione dello sforzo sarà fra 3 e 4.

L'aspetto mentale. Il medio allena a una virtù importantissima per ogni corridore: la pazienza. Correre a ritmo medio costringe a stare lì, a rimanere concentrati, a tenere il ritmo senza andare troppo forte, ma anche senza rallentare.

Il riscaldamento. Il medio, come ogni allenamento, deve essere chiaramente preceduto da un riscaldamento.

L'inserimento nella programmazione dell'allenamento. In relazione ai periodi della programmazione potrà trovare spazio una volta alla settimana o ogni 2 settimane. Il medio potrà essere abbinato, come vedremo, al lento.

Ecco alcuni esempi di applicazione del medio adatti alla gara breve, alla mezza e alla maratona, supponendo una VR = 4'40".

Brevi: 6 km a 4'50" min/km.

Mezza maratona: 10 km a 5'00" min/km.

Maratona: 4 km a 5'20" min/km + 10 km a 5'00" min/km.

Il medio con sorpresa. Questa è una vera e propria variante del medio, che può essere inserita da chi ha ormai preso confidenza con questo sistema di allenamento.

Dopo aver eseguito il classico medio si fa un recupero attivo di 5-6 minuti, correndo a ritmo del lento. A questo punto si svolge un allenamento di prove ripetute brevi correndo ad esempio 200-400 metri, o ripetute di 1000-2000 metri.

Quando i risultati tendono a ristagnare bisogna pensare a qualcosa per far girare le gambe più forte. Questo è un sistema per qualificare ulteriormente l'allenamento a ritmo medio.

Ecco una serie di esempi di applicazione del medio con sorpresa adatti alla gara breve, alla mezza e alla maratona.

Brevi: 4 km medio a – 15" di VR rec. 5' + 10 x 200 rec. 1'30" rec 5' + 4 km medio – 15" VR.

Mezza maratona: 5 km medio a – 15" di VR rec. 3' + 12 x 400 rec. 1'30" rec. 3' + 5 km medio – 15" VR.

Maratona: 8 km medio a – 20" di VR rec. 6' + 3 x 2 km rec. 3' rec 6' + 7 km medio – 20" VR.

Il progressivo (P)
Se dovessi fare una classifica dei mezzi di allenamento più importanti e più divertenti per la corsa, metterei senza dubbio al primo posto il progressivo. Sul piano prettamente fisiologico il progressivo insegna all'organismo a usare, a mano a mano che passano i chilometri, una maggior quantità di fibre veloci. In pratica, si abitua l'organismo a utilizzare tutto il glicogeno possibile in relazione all'aumento della velocità e alla durata dell'allenamento. Permette anche di sviluppare la potenza lipidica. Come il medio, rappresenta uno dei mezzi di allenamento basilari. L'ho

collocato nella fascia 2, ma potrebbe rientrare anche fra la fascia 2 e la fascia 3. Lo adopero con i podisti di tutti i livelli, compresi i principianti, proprio come primo sistema di adattamento ai cambi di velocità.

La lunghezza. Può variare dai 6 km ai 18-20 km. Nell'ambito della preparazione per la maratona il progressivo viene usato anche per fare allenamenti di 30-36 km.

A quale velocità si corre. In genere vengono usati 3 tipi di velocità, che corrispondono al lento, al medio e alla VR.

Come si esegue. Si tratta di correre in soluzione di continuità a 3 diverse velocità. In genere l'allenamento viene diviso in 3 parti: la prima viene corsa a ritmo lento, la seconda a ritmo medio e la terza a ritmo della VR. I podisti più esperti suddividono l'allenamento in 3 parti uguali, mentre i principianti chiaramente inizieranno con il prolungare la parte del lento per ridurre la parte del medio e ancor più quella alla VR. Durante la preparazione alla maratona sarà bene invece allungare la parte del medio riducendo un po' il lento e la VR.

L'impegno respiratorio. La parte relativa alla corsa lenta sarà corsa usando la CRF, la CRLI sarà usata per la parte del medio e la CRI per correre a ritmo della VR.

Nella programmazione dell'allenamento il progressivo può essere inserito anche una volta alla settimana. Ottimi risultati si ottengono alternando una settimana il medio e una settimana il progressivo. La FC potrà variare dal 75 al 90-95%; la percezione dello sforzo varierà dal livello 1-2 al livello 3-4 fino al livello 5-6.

Ecco alcuni esempi di progressivo supponendo che la VR sia di 5'00" al km.

Brevi: 3 km a 5'40"+ 3 km a 5'20" + 3 km a 5'00".

Mezza maratona: 5 km a 5'40" + 4 km a 5'20" + 3 km a 5'00".

Maratone: 4 km a 5'40" min/km + 4 km a 5'25" min/km+ 4 km a 5'00".

Il bis e il tris

L'allenamento, per essere efficace, deve essere alimentato con continui stimoli; correre sempre allo stesso ritmo può diventare insufficiente e scarsamente produttivo. È stato uscendo a correre con i miei amici e osservando la dinamica delle nostre corse in giro per Firenze e dintorni

I mezzi di allenamento

che mi è venuto in mente di codificare la nostra spontaneità per farla diventare un mezzo di allenamento. Così sono nati il bis e il tris. Il tipo di allenamento che sto per proporvi sarà anche, chiaramente, uno dei cardini dell'allenamento per la maratona. Gli esempi riportati qui di seguito vi "illumineranno" in merito alle velocità da tenere.

La lunghezza può variare dai 6 ai 18 km. La FC varierà fra il 75% e il 90-95% della FC massima. La percezione dello sforzo varia da 1 fino a 5-6.

Il bis consiste nel cambiare 4 volte velocità nell'ambito della stessa seduta di allenamento. Può essere corso alternando la velocità del lento ad altre velocità. Come vedremo negli esempi potremo quindi correre: lento + medio + lento + medio; oppure lento + tempo run + lento + tempo run; ancora lento + VR + lento + VR.

Nel tris invece dovrete cambiare 9 volte velocità nell'ambito dello stesso allenamento. Entrambe le combinazioni, vedrete, sono molto divertenti e stimolanti, oltre che utili, e potranno essere tranquillamente inserite nel microciclo settimanale.

Vi consiglio di evitare il bis e il tris prima o dopo una gara: la loro collocazione ideale è dopo uno o due giorni di prove ripetute sia in pianura sia in salita. Sarà soprattutto dopo gli allenamenti di forza generale e specifica che bis e tris si riveleranno estremamente efficaci perché, pur non stressando muscoli e tendini, consentono di svolgere un allenamento molto efficace. Per concludere è consigliabile fare 3-5 allunghi. Provate a fare questi allenamenti anche in gruppo, vi divertirete!

Ecco alcuni esempi di bis e tris: supponiamo che la VR sia di 4'00" al km.

Bis
Brevi: 3 km a 4'40" + 3 km a 4'10" + 3 km a 4'40" + 3 km a 4'10".

Mezza maratona: 4 km a 4'40" + 3 km a 4'20" + 4 km a 4'40" + 3 km a 4'20".

Maratona: 3 km a 4'40" + 3 km a 4'25" + 3 km a 4'40" + 3 km a 4'25".

Tris
Brevi: 2 km a 4'40" + 1 km a 4'30" + 1 km a 4'20" + 2 km a 4'40" + 1 km a 4'30" + 1 km a 4'20" + 2 km a 4'40" + 1 km a 4'30" + 1 km a 4'20".

Mezza maratona: 3 km a 4'40" + 1 km a 4'10" + 1 km a 4'00" + 3 km a 4'40" + 1 km a 4'10" + 1 km a 4'00"+ 3 km a 4'40" + 1 km a 4'10" + 1 km a 4'00".

Maratona: 2km a 4'50" + 1 km a 4'30" + 1 km a 4'20"+ 2 km a 4'50" + 1 km a 4'30" + 1 km a 4'20"+ 2 km a 4'50" + 1 km a 4'30" + 1 km a 4'20".

Le ripetute con recupero a ritmo maratona

Imparai il mezzo di allenamento che sto per descrivervi negli anni Ottanta, quando frequentavo presso il centro CONI di Tirrenia i tecnici della nazionale italiana di mezzofondo: Giampaolo Lenzi, Renato Canova, Luciano Gigliotti. All'inizio lo proponevo solo ai podisti più forti, poi, con i dovuti adattamenti, ho cominciato a farlo fare anche a molti amatori.

A cosa serve. Nonostante parli di prove ripetute, le RRA, a pieno titolo, devono essere inserite in questa fascia perché servono ad allenare la potenza lipidica. Con le ripetute a ritmo maratona l'organismo si abitua, correndo a ritmo maratona, a metabolizzare le piccole quantità di lattato prodotte correndo a ritmo della mezza maratona o comunque molto simile. Inoltre con le RRA aumenta la densità dei mitocondri e di conseguenza la capacità da parte dei muscoli di utilizzare l'ossigeno.

Come si esegue. Il podista esegue delle prove ripetute durante le quali la parte più veloce viene corsa alla velocità della mezza maratona o leggermente più lenta, mentre la parte di recupero viene corsa alla velocità alla quale il podista pensa di correre la maratona. Fra la parte più veloce e quella più lenta non c'è sosta, né tratti di corsa in surplace: è un allenamento di corsa continua.

L'errore che commettono molti podisti, almeno le prime volte che provano le ripetute a ritmo maratona, è quello di fare la prova veloce a velocità eccessiva, con il risultato che poi non riescono a recuperare a ritmo maratona, ma sono costretti e fermarsi. Per ovviare a questo problema invito i podisti a correre la prima prova a ritmo maratona e solo successivamente quella più veloce a ritmo della mezza e così via. Prima di iniziare è previsto comunque un momento di riscaldamento. Le prime volte consiglio di correre la parte più veloce di 5 secondi a chilometro più lenta rispetto alla velocità della mezza. Questo accorgimento si rivela utile soprattutto per i podisti meno esperti.

Dove correre. Le RRA dovrebbero essere eseguite su tracciato e terreno più simile possibile a quello dove sarà corsa la maratona. Da evitare, nei

I mezzi di allenamento

limiti del possibile, la corsa in pista perché un chilometraggio così lungo potrebbe creare problemi ai tendini degli arti inferiori.

La lunghezza totale dell'allenamento varia dai 9 ai 20-27 km, eccetto alcune varianti che analizzeremo fra poco. La lunghezza delle prove da correre a ritmo mezza maratona varia da 1 a 7 km. La lunghezza delle prove da correre a ritmo maratona, in genere ma non sempre, è la stessa della prova da correre a ritmo della mezza. L'esempio classico prevede 1 km a ritmo maratona, per poi alternare 5x1 km a ritmo della mezza e 1 km a ritmo maratona e terminare con 1 km a ritmo maratona.

Nelle tabelle 3 e 4 troverete diversi esempi. Ogni tipo di allenamento dovrà essere preceduto, oltre che dal riscaldamento, da 1 km da correre a ritmo maratona. L'ultima prova sarà comunque corsa a ritmo maratona.

L'impegno respiratorio. Durante la parte lenta dell'allenamento la respirazione deve essere facile (CRF), durante la parte più veloce deve essere leggermente impegnata (CRLI), ma è molto probabile che l'impegno arrivi a una via di mezzo fra la CRLI e la CRF.

La FC nella parte lenta deve essere fra il 75 e l'80% della FC massima, per arrivare all'85-90% circa nella parte veloce.

L'aspetto mentale. Le ripetute a ritmo maratona fanno prendere confidenza con il ritmo maratona e abituano a superare i momenti difficili, come una salita o la ripresa dopo un rifornimento.

La percezione dello sforzo. Durante la prova a ritmo maratona lo sforzo dovrebbe essere di 2, nella parte più veloce 4-5, forse 6 nelle ultime prove.

La collocazione. Nella programmazione della maratona le RRA sono inserite nelle ultime 16 settimane. Ritengo però positivo farle, ogni tanto, anche in periodi distanti dalla maratona. Trattandosi di allenamenti piuttosto lunghi vengono collocati a metà settimana o, come spesso succede, nel fine settimana. Questo tipo di allenamento può essere usato anche da chi sta preparando una mezza maratona o una gara breve.

Alcuni esempi di ripetute a ritmo maratona
Tabella 6.3

6x	7x	4x	4x	5x	3x	3x	2x	2x	2x	3x	2x
1km	1km	2km	1km	2km	3km	3km	2km	5km	6km	5km	3km
rec	rec	rec	rec	rec	rec	rec	rec	rec	rec	rec	rec
1km	1km	1km	1km	1km	1km	2km	2km	1km	1km	1km	1km

Tabella 6.4

3x	2x	2x	2x	2x	2x	2x	3x	3x	3x	3x	2x
2km	3km	4km	1km	5km	6km	7km	8km	5km	6km	7km	7km
rec	rec	rec	rec	rec	rec	rec	rec	rec	rec	rec	rec
2km	3km	4km	1km	5km	6km	7km	8km	1km	1km	1km	2km

Rec. = recupero

Il ritmo gara per la maratona (RMA)

Correre in allenamento a RMA serve a sviluppare la potenza aerobica lipidica e la capacità lipidica, ma soprattutto a prendere familiarità con il ritmo respiratorio, con l'appoggio dei piedi e con la giusta postura.

Come si esegue. Il RMA può essere inglobato nel lunghissimo, ma può costituire anche la parte finale di un lento. Costituisce il recupero fra le prove ripetute corse a ritmo della mezza maratona. Più si avvicina il giorno della gara, maggiore è la quantità di chilometri da dedicare al RMA. Fondamentale è la mezza maratona che faccio fare 2 settimane prima della gara, così come i 14 km della settimana prima. Da questi 2 allenamenti traggo importanti indicazioni su quello che sarà il ritmo da tenere durante i fatidici 42,195 km.

La percezione dello sforzo. Deve essere di livello 1-2, potrà raggiungere il 3. Il ritmo respiratorio dovrà essere CRF tendente alla CRLI, ovvero dovremo essere in condizioni di parlare facendo ogni tanto qualche sosta o rallentando leggermente il flusso delle parole. La FC dovrebbe essere dell'80-85% rispetto alle FC massima.

Una variante. Spesso ai podisti consiglio di terminare l'allenamento cercando di correre gli ultimi 2-3 km a ritmo della mezza. Ai podisti più evoluti faccio suddividere l'allenamento della mezza maratona a ritmo gara in 2 parti: i primi 14 km a ritmo maratona e gli ultimi 7 km a ritmo della mezza. Queste accelerazioni finali, oltre a essere utilissime ai fini dello sviluppo della potenza aerobica lipidica, affinano nel podista la mentalità di aumentare la velocità nella parte finale evitando quindi cedimenti anche sul piano motivazionale.

Le gare. Questo mezzo di allenamento si presta a essere corso anche nell'ambito di una mezza maratona purché il podista sappia dominare il proprio istinto agonistico. Sono invece contrario ad andare a correre la maratona come allenamento per il ritmo maratona. Infatti lo stimolante clima della gara può far produrre uno sforzo eccessivo e difficilmente recuperabile prima della gara importante.

Ecco alcuni esempi di RMA:
1) 10 km lento + 2 km RMA; 2) 14 km RMA; 3) 21 km RMA; 4) 14 km RMA + 7 km RME (ritmo mezza maratona); 5) 6 km lento + 6 km a RMA 6) 5 km lento + 5 km RMA + 2 km RME.

Il ritmo gara per la mezza maratona (RME)
Con il RME, oltre che la potenza aerobica lipidica si allena anche lo sviluppo della soglia del lattato.

Come si esegue. Possono essere eseguiti allenamenti di corsa continua di 8-10 km oppure delle prove frazionate di 2-3 km da ripetere per un totale di 9-12 km con recupero da correre in surplace.

La percezione delle sforzo. Dovrà essere 3-4. La FC sarà intorno o leggermene superiore all'85% della FC massima, mentre il ritmo respiratorio dovrà essere di CRLI tendente alla CRI, ovvero dovrete avere una certa difficoltà nel parlare.

Le gare. Le prove di RME possono essere inserire nell'ambito di gare brevi purché il podista non si lasci prendere dall'agonismo e finisca per andare troppo forte rispetto al ritmo programmato. Le prove a RME richiedono una fase di riscaldamento e durante il periodo di preparazione specifica in ogni microciclo dovrà essere previsto almeno un allenamento sul ritmo gara.

Ecco alcuni esempi di allenamento a RME:
1) 10 km RME; 2) 12 km RME; 3) 3x 3 km RME rec. 3' surplace 4) 5x 3 km RME rec. 3'.

Il tempo run (TR)
È un mezzo di allenamento molto usato fra i podisti statunitensi. Dobbiamo la sua diffusione in Italia alla rivista "Runner World Italia", su cui ogni mese io scrivo almeno un articolo. Interpretando questo mezzo alla lettera sarebbe più o meno come il medio, mentre io lo intendo come un mezzo di allenamento che si corre a una velocità variabile fra la VR e 5 secondi più lenta della VR.

A cosa serve. Un po' come il bis e il tris, serve a sviluppare la potenza aerobica lipidica e far migliorare la VR.

Come si esegue. Può essere corso in forma continua o frazionata. Dopo un adeguato periodo di riscaldamento possono essere corsi dai 5 ai 12 km alle velocità indicate nella tabella 5, oppure la distanza può essere divisa in non oltre due frazioni intervallate con 3-4 minuti di recupero da correre in surplace o, nel caso della preparazione per la maratona, da correre a ritmo lento.

Il ritmo respiratorio. La respirazione deve essere più vicina alla CRI che alla CRLI, pur permettendo di parlare, anche se con un po' di difficoltà.

La frequenza cardiaca. Chi corre con il cardiofrequenzimetro potrà regolarsi su una FC del 90% rispetto alla FC massima.

La percezione dello sforzo dovrà essere intorno al livello 4-5.

L'aspetto mentale. Praticare il TR rende fortissimi a sopportare mentalmente elevati ritmi di corsa e avere la pazienza di non aumentare, ma nemmeno di diminuire il ritmo.

A chi è adatto. Per poter svolgere questo allenamento in modo produttivo è necessario avere una certa sensibilità al ritmo, quindi è indicato per podisti esperti.

Due varianti. Nell'ambito dello stesso allenamento potranno essere utilizzate due diverse velocità. Il TR può essere frazionato correndo la prima parte a una velocità di 5 secondi più lenta rispetto alla VR e la seconda parte a 2 secondi più lenta della VR.

La seconda variante ha gli stessi obiettivi della precedente, ma è ancora più qualificante e prevede lo sconfinamento nella fascia 3. Si tratta di passare senza interruzioni dal ritmo del TR a quello della VR. Se vogliamo ulteriormente divertirci potremo passare dalla velocità di – 5 secondi di VR a – 3 secondi di VR a quella di VR costituendo una sorta di progressivo veloce.

Ecco alcuni esempi:
1) 8 km TR.
2) 2 x 5 km TR rec. 3'.
3) 6 km TR a – 10" di VR rec. 3' 6 km a – 3" di VR.
4) 10 km TR + 2 km a VR.
5) 5 km a – 5" di VR + 3 km a – 3" di VR + 2 km a VR.

I mezzi di allenamento

Qui di seguito una tabella con le velocità dei mezzi di allenamento esaminati nella fascia n. 2.

Tabella 6.5

VR	TR	RME	RMA	P	M
0	0 /– 5" di VR	– 5/10" di VR	– 30/55" di VR	– 50"di vr / VR	– 10/25" di VR

Legenda: VR = velocità di riferimento; TR = tempo run; RME = ritmo mezza maratona; RMA = ritmo maratona; P =progressivo; M = medio: -= più lento di VR
Facciamo un esempio: supponendo che la VR = 4'30": TR = 4'35"/4'40"; RME = 4'35/ 4'40"; RMA = 5'00"/5'25"; P = 5'20"/4'40"; M = 4'40"/4'50".

Fascia 3: Sviluppo della soglia del lattato, di conseguenza velocità di riferimento (VR)

Gli allenamenti che rientrano in questa fascia sono pensati per far migliorare l'utilizzo dell'ossigeno da parte dei muscoli, per farvi correre alla più alta velocità possibile. Maggiore è la quantità di ossigeno utilizzata in un minuto dal muscolo per produrre energia utilizzando carboidrati e grassi, maggiore è la velocità che può essere mantenuta per lunghi periodi di tempo o per lunghi tratti di strada a parità di costo energetico della corsa. In pratica, analizzeremo in modo approfondito gli aspetti più qualitativi dell'allenamento, necessari per farvi correre più forte possibile e più a lungo possibile.

Un segreto: il gruppo di allenamenti che sto per presentarvi non dovrà mai essere corso a velocità troppo elevate perché la produzione di eccessive quantità di lattato potrebbe inibire lo sviluppo della soglia del lattato.

Il primo mezzo di allenamento che vi illustrerò è quello che più si adatta al mio modo, e spero anche al vostro, di intendere l'allenamento: il fartlek.

Il fartlek

I primi a usare questo importantissimo mezzo di allenamento furono gli atleti scandinavi, e in particolare l'allenatore svedese Gosta Holmer. Sicuramente uno degli aspetti che indusse i tecnici di quell'epoca a provare un sistema nuovo di allenamento fu la ricerca di una motivazione diversa.

Probabilmente i miei colleghi di allora si erano accorti che i loro atleti, giunti a un certo punto della loro carriera, facevano fatica a migliorare. La parola fartlek esprime il concetto di "gioco di velocità": il divertimento, e non solo la resistenza alla fatica, appare quindi come la molla motivante per l'allenamento. Divertirsi a far fatica può sembrare paradossale, roba da masochisti, ma non è così: chi corre da anni sa benissimo che fare lo stesso allenamento in un ambiente invece che in un altro ha effetti molto diversi. Sul piano fisiologico i tecnici scandinavi capirono che cambiando la velocità durante la stessa seduta di allenamento era possibile variare il tipo di fatica e di conseguenza allenare l'organismo a utilizzare in modo diversificato la quantità di grassi e carboidrati. Così facendo veniva allargata la capacità di utilizzo del meccanismo aerobico, ricercando gli adattamenti differenziati in relazione al diverso impegno organico.

Il fartlek, quando fu inventato, prevedeva la gestione della fatica fisica e mentale in relazione alle asperità del terreno; l'idea della variazione di ritmo e della prova ripetuta a quei tempi non era ben chiara, il fartlek veniva infatti eseguito su tracciati che oggi definiamo "collinari" e la modulazione del livello di sforzo e quindi della fatica aumentava in salita per poi diminuire in discesa. Accertata la validità del sistema, che ha avuto diffusione in Europa e in altri continenti, il fartlek ha subìto una notevole evoluzione. Sono nate nuove varianti e ormai da tempo viene considerato una valida, efficace e divertente alternativa all'allenamento di prove ripetute. Nel 1976, quando iniziai a scrivere i primi consigli sull'allenamento dei podisti, individuavo proprio nel mezzo di allenamento trattato in questo paragrafo un sistema molto adatto anche a chi vive la corsa con spirito non spiccatamente agonistico, come noi amatori. Per moltissimi runner è più piacevole e meno noioso correre a diverse velocità su un percorso naturale, piuttosto che in pista, su lunghi rettilinei o nelle larghe vie delle zone industriali delle periferie cittadine.

Siamo abituati a pensare al fartlek come mezzo utile per sviluppare solo le caratteristiche organiche mentre, ribadisco, lo è anche per le caratteristiche mentali e motivazionali in particolare. Questo metodo di allenamento è estremamente utile anche per creare quegli adattamenti propriocettivi, muscolari e tendinei necessari per correre su tracciati che prevedono salite e discese, oppure terreni di diversa tipologia come asfalto, sampietrini, lastre, sterrato. Tali tipi di miglioramento si riveleranno estremamente utili ai fini delle prestazioni di corsa su strada o in pista, oltre che naturalmente nella corsa campestre e nelle gare di trail running.

Il fartlek dei giorni nostri. Spesso sul piano terminologico sembra poco chiara la differenza fra le cosiddette variazioni di ritmo e il fartlek, eccovi quindi alcune indicazioni sul mio modo di intenderlo.

Il fartlek è un mezzo di allenamento da eseguire in libertà. Questa idea è espressa in modo perfetto dai due tecnici inglesi D.E. Martin e P.E. Coe, allenatore di Sabastian Coe (ex detentore del record del mondo degli 800): «go-as-you-please» (vai come vuoi).

L'atleta, dopo una prima parte della durata di 15-20 minuti dedicata al riscaldamento, in relazione alle caratteristiche del percorso decide quando aumentare il livello di fatica e non necessariamente, attenzione, la velocità. Quindi a pensarci bene basta un allenamento su un percorso con saliscendi per svolgere un tipo di fartlek. Ammetto di essere un autentico "fan" della corsa in libertà: noi che abitiamo nelle zone collinari possiamo fare un fartlek anche tutti i giorni. Non è così per chi abita in pianura e dovrebbe prendere l'auto per andare a cercare una salita più lunga di un cavalcavia. Quindi, un altro modo per correre il fartlek è quello di gestire il cambio di velocità in base alle proprie sensazioni senza controllare di continuo il cronometro.

Ma veniamo a noi e facciamo subito un esempio pratico per capire come si svolge un allenamento di fartlek, almeno come lo intendo io: dopo 20 minuti di corsa lenta per riscaldarsi, il podista decide di correre da un punto di riferimento a un altro (due alberi, due case, da una casa a un auto parcheggiata) quantificabile in circa 200 metri a ritmo di CRLI e poi continuare a correre per 500 metri circa a ritmo di CRF per variare ancora e correre fra due punti di riferimento distanti circa 500 metri a ritmo di CRI e via di seguito. Si può prevedere anche l'esecuzione di 2 diverse variazioni del livello di fatica invece delle 3 indicate nell'esempio. Quindi invece di correre a CRF-CRLI-CRI possono essere scelti solo 2 livelli di impegno respiratorio e quindi di fatica, come ad esempio CRF-CRLI, oppure CRF-CRI o per i podisti più forti CRLI-CRI. La lunghezza del tratto da correre può essere indicata, come nell'esempio precedente, prendendo dei punti di riferimento sul territorio. In alternativa le variazioni del livello di fatica potranno essere svolte a tempo scegliendo dei periodi che variano fra i 20 secondi e i 15 minuti. È consigliato l'uso dell'orologio e non del cronometro proprio per garantire la massima libertà nei cambi di ritmo. Il fartlek è utile quindi anche per imparare la relazione fra spazio, tempo e fatica e quindi correre più rilassati, andare più forte e ottimizzare la fatica, aumentando il divertimento.

La durata del fartlek. In genere varia dai 60 ai 90 minuti al massimo. Chi ha poco tempo potrà fare anche un mini-fartlek correndo in totale solo un'ora.

La frequenza cardiaca. Dovrà variare fra il 75% e il 95% della FC massima, ma vi sconsiglio di usare il cardiofrequenzimetro perché snatura l'idea di questo tipo di allenamento che, mettetelo bene in mente, deve servire per conoscere se stessi e le proprie reazioni agli stimoli allenanti.

A chi è adatto. Il fartlek come lo sto proponendo in questo paragrafo è adatto a tutti i podisti e in particolare: a quelli stanchi di fare le solite ripetute, a chi non ha mai fatto nemmeno una variazione di ritmo, ai principianti come primo approccio verso la gestione dei diversi tipi di fatica, a chi non ha bisogno di allenare solo gli aspetti organici ma anche quelli muscolari e propriocettivi e a chi inizia ad aver voglia di smettere di correre.

A chi non è adatto. Durante il fartlek vengono corsi tratti a intensità media e anche elevata, quindi chi ha problemi all'apparato cardiocircolatorio dovrebbe astenersi. Stesso discorso per coloro che hanno problemi ai tendini o ai muscoli. Per eseguire il fartlek e tutti gli allenamenti intensi bisogna essere perfettamente sani.

La percezione dello sforzo. Il recupero fra i vari tipi di variazioni di ritmo dovrà essere fatto al ritmo del lento o al massimo del lento di rigenerazione con un livello di percezione dello sforzo 2 o 1; durante i tratti veloci la percezione dello sforzo dovrà essere di livello 5 o 6 e eccezionalmente di livello 7 non massimale.

Quando fare il fartlek. Trattandosi, come abbiamo visto, di un mezzo di allenamento che sostituisce le prove ripetute, ma con un impegno muscolare maggiore, lo si può fare sempre a esclusione della settimana prima della gara. Sarà la sensibilità del podista a stabilire l'intensità e la durata di questo mezzo di allenamento in relazione alla vicinanza o meno di una competizione. Chi si allena fino a 5 volte alla settimana lo dovrà usare in sostituzione delle prove ripetute, chi si allena 6-7 volte alla settimana lo potrà fare oltre alle prove ripetute. Il fartlek deve essere corso ad almeno 48 ore di distanza da un allenamento diverso dal lento o dal riposo.

I mezzi di allenamento

Ora prenderemo in esame tre diversi tipi di gare: brevi, mezza e maratona e proporrò tre diversi tipi di fartlek in tre settimane differenti. Prima di iniziare la parte più intensa dell'allenamento dovranno essere corsi 15-20 minuti a ritmo del lento e altri 5-10 minuti al termine delle prove. Se possibile, il fartlek dovrà essere corso su tracciati con leggeri saliscendi. Può darsi che la parte a CRI capiti in salita o in discesa, oppure sia la parte di CRF a capitare in salita, in questo caso dovrete rallentare per arrivare ad avere una respirazione più facile possibile.

Non potendovi dare io riferimenti nello spazio, la durata delle prove sarà indicata con il tempo.

Brevi

1° sett	2° sett	3° sett
6 x 2' CRI alternato a 4' CRF	6 x 3' CRI alternato a 4' CRF	6 x 4' CRI alternato a 4' CRF

Mezza Maratona

1° sett	2° sett	3° sett
3 x 5' CRI alternato a 5' CRF	3 x 6' CRI alternato a 6' CRF	3 x 7' CRI alternato a 7' CRF

Maratona

1° sett	2° sett	3° sett
3 x 12' CRI alternato a 6' CRF	3 x 14' CRI alternato a 7' CRF	3 x 15' CRI alternato a 8' CRF

Legenda: sett = settimana
Il fartlek che prevede una parte veloce compresa fra i 20 secondi e 1 minuto da correre a CRI potrà essere compreso anche fra gli allenamenti della fascia n° 4.

Le prove ripetute (RSL)

Chi vorrà fare un tipo di allenamento più codificato dovrà correre le prove ripetute; è un allenamento molto stimolante ma va vissuto con serenità; se lo percepite con ansia e preoccupazione, non fatelo. In questa fascia di velocità rientrano le prove di lunghezza variabili fra 1 km e 3 km.

Tabella 6.6

RG 1km	RG 2km	RG 3km	VR	RG	RSLP
+ 6/7" di VR	+ 4/5" di VR	+2/3"di VR	0	0"	-5"di VR / + 5" di VR

Legenda: RSL = ripetute soglia del lattato; + = più veloci di VR; – = più lenti di VR; RSLP = ripetute soglia del lattato progressive; RG = ritmo gara breve.

Facciamo un esempio supponendo che la VR sia 4'30"; RSL 1 km = 4'23"/ 4'24"; RSL 2 km = 8'50" /8'52" (4'25"-4'26"); RSL 3 km= 13'24"/13'21" (4'26"-4'27")

A cosa servono. Il loro obiettivo è quello di aumentare la velocità alla quale la quantità di lattato prodotta cresce, ma non al punto di impedire il proseguimento della prova. Per intenderci, serve a migliorare la soglia del lattato o per essere più preciso la MLSS. Indubbiamente correre a queste velocità è fondamentale per tutti coloro che vogliono migliorare le proprie prestazioni sulle brevi, la mezza e anche sulla maratona.

Come si eseguono. Dopo un adeguato riscaldamento, viene corsa la prima prova alla velocità indicata nelle tabella 6.6, poi si prosegue a correre in surplace o al ritmo del lento per un numero di minuti variabile da 1 a 3, come indicato nel paragrafo successivo appositamente dedicato, e si prosegue. Al termine delle prove, per ritornare alla situazione di normalità, si effettua il defaticamento. Per rendere l'allenamento efficace è necessario che le prove ripetute indicate in questo paragrafo non vengano eseguite a velocità più elevate di quelle previste, altrimenti andremo ad allenare caratteristiche diverse da quelle previste.

Il recupero (rec.). Ecco un'altra questione piuttosto dibattuta. A mio parere il recupero deve essere eseguito correndo. Durante questa fase il lattato prodotto deve essere metabolizzato, ma se si sta fermi si accumula. Sarà importante imparare a gestire la lunghezza e la velocità del recupero in relazione alle proprie caratteristiche, al tipo di gara che si sta preparando, al livello di allenamento e alla velocità alla quale viene corsa la prova ripetuta. Il recupero per chi vuole preparare le brevi o la mezza maratona potrà essere corso al ritmo delle surplace per una lunghezza che può variare da 1 a 3 minuti. Il maratoneta tenderà a eseguire un recupero più lungo rispetto a uno specialista o a un principiante. Se per vari motivi la prova ripetuta dovesse essere corsa a velocità più elevata da quella prevista, un valido sistema per cercare di rendere efficace l'allenamento sarà quello di aumentare il tempo del recupero correndo a velocità più bassa.

Facciamo un esempio: se era previsto di correre sei volte i 1000 metri a 4'20" al km recuperando 600 metri in 3 minuti, ma i 1000 sono stati corsi fra i 4'08" e i 4'12", allora il recupero potrà diventare di 4 minuti durante i quali dovranno essere corsi sempre 600 metri.

Il podista deve, attraverso la profonda conoscenza di se stesso, imparare a gestire il recupero con una certa sensibilità, senza contravvenire alle regole fondamentali dell'allenamento. La percezione dello sforzo durante il recupero deve essere 0/0,5-1

L'impegno respiratorio. Le RSL devono essere corse a ritmo di CRI. Durante il recupero la respirazione dovrà essere facile.

La frequenza cardiaca. Deve essere intorno al 95% della FC massima.

A chi sono adatte. A tutti i podisti che corrono dai 3 km alla maratona pur con diverse modalità e con diversi impieghi nella pianificazione dei programmi di allenamento.

La percezione dello sforzo. Il livello non dovrà essere molto elevato, direi 6-7.

Il chilometraggio minimo e massimo. Da 4 a 10 km. Da inserire nella programmazione dell'allenamento non oltre una volta per ogni microciclo.

Chi non può fare le prove ripetute. Tutti coloro che hanno problemi di cuore o all'apparato cardiocircolatorio.

Ecco alcuni esempi: 1) 4 x 1 km rec. 2'; 2) 3 x 2km rec. 3'; 8 x 1 km rec. 2'; 4) 3 x 3 km rec. 3'; 5) 3 x 2 km rec. 500 m lento; 6) 5 x 1 km rec. 200 m; 7) 4 x 2 km rec. 400 m lento.

Le prove ripetute in progressione (RSLP)
Sono una variante delle RSL classiche e sono utili:

1) Per quei podisti che quando corrono le ripetute partono troppo forte e poi, dopo la seconda o la terza prova, si ritrovano stanchissimi e in condizione di non poter proseguire.

2) Per coloro che appena sentono un po' di fiatone, ovvero respirano anche solo con un po' di affannato, rallentano o interrompono la prova.

3) Per chi è convinto che un allenamento debba essere faticoso per essere utile.

Andiamo a correre

Le RSLP aiutano ad affrontare in modo produttivo gli allenamenti di ripetute, ma soprattutto educano al dosaggio delle energie. In pratica, questo sistema insegna a partire tranquilli e finire forte, tattica che risulta sempre vincente e stimolante. I podisti più evoluti, quelli che di gare ne hanno corse tante, sanno benissimo che finire in crescendo esalta, mentre arrivare in calando deprime. Il tipo di allenamento, adatto a podisti evoluti, vi aiuterà a sentirvi sempre pimpanti, sia mentalmente sia fisicamente. La percezione dello sforzo dovrà rimanere fra 5 e 6, arrivando eccezionalmente a 7 verso il finale, ma mai oltre. Le RSLP possono essere eseguite da tutti i corridori esperti, da quelli che preparano le gare più brevi fino ai maratoneti, mentre non sono adatte ai principianti perché richiedono una notevole sensibilità al ritmo e neppure a chi ha problemi all'apparato cardiocircolatorio. La loro collocazione ideale in un programma di allenamento è nella fase iniziale della preparazione specifica ai vari tipi di gare, quando è necessario spaziare tra differenti velocità di corsa. È anche utile inserire sporadicamente una seduta di RSLP nel periodo di preparazione specifica.

I lavori di RSLP possono essere inseriti ogni 10-15 giorni e l'allenamento che li precede o li segue deve essere di corsa lenta. Prove di 1000, 2000 e 3000 metri sono ideali per raggiungere gli obiettivi sopra elencati. Tra le ripetute il recupero deve essere di 2-3 minuti in surplace. Per quanto riguarda il chilometraggio totale, solo ai maratoneti arrivo a far correre 12 km, in genere si varia dai 4 ai 10 km. Scegliete l'asfalto o, se siete abituati a correre in pista, l'anello esterno del campo sportivo.

Eccovi alcuni esempi pratici di lavori di ripetute in progressione, in cui si eseguono prove via via più veloci. Per il calcolo dei ritmi delle ripetute si è presa in considerazione una VR di 4'00" al km.

Ripetute in progressione di 1000 metri
4 x 1000 m (1000 m a 4'05" + rec. 2' + 1000 m a 4'00" + rec. 2' + 1000 m a 3'58" + rec. 2' + 1000 m a 3'55")

Ripetute in progressione di 2000 metri
4 x 2000 m (2000 m in 8'10" + rec. 3' + 2000 m in 8'05" + rec. 3' + 2000 m in 8'00" + rec. 3' + 2000 m in 7'55")

Ripetute in progressione di 3000 metri
3 x 3000 m (3000 m in 12'10" + rec. 3' + 3000 m in 12'00" + rec. 3' + 3000 m in 11'50")

Le ripetute in salita lunghe (SL)

Rientra in questa fascia di impegno organico un mezzo di allenamento che consiste nel correre delle vere e proprie prove ripetute in salita. Con le SL si stimola l'attività delle fibre muscolari di tipo II, ovvero quelle veloci. In particolare all'inizio vengono utilizzate le fibre veloci-ossidative del sottotipo IIa e successivamente quello veloci-glicolitiche del sottotipo IIb. L'impiego delle fibre veloci e l'incremento di piccole quantità di acido lattico determinano nelle fibre muscolari l'aumento del numero e del volume dei mitocondri (le centrali della produzione dell'energia per via aerobica). Di conseguenza ci sarà un miglioramento nella possibilità di utilizzare l'ossigeno e quindi di sopportare più a lungo ritmi di corsa relativamente elevati (→ Arcelli-Massini, 2003).

Le SL sono un mezzo di allenamento molto simile alle RSL, con l'unica differenza che vengono corse su salite del 4-6%. La distanza varia da 1000 a 1500 metri. Il recupero tra ogni prova va corso in surplace nella prima parte e a ritmo del lento nella seconda parte. La durata varia in relazione al livello del runner, ma si aggira fra i 5 e i 7 minuti. Nel tornare al punto di partenza correre i primi 500 metri in surplace e recuperare i successivi metri aumentando un po' l'andatura. Si inizia con delle prove da 4x1 km fino ad arrivare a un massimo di 8 prove. L'allenamento è in totale piuttosto lungo; è impossibile determinare una velocità perché dipende dalla pendenza della salita. Come per le RSL, la FC si aggirerà intorno al 95%. Se consideriamo il metodo del respiro, la prova dovrà essere corsa a CRI, ma attenzione a non esagerare: pur con difficoltà, dovrete sempre rimanere in condizione di parlare. Il recupero dovrà essere corso a velocità di CRF. La percezione dello sforzo dovrà essere di livello 6-7 durante la prova e di 0,5-1 durante il recupero.

Se in questo allenamento, come per le RSL, il livello di sforzo sarà troppo elevato, gli effetti saranno dannosi e non utili, quindi mi raccomando state attenti a non esagerare con il ritmo. Prevedete le SL una volta alla settimana e nel periodo distante dalle gare, a meno che non si tratti di gare che prevedono molta salita (solo in questo caso potranno essere fatte fino a 2 settimane prima della gara). Per le gare "normali" su tutte le distanze dovranno essere corse prima dell'inizio della preparazione specifica.

Ecco alcuni esempi:

Brevi: 4 x 1 km
Mezza maratona: 4 x 1,5 km
Maratona: 7 x 1 km

Il ritmo gara breve (RG)
Si tratta di correre al ritmo della VR in forma continua o in forma frazionata, ovvero con prove ripetute.

A cosa serve. Serve a sviluppare le caratteristiche fisiologiche descritte in precedenza, come tutti gli allenamenti corsi a ritmo gara, ma serve anche ad affinare le caratteristiche tecniche, propriocettive e mentali relative a quel determinato tipo di sforzo.

Come si esegue. Tipo di allenamento di non facilissima esecuzione, io consiglio di farli in forma frazionata. Può costituire anche la parte finale di allenamenti corsi a ritmo del medio o del tempo run. Quando è possibile, può essere inserito all'interno di manifestazioni podistiche.

Il ritmo respiratorio deve essere impegnato (CRI) relativamente alla distanza della prova ripetuta.

La frequeza cardiaca si aggira sul 90% e l'allenamento RVR deve essere preceduto da adeguato riscaldamento.

La percezione dello sforzo. Deve essere di 5-6.

Inserimento nella programmazione. Nel periodo di preparazione specifica sarà fatto una volta alla settimana. Prove di ritmo gara saranno inserite come finale in altri allenamenti come il medio o il tempo run.

Ecco alcuni esempi:

1) 9 km medio + 3 km RG.
2) 2 x 5 km RG.
3) 6 km tempo run + 4 km RG.

Il corto veloce in salita (CVS)
Faccio correre il CVS su salite con pendenza del 3-5% e non superiori. La lunghezza va dai 4 agli 8 km. Il consiglio è di gestire la lunghezza dell'allenamento in relazione alla pendenza della salita. Se volete fare 8 km cercate di farli su una salita del 3-4%, se volete farne 4 optate per una pendenza del 5%.

Il CVS allena la resistenza mentale, prepara il runner a sostenere un impegno organico abbastanza elevato per un tempo prolungato e senza pause. Chi vive in posti senza salite potrà eseguirlo correndo sul tapis roulant.

Va fatto in periodi precedenti alla preparazione specifica per la gara, una volta ogni 2 settimane. Non deve essere fatto nella settimana di scarico.

Ecco alcuni esempi.

Brevi: 4 km pendenza 5%.
Mezza maratona: 6 km pendenza 4%.
Maratona: 6-7 km pendenza 3%.

Fascia 4: Sviluppo della velocità aerobica massima (VAM)

La velocità aerobica massima (VAM) rappresenta la più bassa velocità alla quale si sviluppa il massimo consumo di ossigeno. A sua volta il massimo consumo di ossigeno è espressione della massima utilizzazione dell'ossigeno relativamente all'unità di tempo e rappresenta la massima potenza aerobica. Per migliorare nelle specialità di endurance è necessario sviluppare anche questa caratteristica. La VAM può essere rappresentata dal tempo che si impiega a correre una prova di 3 km al massimo delle proprie possibilità e può essere ricavabile calcolando una velocità maggiorata del 10% della VR. Il mezzo di allenamento usato per lo sviluppo della VAM sono le ripetute brevi. Il concetto fondamentale è che la velocità di percorrenza delle prove proposte non sia troppo elevata e che il recupero sia abbastanza breve.

Le ripetute brevi classiche (RBC)

Il primo uomo a cambiare il modo di preparare le specialità di endurance fu Emil Zatopek, soprannominato, "la locomotiva umana". Fu il primo a usare l'allenamento intervallato e vinse alle Olimpiadi di Helsinki del 1952 le gare sui 5 km, 10 km e maratona.

Sono molto contento di essere riuscito a stringergli la mano, in una mattina di maggio degli anni Novanta, in occasione della maratona di Praga.

A cosa serve. Questo mezzo di allenamento serve a sviluppare la VAM.

Tabella 6.7

RBC 100m	RBC 200m	RBC 300m	RBC 400m	RBC 500m	VR
+ 35"/40" di VR	+ 30"/35" di VR	+ 25"/30" di VR	+ 20"/25" di VR	+10"/15" di VR	0

Legenda: RBC = ripetute brevi classiche ; + = più veloci di VR; VR = velocità di riferimento

Facciamo un esempio supponendo una VR di 4'30". I 100 metri potranno essere corsi a 23" (3'50"); i 200 in 48" (4'00"); i 300 in 73,5" (4'5"); i 400 in 1'40" (4'10"); i 500 in 2'10" (4'20"). Fra parentesi ho indicato il passo a km.

La velocità di percorrenza. È indicata nella tabella 6.7 e come potete notare non è elevatissima.

La frequenza cardiaca. In questo tipo di allenamento è meglio non prenderla in considerazione perché durante le prime prove non raggiungerà livelli elevati. Il podista rischierebbe di sforzarsi troppo per farla salire.

La frequenza respiratoria. Durante la prova veloce si corre a ritmo di CRI, mentre il recupero sarà effettuato a ritmo di CRF. Può darsi che, se le prove sono particolarmente brevi, all'inizio non riusciate a correre a ritmo di CRI: non preoccupatevi e non vi sforzate, con le prove successive la vostra respirazione diverrà più difficoltosa.

Percezione dello sforzo. Nella scala di Borg la prova si inserisce tra i valori 6-7, sarà invece 1 per il recupero fra le prove e 0,5-1 per il recupero fra le serie.

Il recupero. Per chi fa per le prime volte questo tipo di allenamento sarà di 1'30"-2', successivamente potrà scendere a 40"-1' e la velocità potrà subire anche un leggero aumento rispetto a quella proposta nella tabella 6.7. Talvolta faccio eseguire una serie di ripetizioni su diverse distanze: in questo caso avremo un tipo di recupero breve e un recupero più lungo fra le serie di ripetizioni. Il chilometraggio totale può raggiungere i 5-6 km.

Inserimento nella programmazione. Chi si allena 3-4 volte alla settimana dovrà decidere se correre le RB o le RSL. Chi corre 6-7 volte alla settimana, una volta potrà correre le RB e una volta, dopo un intervallo di 48-72 ore, le RSL. Sono adatte a podisti che non hanno problemi di salute e con una certa esperienza podistica.

I mezzi di allenamento

Ecco alcuni esempi.

Brevi: 10 x 200 metri rec. 1' rec. 2' + 5 x 300.

Mezza maratona: 20 x 200 metri rec. 50".

Maratona: 10 x 500 metri rec. 1'.

L'intermittente (I)
È un allenamento impegnativo. Rappresenta un'espressione delle ripetute brevi ed è indicato per podisti sani ed evoluti, mentre non lo consiglio a chi è da poco entrato a far parte nel mondo dei runner.
A cosa serve. Il suo obiettivo è quello di sviluppare la VAM, ovvero la velocità aerobica massima, e quindi la capacità di far "girare le gambe" più velocemente e migliorare le proprie prestazioni.

Un tipo di allenamento così strutturato consente di migliorare l'efficienza del meccanismo della mioglobina, la molecola che rappresenta "il granaio dell'ossigeno" dei muscoli, perché è in grado di legare una certa quantità di ossigeno che rilascia in caso di necessità (→ Arcelli-Massini, 2003). Durante l'intermittente, la mioglobina rende disponibile il suo carico prezioso nei tratti veloci e si ricarica nuovamente durante quelli di recupero. Con l'intermittente si potenzia anche la gittata cardiaca, ovvero la quantità di sangue pompata dal cuore a ogni battito, caratteristica molto importante per tutti i runner, maratoneti inclusi.

Come si esegue. L'intermittente è costituito da tratti da percorrere ad andatura sostenuta alternati ad altri più lenti di recupero. I tratti di corsa variano dai 100 ai 400 metri.

L'intermittente potrà essere eseguito in serie di ripetizioni che prevedono una micropausa fra le ripetizioni della durata di 20-50 secondi e una macropausa di 2-3 minuti. Può anche essere corso in un'unica serie di ripetizioni. I chilometri totali possono essere al massimo 4-5.

La frequenza cardiaca. In questo tipo di allenamento, sulla base degli obiettivi, nei tratti di corsa veloce si potranno raggiungere valori di circa il 90% della FC massima. Attenzione a non correre troppo forte da subito per non farla alzare, questi valori si raggiungeranno dopo un po' di prove. Fra la fine della prova e l'inizio della successiva la differenza dei battiti non deve superare le 30-40 pulsazioni.

La frequenza respiratoria. Durante la prova veloce si corre a ritmo di CRI, il recupero che sarà incompleto le prime volte avverrà con la CRLI, ma dopo un po' di tempo vi adatterete e riuscirete a ripartire a ritmo di CRF.

Percezione dello sforzo. Il livello deve essere 7 alle prove, 1 al recupero fra le prove e 0,5 al recupero fra le serie.

Inserimento nella programmazione. L'intermittente viene inserito nel programma di allenamento una volta alla settimana o comunque una volta per ogni microciclo. Nella programmazione per la maratona riveste importanza prima delle 12 settimane che precedono la gara, dopodiché non viene praticamente più usato se non in casi eccezionali. Nella mezza maratona lo si può praticare fino a un mese prima della gara con un eventuale "richiamo" a 2 settimane. Per le gare brevi può essere usato fino a 2 settimane prima della gara. L'intermittente non va usato nella settimana di scarico e va come sempre preceduto da un adeguato riscaldamento.

Ecco alcuni esempi applicabili come sempre alle 3 distanze di gara prese in considerazione.

Brevi: 2 x 10 x 100 metri rec. 20" rec. 3'.

Mezza maratona: 3 x 4 x 300 metri rec. 30" rec. 3'.

Maratona: 4 x 5 x 200 metri rec. 30" rec. 3'.

Le salite brevi (SB)
Per migliorare le proprie prestazioni è necessario avere gambe forti. Uno dei modi per allenare quella che definisco la "forza specifica" sono proprio le ripetute in salita, che migliorano anche la gittata cardiaca, ovvero la quantità di sangue pompata a ogni minuto.

A cosa servono. Sviluppano la potenza nei muscoli delle gambe e migliorano l'efficienza del cuore. Permettono di fare arrivare più ossigeno ai muscoli.

Come si eseguono. In questi anni di lavoro con i podisti ho apportato alcune variazioni a questo tipo di allenamnto. Scelgo una pendenza del 6-8% in modo che possa essere espressa una buona azione tecnica di corsa; la lunghezza varia dai 60 metri fino ai 150 metri in relazione alle caratteristiche individuali e al tipo di gara in programma. Le SB possono essere corse in ripetizioni o in serie di ripetizioni. Come vedremo negli esempi, si inizia sempre con le serie di ripetizioni per poi passare alle ripetizioni consecutive.

La lunghezza totale. In genere con le SB si arriva a correre un massimo di 2 km.

I mezzi di allenamento

Il recupero. Viene eseguito in surplace. In genere faccio percorrere in senso inverso la stessa distanza e se mancano alcuni secondi al tempo stabilito consiglio al podista di correre nelle vicinanze del punto di partenza. La durata del recupero fra le ripetizioni varia fra i 50 secondi, che faccio fare fra le prove di 60 metri, a 1'30" - 2'00" per i 150 metri. Fra le serie di ripetizioni il recupero può variare fra i 3 e i 6 minuti.

La velocità. Tutti mi chiedono sempre a quale velocità devono essere corse le SB, ma è impossibile da definire perché dipende dalla pendenza della salita. Meglio regolarsi sulla percezione dello sforzo e sull'impegno respiratorio.

La frequenza cardiaca. È consigliabile evitare di considerarla in quanto si rischia di esagerare nelle prime prove.

Il ritmo respiratorio. Le prove dovranno essere corse a ritmo di CRI. Anche in questo caso valgono le premesse fatte a proposito della FC, ovvero, attenzione a non correre troppo all'inizio.

La percezione dello sforzo. La prova dovrà essere corsa al livello 6-7. Fra le ripetizioni il recupero dovrà essere 1, mentre fra le serie sarà 0,5.

Inserimento nella programmazione. Le SB nel mio modo di allenare sono molto importanti, quindi le inserisco nei microcicli sempre all'inizio di ogni preparazione sia per le gare brevi, sia per le mezze maratone così come per le maratone. Mi riservo poi di farle fare di nuovo anche in periodi molto vicini alla maratona se noto nel podista uno scadimento di forza o di potenza muscolare.

Non solo SB. L'allenamento di SB è sempre associato a un altro mezzo di allenamento, come avremo modo di vedere negli esempi. Le prime volte, finita l'ultima prova di corsa in salita, si prosegue correndo per 4-8 km a ritmo del lento in pianura. Successivamente si potrà associare alle SB un allenamento di 4-8 km di medio o un progressivo di 8-9 km. I podisti più esperti per ottenere il massimo effetto dall'allenamento delle SB potranno aggiungere un allenamento di ripetute brevi.

Divieto. Le SB sono l'allenamento più intenso proposto in questo libro, sono dunque vietate a chi non è in perfetto stato di salute e a chi non è più giovanissimo. Non devono assolutamente essere fatte da chi soffre di ipertensione o da chi ha malattie all'apparato cardiocircolatorio.

Ecco alcuni esempi:
Brevi: 12 x 60 metri in salita rec. 50" + 8 km lento.

Mezze maratone: 10 x 80 metri in salita rec. 1' rec. 3' + 10 km lenti.

Maratona: 2 x 10 x 100 metri in salita rec. 1' rec. 3' 10 km progressivo.

6.2 Il riscaldamento (R)

Moltissimi podisti pensano che il riscaldamento sia una perdita di tempo o che rappresenti solo un inutile dispendio di energie. Pur non essendo un vero e proprio mezzo di allenamento l'ho voluto inserire in questo capitolo per dare all'argomento l'importanza fondamentale che merita. Scopo di questo paragrafo, soprattutto nella prima parte, è quello di chiarire le idee su questa pratica, illustrarne la grande importanza al fine di prevenire inutili infortuni, ottimizzare la prestazione e più in generale star bene. Nella seconda parte mi soffermerò invece sui suggerimenti pratici, sul come applicare in modo razionale il riscaldamento alla pratica del podismo.

Cos'è il riscaldamento. Tutte quelle azioni che vengono fatte prima di una determinata attività fisica, sia essa finalizzata all'allenamento o a una gara, hanno lo scopo di ottimizzare la prestazione e di prevenire gli infortuni. Il riscaldamento agisce sulla sfera organica, muscolare, tendinea, articolare, ma anche sulla sfera psichica.

A cosa serve il riscaldamento. Con il riscaldamento si innalza la temperatura corporea e muscolare. Dopo una corsa blanda fatta in surplace la temperatura corporea interna può arrivare fino a 38,5 °C. Un incremento della temperatura di 1 °C determina l'aumento del metabolismo intorno al 13%. Questo fenomeno è dovuto all'aumento dell'irrorazione sanguigna e dell'attività degli enzimi dei meccanismi aerobici e anaerobici causato dall'aumento della temperatura corporea.

Il sistema nervoso. Con il riscaldamento migliora la sua funzionalità; un aumento della temperatura corporea di 2 °C sembra determini un aumento della velocità di contrazione muscolare del 20%.

Le caratteristiche senso-percettive. Migliora l'attivazione dei recettori sensoriali. In pratica l'organismo acquisisce maggior sensibilità nel recepire stimoli di tipo propriocettivo. Ad esempio, è molto più facile slogarsi una caviglia da freddi che non dopo un riscaldamento. Con il riscaldamento migliorano la capacità di attenzione e la vista. Quindi è più facile rimanere concentrati su una corretta tecnica di corsa, avvertire i messaggi che giungono dal corpo (cuore, polmoni, muscoli, tendini, articolazioni) e diminuire e ottimizzare l'impatto con il suolo in fase di appoggio del piede a terra.

Le resistenze interne. Provocando un aumento della temperatura si favorisce la diminuzione della resistenza interna del muscolo, dei tendini e dei legamenti che acquisiscono estensibilità ed elasticità e diventano meno predisposti a subire infortuni come strappi o stiramenti.

Le articolazioni. Il riscaldamento mette le articolazioni in condizione di sopportare meglio il carico attraverso un aumento della produzione di liquido sinoviale. Anche questo tipo di attivazione è di fondamentale importanza per noi che con i nostri, seppur leggeri, rimbalzi sottoponiamo le articolazioni a un notevole stress.

Rompere il fiato. Molto spesso nel nostro ambiente si sente dire: «Non riesco a rompere il fiato». Questa frase significa che l'organismo non si è fatto trovare preparato alla maggior richiesta di sangue e di ossigeno. Quando iniziamo a correre si crea immediatamente un debito di ossigeno che viene poi pagato alla fine dell'allenamento o della gara. Per raggiungere il livello di attivazione organica che permetta di ottenere equilibrio fra dispendio e trasformazione di energia sono necessari alcuni minuti; ecco allora che quando si inizia a correre senza riscaldamento, a velocità troppo elevata, a un certo punto si avverte la sensazione di essere in carenza d'aria. Il dover "rompere il fiato", dopo aver iniziato a correre, può portare ad affaticamento precoce perché all'inizio i muscoli impegnati nello sforzo non ricevono sufficiente ossigeno.

Effetti psicologici. Con il riscaldamento si acquisisce maggior disponibilità all'attività fisica, diminuisce la tensione pre-gara, aumenta la concentrazione e grazie alla produzione di beta endorfine si arriva a una giusta forma di eccitazione per vivere nel modo ottimale l'allenamento o la gara. Quando si esce a correre in inverno, ad esempio, all'inizio si dice: «Ma chi me lo ha fatto fare, stavo meglio al caldo!». Poi, invece, bastano pochi minuti di corsa per avvertire una grande sensazione di benessere mentale. Ma pensiamo anche a quando si esce a correre con la mente piena di preoccupazioni e dopo 5-10 minuti ci si sente già molto meglio, meno depressi, meno oppressi e spesso ci sembra anche di aver trovato la soluzione per risolvere i problemi. È uno dei "miracoli" della corsa!

Rapporti con l'età. Più avanza l'età, più il riscaldamento deve essere graduale e lungo. Infatti i muscoli a causa del fisiologico invecchiamento perdono elasticità e sono più predisposti agli infortuni. Un alunno di una scuola media si può riscaldare in 5-10 minuti, un signore di 60 anni può aver bisogno invece anche di 30 minuti. Inoltre, più l'attività sarà intensa, più lungo dovrà essere il riscaldamento.

Cambiamenti in relazione all'orario. La mattina appena svegli la temperatura corporea e l'irrorazione sanguigna sono basse e quindi il riscaldamento dovrà essere più lungo e graduale rispetto a quando ci apprestiamo a svolgere la nostra attività all'ora di pranzo o nel pomeriggio.

Il riscaldamento in pratica
Ci sono vari modi per poter fare riscaldamento. Vi indicherò qui di seguito come mi comporto in merito a questo argomento.

Il riscaldamento passivo. Molto poco usato nel nostro mondo, escludendo chiaramente i top atleti, consiste nell'attivare l'organismo attraverso spugnaggi caldi, massaggi, docce calde.

Il riscaldamento misto. Soprattutto in presenza di infortuni conclamati può essere utile far passare il podista sotto le mani esperte di un massaggiatore o sotto gli elettrodi di un elettrostimolatore prima di iniziare il vero e proprio riscaldamento. Le pomate riscaldanti possono essere usate in inverno per attivare la circolazione nei muscoli interessati alla corsa e mantenere il calore prodotto dal massaggio e dal riscaldamento attivo.

Il riscaldamento attivo. A sua volta si differenzia in generale e specifico. Questo è il tipo di riscaldamento che uso e ne parlerò fra poco. Qualche anno fa, durante una corsa a tappe, escogitai anche il raffreddamento attivo. Erano le 12 di una calda giornata di luglio ed eravamo su un'isola del mar Tirreno. Non so quanti gradi ci fossero, ma pensai che sarei stato meglio se mi fossi fatto un bel bagno nelle limpide acque di quel mare prima di iniziare a correre. Proposi l'idea a un gruppo di runner che accettarono. La gara andò bene anche se il caldo si fece comunque sentire.

Il riscaldamento generale
Quando siamo pronti per uscire, mentre il satellitare, per chi lo usa, sta captando i segnali dal cielo, qualsiasi sia il tipo di allenamento o di gara che dovremo svolgere iniziamo a eseguire gli esercizi di riscaldamento.

Lo scopo di questi semplici esercizi è proprio quello di attivare la circolazione del sangue nei muscoli e preparare l'organismo a un maggiore impegno sul piano fisico. Fatti gli esercizi di riscaldamento, vedrete che saranno trascorsi forse meno di 5 minuti ma vi sentirete già pronti ad affrontare la fase successiva, gli esercizi di riscaldamento.

ESERCIZI DI RISCALDAMENTO

A cosa servono. A preparare l'organismo alle successive fasi di allenamento. I movimenti ripetuti a basso impatto permettono all'organismo di richiamare il flusso sanguigno verso la muscolatura degli arti inferiori.
Quando farli. Prima degli esercizi di stretching pre-corsa. Espirare durante la fase di allungamento o esecuzione e inspirare nella successiva fase di recupero o partenza. Ripetere ogni esercizio 5-8 volte.

A. Partenza   B. Esecuzione

1. *Muscolatura arti inferiori.* Dalla stazione eretta, espirando sollevarsi sui talloni. Ripetere 8-10 volte.

A. Partenza   B. Esecuzione

2. *Muscolatura arti inferiori.* Dalla stazione eretta, espirando sollevarsi sulle punte. Ripetere 8-10 volte.

A. Partenza   B. Esecuzione

3. *Muscolatura arti inferiori.* Dalla stazione eretta, espirando sollevare un piede indietro quasi a toccare il gluteo, tenendo il ginocchio fermo. Ripetere 8-10 volte.

A. Partenza   *B. Esecuzione*

4. *Muscolatura arti inferiori.* Dalla stazione eretta, espirando sollevare il ginocchio verso l'alto. Ripetere 8-10 volte.

Bene, siete quasi pronti per correre. Ora, mentre vi risistemate la maglia e i pantaloni e se è inverno vi mettete i guanti, camminate per circa 50-100 metri aumentando progressivamente l'andatura fino a iniziare a correre, prima in surplace e poi via, al ritmo del lento.

Il riscaldamento generale è terminato e vi ha impegnato per non più di 10 minuti. Se volete prevenire gli infortuni e volete ottimizzare la vostra prestazione, dovete eseguire sempre questa prima fase anche quando vi apprestate a correre solo per mezz'ora.

Il riscaldamento specifico

A questo punto, se dovete correre il lento, il lunghissimo, il lunghissimo potente, il progressivo, il bis e il tris continuerete con la corsa a ritmo del lento per poi entrare nel vivo dei contenuti previsti dai vari mezzi di allenamento. Se invece dovrete eseguire un'altro qualsiasi dei mezzi di allenamento dovrete continuare ancora un po' con la corsa lenta. Il totale dei minuti di corsa lenta da fare nel riscaldamento specifico si aggira fra i 10 e i 20-25 minuti. La lunghezza di questa fase deriva dal tipo di gara che si sta preparando, dal clima, dalle caratteristiche individuali, dal livello di allenamento.

Prima di una gara breve sarà bene correre 20-25 minuti, prima di una mezza maratona saranno sufficienti 15-20 minuti, prima di una maratona saranno sufficienti 10 minuti.

In merito alla corsa lenta da fare prima dell'allenamento posso dire che più intenso sarà l'allenamento che andremo a fare, più lungo dovrà essere il tempo da dedicare alla corsa lenta. Prima delle prove ripetute consiglio di correre 20-25 minuti, prima del medio sarà invece sufficiente correrne 15. Ma non è finita qui. Il riscaldamento specifico per i mezzi di allenamento che stiamo prendendo in considerazione termina con gli allunghi che vedremo tra poco.

Il riscaldamento prima di fare gli esercizi. Vi capiterà sicuramente di dover fare delle sedute di esercizi. Bene, anche in questo caso, prima fate gli esercizi di riscaldamento, poi gli esercizi di stretching del precorsa e poi, se ne avete la possibilità, correte sul tapis roulant o fate 5-10 minuti di cyclette. Se invece siete a casa, correte 5-10 minuti sul posto o in alternativa fate un po' di saltelli con la corda.

6.3 Gli allunghi

Quando si affrontano le tematiche relative al miglioramento della prestazione, tutti i runner sono abituati a prendere in considerazione i classici mezzi di allenamento, mentre l'idea di correre gli allunghi non entusiasma. Eppure questi brevi tratti di corsa sono utilissimi anche per chi ha iniziato da poco a frequentare il nostro meraviglioso mondo.

A cosa servono. La valenza degli allunghi nell'allenamento è duplice: da una parte costituiscono un elemento fondamentale del riscaldamento, dall'altro contribuiscono al recupero muscolare al termine dei lavori. In entrambi i casi gli allunghi vanno corsi in estrema scioltezza e decontrazione. A fine riscaldamento determinano un aumento della FC mettendo l'organismo nelle condizioni ideali per affrontare i ritmi di allenamento di intensità media o elevata e al tempo stesso preparano muscoli e tendini a reggere l'impatto con uno sforzo più intenso. Inoltre aiutano a ripassare il ritmo gara, e scusate se è poco!

Gli allunghi devono sempre essere fatti al termine del riscaldamento per i mezzi di allenamento indicati nei paragrafi precedenti; non dovrete temere di buttare al vento energie preziose, perché non è affatto così. Vi metteranno nelle condizioni migliori per "girare" bene fin dalle prime battute e vi aiuteranno ad attenuare quelle piccole o grandi paure che anche il runner più esperto può provare.

Come correrli. Individuate innanzitutto un tratto pianeggiante di

50-100 metri, poi correteli a ritmo uguale o molto simile a quello della prova che vi apprestate ad affrontare. Se per esempio avete in programma i 200 metri in 50 secondi, ovvero con un passaggio in 25 secondi ogni 100 metri, correte 3-5 allunghi di 50 metri in 12,5". Se state per gareggiare in una maratona da 3:30', prima di entrare nella "gabbia" di partenza dovete cercare di correre dei tratti al ritmo di 30 secondi ogni 100 metri, che corrisponde a 5'00" al km. Il recupero fra un allungo e l'altro consiste nel correre la stessa distanza in surplace. Per mantenere l'effetto degli allunghi, una volta raggiunta la zona di partenza, anche nelle manifestazioni molto affollate muovetevi il più possibile e, anche se gli organizzatori non saranno troppo contenti, cercate di correre un ultimo allungo poco prima del via. Se proprio non riuscirete, mentre sarete lì, in mezzo a tante altre persone, rifate gli esercizi di riscaldamento, vi aiuteranno a rimanere pronti per il via.

A fine allenamento. Correre a ritmi relativamente lenti può causare a fine allenamento una sensazione di gambe "impastate", dure. Per liberarsene è sufficiente correre qualche tratto a una velocità un po' più sostenuta del normale. Non ci credete? Fate una prova: al termine di un allenamento a ritmo lento, di medio, progressivo, lunghissimo, corto veloce o tempo run, fate un po' di stretching e infilatevi sotto la doccia, poi il giorno dopo prestate attenzione allo stato di affaticamento e alla pesantezza delle gambe. In un'altra occasione, dopo lo stesso allenamento provate a correre 3, 5 o 7 allunghi. Il giorno dopo concentratevi nuovamente sui segnali che arrivano dalle gambe, sarà tutta un'altra storia!

Gli allunghi corsi al termine dell'allenamento contribuiscono a restituire ai muscoli e ai tendini la loro naturale elasticità, rendendoli di nuovo flessibili e contribuendo anche alla prevenzione degli infortuni. Inoltre, restituiscono "freschezza" anche alla parte superiore del corpo, sciogliendo spalle, braccia, collo e dorso. Potrà esservi capitato di sentirvi rigidi e tesi alla fine di un allenamento anche corso a ritmo blando, ma se farete gli allunghi nel modo che sto per indicarti, vedrete che anche questa sensazione passerà. Al termine dell'allenamento correte in surplace per 3-5 minuti, poi scegliete un tratto rettilineo in piano, di lunghezza variabile tra i 50 e i 100 metri. Come nel caso precedente, non pensate agli allunghi come a degli scatti, toglietevi dalla testa l'idea che dovrete faticare. Ponetevi all'inizio del rettilineo e partite considerando di correre a un ritmo di 2-3 secondi più veloce di quello che tenete regolarmente in una gara di 10 km. Questa velocità potrà sembrarvi blanda, ma è quella giusta. Correndo più forte, invece di rilassare i muscoli e i tendini li affatichereste ulteriormente e non otterreste lo scopo desiderato. I primi 10-15 metri vi serviranno per prendere la velocità che poi manterrete fino al termine dell'allungo. I primi allunghi, specialmente se siete appena rientrati da un lunghissimo, fateli di 50-60 metri. Tra un allungo e l'altro recuperate correndo in surplace da 60 a 90 secondi (scegliete voi se tornare al punto di partenza oppure proseguire e poi tornare indietro). Il numero degli allunghi a fine allenamento può variare da un minimo di 3 a un massimo di 10. Più lento è stato l'allenamento svolto, maggiore dovrà essere il numero degli allunghi, anche se un po' più corti. In pratica, dopo un progressivo con l'ultimo chilometro alla velocità di gara sui 10 km, saranno sufficienti 3-5 allunghi. Al termine di un lunghissimo di 30 km si dovranno invece correre 5-10 allunghi, magari di 50-60-80 metri anziché di 100. Vi state chiedendo se avete letto bene? Fare gli allunghi dopo il lunghissimo? È proprio così. Durante il primo allungo mi maledirete, ma dopo il secondo o il terzo capirete che non ho voluto farvi soffrire inutilmente. Il giorno dopo vi ritroverete "pimpanti" a consolare i vostri compagni di allenamento che, non avendo voluto imitarvi, avranno difficoltà anche a camminare.

Ecco alcuni esempi

Gli allunghi nel riscaldamento

Tipo d'impegno	Gara breve	Mezza maratona	Maratona	Medio	Tempo Run	Ripetute in salita	Ripetute (dai 100 di 500 m)	Ripetute (dai 1000 ai 3000 m)
Lunghezza	80-100 m	80-100 m	80-100 m	80-100 m	80-100 m	80-100 m	50-100 m	50-100 m
Numero	7-10	5-7	4-6	3-5	5-7	4-6	4-6	3-5

Gli allunghi al termine dell'allenamento

Lavoro	Lunghissimo	Lento	Medio	Lunghissimo potente	Progressivo	Tempo Run
Lunghezza	50-80 m	80-100 m	80-100 m	50-80 m	80-100 m	80-100 m
Numero	7-10	5-7	4-6	7-10	3-5	4-6

6.4 Il defaticamento

Il podista ha bisogno di terminare i suoi allenamenti e le gare in modo soft, ovvero dedicandosi a quella pratica che viene definita defaticamento attivo.

Perché serve. Il defaticamento serve a favorire il ritorno venoso e a rimuovere l'acido lattico che si forma nei muscoli. L'interruzione improvvisa di un esercizio fisico di resistenza può causare il ristagno di sangue nelle gambe e può portare giramenti di testa e svenimenti. Ecco spiegati i motivi per cui dico sempre ai podisti che alleno di non fermarsi all'improvviso.

Quando serve. Così come deve essere soft l'avvio della corsa, allo stesso modo deve essere soft il termine dell'allenamento o della gara. Chiaramente dopo prove a media-alta intensità come gare fino alla mezza, ripetute di tutti i tipi, medio e progressivo, diventa indispensabile il graduale ritorno allo stato di normalità. Importante anche al termine del lento e addirittura del lunghissimo.

Quando non farlo. Sicuramente al termine di una maratona non è proprio il caso di correre ancora. Al termine della mezza maratona, se non arrivate proprio "cotti" potete dedicarvi a fare qualche minuto di defaticamento.

Analizziamo ora come dovrebbe essere interpretato il defaticamento al termine dei vari tipi di allenamento.

Dopo il lento medio, progressivo, lunghissimo. Per organizzare meglio il tempo necessario fra l'allenamento vero e proprio, gli allunghi e appunto il defaticamento vi propongo di procedere in questo modo: rallentate l'andatura durante gli ultimi 5 minuti di corsa in modo da arrivare a correre almeno per 4-5 minuti in surplace. A questo punto inizierete a fare gli allunghi che, come detto più volte, non devono essere scatti ma tratti di corsa di circa 100 metri a velocità leggermente superiore alla vostra velocità di riferimento. Il recupero fra gli allunghi dovrà essere eseguito correndo lentamente per circa 60-90 secondi.

Dopo le ripetute, in piano, in salita, il fartlek. Si tratta di prolungare il recupero che, come sapete, consiglio sempre di eseguire di corsa dopo l'ultima prova. Continuate quindi a correre per altri 4-5 minuti diminuendo progressivamente la velocità fino a camminare per ulteriori 2 o 3 minuti. All'inizio vi sembrerà una micidiale scocciatura, ma dopo un po' ci prenderete l'abitudine e lo farete volentieri perché vi farà sentire molto meglio.

Dopo la gara. Dopo l'arrivo delle gare brevi non dovrete sentirvi una mosca bianca, continuate a correre lentamente andando incontro ai vostri amici. Il defaticamento non è da fare dopo la maratona, mentre spetta a voi la decisione se farlo o meno dopo la mezza: dipende da come arrivate, da quanta energia vi rimane.

Il defaticamento passivo. Consiste in pratica nel farsi massaggiare le gambe o agire con spugnaggi. Questa pratica può essere utile al termine della maratona, della mezza o di altre gare o allenamenti qualora arriviate al traguardo o al termine dell'allenamento veramente svuotati di energia. Oggi vengono sempre più usate calze defaticanti che hanno come scopo favorire il ritorno venoso. Prima di indossarle, vi consiglio di immergere le gambe in una bacinella piena di ghiaccio o acqua fredda. È un sistema che non ho inventato io, ma vi assicuro che funziona.

Conclusioni

Vi ho illustrato i mezzi di allenamento per le specialità di endurance prese in considerazione in questo libro. I tipi di allenamento illustrati sono stati usati in questi anni dai podisti che ho seguito e sono quelli che hanno dato i migliori risultati. Ho sempre fatto riferimento all'uso del cardiofrequenzimetro, anche se negli ultimi anni lo faccio usare raramente. Vi invito quindi a tenere sempre sotto controllo il vostro impegno respiratorio e a controllare la percezione dello sforzo. Credo proprio che a questo punto non vi manchino gli spunti per variare il vostro allenamento. Ora più che mai, buon divertimento.

Capitolo 7

L'ALLENAMENTO PER I PRINCIPIANTI

Oggi correre è considerato un modo divertente per mantenere un buon stato di salute psico fisica, oltre che per socializzare. È poi noto quanto sia utile per tenere sotto controllo colesterolo, trigliceridi, pressione sanguigna, peso corporeo, glicemia ecc. (→ Cap. 14). In un recente studio pubblicato dall'American College of Sport Medicine sono state evidenziate le linee guida che indicano in non meno di 250-300 minuti settimanali l'attività fisica necessaria, oltre che per non ingrassare, per dimagrire. Quindi nessun dubbio: correre serve a stare bene.

In questo capitolo troverete indicazioni che gradualmente vi convinceranno a far entrare la corsa nella vostra vita e vedrete che sarà una deliziosa compagna. Bene, fino a questo momento siete stati dei "sedentari reali", disposti a difendere il vostro comodo divano con tutti i mezzi possibili. Vi avverto: la vostra vita sta per avere un gioioso cambiamento. Sarà bello scoprire il piacere dell'aria che entra ed esce dai polmoni, le gocce di sudore sul viso, le gambe toniche, il corpo che si muove nello spazio, la mente più attiva. Il mio obiettivo è quello di aiutarvi a iniziare a correre, quindi ecco alcune regole.

7.1 Le 15 regole del principiante

1) **Iniziare a muoversi.** Prima di seguire uno dei programmi che vi indicherò, cominciate ad acquistare una mentalità dinamica. Usate di più le scale e meno l'ascensore. Attenzione, questo non significa fare l'eroe: se dovete salire sull'Empire State Building di New York o se siete carichi delle borse della spesa, prendete l'ascensore!

L'allenamento per i principianti

Non vi arrabbiate se dovrete lasciare la macchina al parcheggio più distante, ma approfittatene per fare due passi in più, vi farà solo bene. Appena potete, fatevi un giro in bici o una nuotata. Quando sarete a pranzo o a cena pensate che mangiare, come muoversi, deve servire a stare bene, quindi "occhio"! Se imparerete a muovervi con regolarità, ogni tanto potrete permettervi anche qualche trasgressione culinaria senza essere assaliti dai sensi di colpa. L'organismo non è una pattumiera dove buttare di tutto senza pensarci. La salute dipende anche da come e quanto si mangia: per diventare un podista ci vuole prima di tutto buon senso, quindi l'alimentazione e la pratica della corsa non devono essere vissute in modo maniacale, ma razionale.

2) **La salute prima di tutto.** In Italia per fare attività fisica è necessario un certificato medico. Bene! In altri paesi non è così. Se, come nel nostro caso, siete all'inizio e non avete intenzione di fare gare, sarà sufficiente recarvi dal vostro medico di famiglia che, dopo avervi visitato, vi rilascerà un certificato medico di idoneità alla pratica sportiva non agonistica. Con ogni probabilità, superata la prima fase, avrete voglia di iniziare a partecipare a qualche gara podistica e magari un giorno non lontanissimo vorrete partecipare a qualche grande maratona in Italia o all'estero. Volendo frequentare l'ambiente podistico e non limitarvi a correre per conto vostro o con i vostri amici, non basterà più la visita del medico di base, ma dovrete recarvi presso uno dei Centri di Medicina dello Sport della vostra regione per ottenere il certificato di idoneità alla pratica dell'atletica. La visita sarà accurata, vi faranno l'elettrocardiogramma a riposo e sotto sforzo, sarà controllata la ventilazione polmonare e la pressione arteriosa. Saranno analizzate anche le vostre urine. Se non verranno riscontrati problemi riceverete il certificato di idoneità che vi permetterà di iscrivervi a una società sportiva e partecipare alle gare podistiche, altrimenti dovrete sottoporvi a esami più approfonditi e non sarete autorizzati a partecipare alle manifestazioni podistiche competitive che si svolgono in Italia. Non dovrete vivere questi controlli come un'inutile scocciatura, ma come la possibilità di correre sereni. Già che ci siete, fate anche le analisi del sangue, il vostro medico vi dirà quali. Non prendete alla leggera questo aspetto: la salute viene prima di tutto. Prevenire, è risaputo, è meglio che curare. Non voglio né mettere paura, né fare il "terrorista". A me interessa far capire

che l'attività fisica, la corsa, serve per stare bene. Diventare podista significa anche imparare a volersi bene!

3) **Le scarpe e l'abbigliamento.** Recatevi in un negozio specializzato e fatevi consigliare un paio di scarpe adatte alle vostre caratteristiche (→ Cap. 2). Usare scarpe sbagliate è una delle principali cause di infortuni, quindi fate molta attenzione. Credetemi, è un errore cominciare a correre con le scarpe che usavate alle lezioni di educazione fisica alle superiori. Stesso discorso vale per l'abbigliamento: nei negozi specializzati potrete trovare agevolmente indumenti tecnici con materiali all'avanguardia (→ Cap. 2).

4) **L'orario.** Lo dovrete scegliere in base all'organizzazione della vostra vita: famiglia, lavoro, altri interessi. Durante l'inverno l'ora di pranzo è perfetta, così come le ore serali prima del buio. Quando è possibile optate per la mezza mattina, un paio d'ore dopo la colazione, o per il primo pomeriggio, dopo circa tre ore dal pranzo (meno dopo un pranzo frugale). Per perdere peso in fretta correte la mattina a digiuno: appena svegli, dopo aver bevuto un paio di bicchieri di acqua per compensare la perdita di liquidi avvenuta durante la notte. Questo sistema è valido se correte o camminate al massimo per un'ora. Meglio fare una colazione leggera in caso di allenamento superiore ai 60 minuti. Fissatevi bene nella mente questo concetto: correre deve essere un divertimento, non una sofferenza. Correre è un piacere.

5) **Il tapis roulant.** In caso di maltempo, se abitate in una zona senza parchi o eccessivamente trafficata, l'ideale è rifugiarsi in palestra o in casa ed eseguire il programma di allenamento sul tapis roulant (→ Cap. 16).

6) **Frequenza settimanale.** Soprattutto all'inizio, è opportuno dedicare alla corsa o alla camminata tre giorni alla settimana. Scegliete voi, in relazione ai vostri impegni, i giorni più adatti, tenendo presente che è meglio evitare di correre o camminare due o tre giorni consecutivi. Successivamente, potrete correre o camminare un giorno sì e un giorno no. Avendo a disposizione solo due giorni alla settimana, non drammatizzate e non cercate di recuperare il tempo perduto aumentando la durata dei singoli allenamenti. In questa prima fase è meglio non correre tutti i giorni per non stressare in modo eccessivo tendini e muscoli.

L'allenamento per i principianti

7) **Il ritmo.** Sia durante il cammino, sia durante la corsa il ritmo deve essere tale da permettervi di non andare mai in affanno e di parlare agevolmente, addirittura di raccontare una barzelletta e di ridere se ve ne raccontano una divertente. Questo ritmo si chiama CRF, cioè corsa respirazione facile. Non vi preoccupate se al ritmo di CRF andrete pianissimo. Date tempo al vostro organismo di adattarsi e vedrete che allenamento dopo allenamento la velocità aumenterà. Se non avete problemi di salute non è necessario, per adesso, utilizzare il cardiofrequenzimetro, che diventa invece indispensabile in caso di problemi all'apparato cardiocircolatorio. In questo caso fatevi consigliare dal medico il range di pulsazioni al minuto da mantenere durante l'allenamento.

8) **Il tracciato e il terreno.** Per camminare, le prime due settimane potrete stare in pianura, poi scegliete un percorso con saliscendi non impegnativi. Per correre, almeno fino a quando non sarete in grado di correre per un'ora, meglio utilizzare percorsi pianeggianti. Non iniziate a correre sulla spiaggia: l'ideale sono l'erba o percorsi sterrati, ma scarsamente accidentati. Con le scarpe adatte potrete tranquillamente correre sull'asfalto.

9) **Non strafate.** Le prime volte, dopo aver corso o camminato, avrete vari doloretti sparsi per il corpo, vi sentirete un po' stanchi e penserete: «Ma chi me lo ha fatto fare?». Dopo poco tempo, però, vi sentirete bene e vorrete fare più di quello che è previsto dal programma. Ma non è proprio il caso: meglio avere un po' di pazienza e procedere per gradi, altrimenti rischierete infortuni e quindi periodi di riposo forzato.

10) **Ascoltate il vostro corpo.** Imparate fin da subito ad ascoltare i messaggi che arrivano da voi stessi. Concentratevi sull'appoggio dei piedi, sulla respirazione. Più avanti imparerete anche a sentire il cuore che batte.

11) **Gli esercizi di riscaldamento.** Anche se siete proprio all'inizio vi consiglio, prima ancora di iniziare a camminare, di fare gli esercizi di riscaldamento (→ Cap. 6). Sono fondamentali per preparare il corpo allo sforzo e limitare il rischio di infortuni.

12) **Lo stretching pre-corsa.** Quando avrete raggiunto il traguardo dei 40 minuti, oltre agli esercizi di riscaldamento saranno molto utili quelli di stretching del pre-corsa (→ Cap. 3).

13) **La tonificazione.** Se ormai avete deciso di entrare nel nostro mondo preparatevi ad affrontare la corsa nel migliore dei modi facendo una o due volte alla settimana qualche esercizio di tonificazione (→ Cap. 3).
14) **Chi non può correre.** Le parole del medico devono essere seguite alla lettera. Se siete fortemente in sovrappeso, nonostante riusciate a camminare per 90 minuti, aspettate a iniziare la corsa. Cominciate a unire alle camminate qualche uscita in bici o fate della cyclette in palestra, oltre a regolare il vostro regime alimentare. Anche se avete problemi agli arti inferiori è meglio rinunciare. Vi garantisco che si può vivere anche senza correre.
15) **Le tabelle.** Sono utili per pianificare gli allenamenti ma, se non sono su misura per voi, vanno considerate puramente indicative e potrebbero non essere perfettamente adatte alle vostre caratteristiche.

7.2 Iniziamo a camminare

Chi non ha mai praticato attività fisica prima di iniziare a correre dovrà iniziare a camminare.

Nel 1983, nel primo libro che ho scritto, proposi questa semplice tabella (7.1) utilizzata in seguito con molti futuri podisti. In tutti questi anni mi è capitato solo una volta che qualcuno trovasse il programma troppo impegnativo, quindi può essere fruibile da quasi tutte le persone.

Tabella 7.1

	LUN.	MART.	MERC.	GIOV.	VEN.	SAB.	DOM
1° Sett		20'		30'		30'	
2° Sett		40'		40'		50'	
3° Sett		50'		60'		60'	
4° Sett		60'		60'		75	
5° Sett		60'		60'		90'	

(F. Massini, 1983)

Nel 2003, ovvero dopo 20 anni, nel libro scritto con il dott. Arcelli ho proposto la tabella 7.2, che tiene presente anche l'incremento di minuti alla settimana in relazione all'età del futuro podista. Anche in questo caso l'obiettivo sarà quello di arrivare a camminare per 90 minuti.

Tabella 7.2

Età (anni)	Numero minuti di cammino da compiere quando si inizia	Numero di minuti da aggiungere ogni settimana
20	60'	10'
40	40'	8'
50 e oltre	30'	6'

(Arcelli-Massini, 2003)

L'andatura da tenere durante i tratti proposti non dovrà essere il "passo vetrina", ovvero una camminata molto blanda intervallata da frequenti soste, ma una camminata più sostenuta, pur mantenendo sempre la respirazione facile, e non dovrà prevedere soste se non in casi eccezionali.

7.3 Iniziamo a correre

Prima di addentrarci negli aspetti pratici di questo paragrafo vi consiglio di leggere attentamente, se non l'avete ancora fatto, il capitolo 1, in modo da acquisire una giusta tecnica di corsa, fondamentale per ottimizzarne

Tabella 7.3

Età (anni)	Con quanti minuti di corsa è bene iniziare	Quanti minuti di corsa vanno aggiunti a ogni seduta
20	12'	4'
25	10'	3'5"
30	8'	3'
35	7'	2'5"
40	6'	2'
45	5'	1'5"
50	4'	1'
55	3'	1'

(Arcelli-Massini 2003)

gli effetti sia relativamente al miglioramento della prestazione, sia alla prevenzione degli infortuni. L'obiettivo che mi pongo nei programmi di allenamento di questo capitolo è quello di riuscire a farvi correre per 40 minui. Tranquilli, tutti ci sono riusciti e ci riuscirete anche voi. Quando avrete corso i vostri primi 40 minuti potrete iniziare a vantarvi di essere diventati "runner", ma soprattutto sarete ben avviati verso il traguardo dei 60 minuti.

Il metodo che vi presento in questo paragrafo (Tabella 7.3) consiste nell'iniziare subito a correre in modo continuativo, senza alternare tratti di corsa a tratti di passo, facendo precedere la parte dedicata alla corsa da 15-20 minuti di cammino ad andatura progressivamente più veloce, ma sempre nell'ambito della respirazione facile. Il tratto di corsa dovrà poi essere seguito da 10-20 minuti di cammino a velocità progressivamente più lenta. La seduta di allenamento, in sintesi, non dovrà avere una durata inferiore ai 40 minuti. Nella tabella 7.3 è rappresentata una progressione dei minuti di incremento da applicare a ogni seduta di allenamento in relazione all'età.

Nella tabella 7.4 troverete indicazioni più soft, adatte a tutti coloro che hanno superato "l'esame" del cammino per 90 minuti consecutivi.

Tabella 7.4

Età (anni)	Con quanti minuti di corsa è bene iniziare	Quanti minuti di corsa vanno aggiunti a ogni seduta
20	5'	2'
25	5'	2'
30	6'	3'

Tabella 7.5 Esempio di programma per principiante di 30 anni.

	1° G	2° G	3° G	4° G	5° G	6° G	7° G
1° S	8'		11'			14'	
2° S	17'		21'			24'	
3° S	8'		11'			14'	
4° S	27'		30'			33'	
5° S	36'		39'			42'	
6° S	27'		30'			33'	

Legenda: S = settimana; G = giorni, ' = minuti

L'età critica è proprio quella fra i 20 e i 25 anni, quando i giovani corrono il rischio di diventare dei "sedentari reali". Dopo i 30 anni, raggiunto il livello più elevato di maturità, è più facile concentrarsi sull'attività fisica e iniziare a pensare in modo serio al proprio benessere psico-fisico.

La progressione dei minuti di corsa da aggiungere a ogni seduta di allenamento non deve sempre essere costante. Nella tabella 7.5 sono stati considerati due mesocicli, ogni mesociclo comprende tre settimane di allenamento, in cui il numero dei minuti di corsa aumenta in ogni seduta, e una settimana di recupero attivo, dove si corre meno della settimana precedente. Ogni settimana è definita microciclo. Quindi ogni 2 microcicli in progressione sarà ripetuto il primo microciclo dell'ultimo mesociclo eseguito. La progressione di minuti di corsa considerata è quella della tabella 7.4. Seguendo questo semplice allenamento, in cinque settimane un trentenne sarà pronto a iniziare il percorso che lo porterà a correre la sua prima ora intera.

Tabella 7.6 Esempio di programma per un principiante di 50 anni.

	1° G	2° G	3° G	4° G	5° G	6° G	7° G
1° S	4'		5'			6'	
2° S	7'		8'			9'	
3° S	10'		11'			12'	
4° S	**4'**		**5'**			**6'**	
5° S	13'		14'			15'	
6° S	16'		17'			18'	
7° S	19'		20'			21'	
8° S	**13'**		**14'**			**15'**	
9° S	22'		23'			24'	
10° S	25'		26'			27'	
11° S	28'		29'			30'	
12° S	**22'**		**23'**			**24'**	
13° S	31'		32'			33'	
14° S	34'		35'			36	
15° S	37'		38'			39'	
16° S	**31'**		**32'**			**33'**	

Legenda: S = settimana; G = giorni, ' = minuti

Andiamo a correre

La tabella 7.6 presenta invece un programma adatto a principianti di 50 anni, sono stati presi in considerazione quattro macrocicli fatti con tre settimane di carico e una di scarico, ogni tre microcicli sarà quindi ripetuto il primo microciclo dell'ultimo mesociclo. Chi ha 50 anni impiegherà quindi 15 settimane a raggiungere i 39 minuti, dopodiché anche lui potrà proiettarsi verso i 60. Con il passare del tempo l'organismo è meno ricettivo ad adattarsi all'effetto dell'allenamento, quindi meglio procedere con cautela.

7.4 Correre e camminare

Se correre senza fermarvi mai, anche per pochi minuti, vi spaventa, allora potete scegliere uno dei due schemi proposti nelle tabelle 7.7 e 7.8. Il pas-

Tabella 7.7 Programma di avviamento alla corsa adatto a ex sedentari.

	1g	2g	3g	4g	5g	6g	7g
1s	3x 2' CRF rec. 4' passo		3x 2' CRF rec. 4' passo			3x 2' CRF rec. 3' passo	
2s	4x 2' CRF rec. 3' passo		4x 2' CRF rec. 3' passo			4x 2' CRF rec. 2' passo	
3s	4x 3' crf rec. 3' passo		4x 3' CRF rec. 3' passo			4x 3' CRF rec. 2' passo	
4s	**3x 2' CRF rec. 4' passo**		**3x 2' CRF rec. 4' passo**			**3x 2' CRF rec. 3' passo**	
5s	3x 4' crf rec. 2' passo		3x 4' CRF rec. 2' passo			3x 4' CRF rec. 2' passo	
6s	3x 5' crf rec. 1' passo		3x 5' CRF rec. 1' passo			3x 5' CRF rec. 1' passo	
7s	3x 6' crf rec. 1' passo		3x 6' CRF rec. 1' passo			3x 6' CRF rec. 1' passo	
8s	**3x 4' CRF rec. 2' passo**		**3x 4' CRF rec. 2' passo**			**3x 4' CRF rec. 2' passo**	
9 S	3x 7' crf rec. 1' passo		3x 7' CRF rec. 1' passo			3x 7' CRF rec. 1' passo	
10 s	3x 8' crf rec. 1' passo		3x 8' CRF rec. 1' passo			3x 8' CRF rec. 1' passo	

L'allenamento per i principianti

	1 g	2 g	3g	4g	5g	6g	7g
11 s	3x 9' crf rec. 1' passo		3x 9' CRF rec. 1' passo			3x 9' CRF rec. 1' passo	
12 s	3x 7' CRF rec. 1' passo		3x 7' CRF rec. 1' passo			25' CRF	

Legenda:
CRF: corsa respirazione facile
rec.: recupero = tratti di passo da eseguire fra ogni tratto di corsa

Tabella 7.8 Programma di avviamento alla corsa adatto a chi ha sempre fatto un minimo di attività fisica.

	1 g	2 g	3g	4g	5g	6g	7g
1s	3x 3' CRF rec. 3'		3x 3' CRF rec. 3'			3x 3' CRF rec. 3'	
2s	3x 4' CRF rec. 2'		3x 4' CRF rec. 2'			3x 4' CRF rec. 2'	
3s	3x 5' CRF rec. 1'		3x 5' CRF rec. 1'			3x 5' CRF rec. 1'	
4s	3x 3' CRF rec. 3'		3x 3' CRF rec. 3'			3x 3' CRF rec. 3'	
5s	3x 6' CRF rec. 1'		3x 6' CRF rec. 1'			3x 6' CRF rec. 1'	
6s	3x 7' CRF rec. 1'		3x 7' CRF rec. 1'			3x 7' CRF rec. 1'	
7s	3x 8' CRF rec. 1'		3x 8' CRF rec. 1'			3x 8' CRF rec. 1'	
8s	3x 6' CRF rec. 1'		3x 6' CRF rec. 1'			3x 6' CRF rec. 1'	
9s	3x 9' CRF rec. 1'		3x 9' CRF rec. 1'			3x 9' CRF rec. 1'	
10 s	3x 10' CRF rec. 1'		3x 10' CRF rec. 1'			3x 10' CRF rec. 1'	
11 s	3x 11' CRF rec. 1'		3x 11' CRF rec. 1'			3x 11' CRF rec. 1'	
12 s	3x 9' CRF rec. 1'		3x 9' CRF rec. 1'			30' CRF	

Legenda:
CRF: corsa respirazione facile
rec.: recupero = tratti di passo da eseguire fra ogni tratto di corsa

sare dal cammino alla corsa e dalla corsa al cammino sottopone il cuore e l'apparato cardiocircolatorio a un lavoro che è tanto più impegnativo quanto più brusche sono le variazioni di velocità. Infatti durante una seduta di allenamento di questo tipo le pulsazioni possono salire e scendere di 30 battiti al minuto per 4-5 volte, impegnando in modo piuttosto importante il cuore e l'apparato cardiocircolatorio. Non solo. Ma se è indubbio che durante il cammino i muscoli siano meno affaticati che durante la corsa, il cuore, soprattutto se il tratto di corsa è stato fatto a velocità non proprio lentissima, dovrà continuare a lavorare per recuperare. La camminata favorisce il recupero muscolare perché diminuisce la fatica, ma dopo ogni sosta si ha la tendenza ad andare più forte, quindi lo sforzo diventa maggiore. Chi vuole usare questo metodo abbia la sensibilità di eseguire i tratti di corsa ad andatura davvero tranquilla, con respirazione facile (CRF). Vale sempre la premessa che, prima di iniziare ad alternare tratti di corsa e di passo, bisogna essere in grado di camminare no stop per 90 minuti. Ognuna delle sedute di allenamento che proporrò deve essere preceduta da 15-20 minuti di passo a ritmo progressivamente più veloce e seguita da 10-20 minuti di passo a velocità progressivamente più lenta.

Il nostro obiettivo rimane quello di arrivare a correre 40 minuti in modo continuativo.

Chi avrà seguito la tabella 7.7 potrà arrivare a correre 40 minuti aumentando di 4 minuti a ogni sessione raggiungendo l'obiettivo in ulteriori 5 settimane di allenamento. Chi invece avrà seguito la tabella 7.8 potrà incrementare di 5 minuti ogni seduta. L'obiettivo sarà raggiunto in 2 sedute, ovvero in poco più di una settimana di allenamento.

7.5 Iniziare a correre in palestra

Tutte le indicazioni proposte fino a questo momento sono applicabili anche per la corsa sul tapis roulant. Se, come molte ragazze e ragazzi, non amate "uscire subito allo scoperto", potrete cominciare a correre nel rassicurante ambiente della palestra. Appena sarete in grado di sopportare un esercizio di tipo aerobico a bassa intensità, girando "fra i vari attrezzi" per 90 minuti, sarà giunto il momento di iniziare a correre. Usate il tapis roulant alternando la corsa con altri esercizi alle macchine, come ad esempio la cyclette, la macchina ellittica e lo stesso tapis roulant.

Nelle tabelle 7.9 e 7.10 troverete uno schema che prevede di arrivare a correre 40 minuti (specifico per un ventenne e per un quarantenne).

Tabella 7.9 Programma misto per un ventenne.

	1° g	2° g	3° g	4° g	5° g	6° g	7° g
1° s	5' C+ 8' CM+ 12' CO+ 5' CM+ 10' E		5' C+ 5' CM+ 8' CO+ 7' CM+ 8' CO+ 12' E			5' C+ 5' CM+ 10' CO+ 5' CM+ 10' CO+ 10' E	
2° s	5' C+ 5' CM+ 12' CO+ 4' CM+ 12' CO+ 12' E		5' C+ 5' CM+ 14' CO+ 3' CM+ 14' CO+ 14' E			5' C+ 5' CM+ 16' CO+ 2' CM+ 16' CO+ 16' E	
3° s	5' C+ 5' CM+ 20' CO+ 5' CM+ 15' E		5' C+ 6' CM +24'CO +5' CM + 10' E			5' C+ 5' CM+ 28' CO+ 5' CM+ 10' E	
4° s	5' C+ 5' CM+ 32' CO+ 5' CM+ 13' E		5' C+ 5' CM+ 36' CO+ 5' CM+ 14' E			5' C+ 5' CM+ 40' CO+ 5' CM+ 10' E	

Legenda:
C: cyclette normale   CM: cammino (sul tapis roulant)   E: ellittica   CO: corsa

Tabella 7.10 Programma misto per un quarantenne.

	1° g	2° g	3° g	4° g	5° g	6° g	7° g
1° s	10' C+ 10' CM+ 6' CO+ 4' CM+ 10' E		10' C+ 10' CM+ 8' CO+ 4' CM+ 13' E			10' C+ 10' CM+ 10' CO+ 5' CM+ 10' E	
2° s	12' C+ 12' CM+ 12' CO+ 4' CM+ 10' E		10' C+ 10' CM+ 14' CO+ 4' CM+ 10' E			10' C+ 10' CM+ 16' CO+ 4' CM+ 10' E	

	1° g	2° g	3° g	4° g	5° g	6° g	7° g
3° s	10' C+ 10' CM+ 18' CO+ 4' CM+ 12' E		10' C+ 10' CM+ 20' CO+ 5' CM+ 10' E			10' C+ 10' CM+ 22' CO+ 4' CM+ 10' E	
4° s	10' C+ 10' CM+ 13' CO+ 4' CM+ 13' CO+ 4' CM+ 10' E		10' C+ 10' CM+ 14' CO+ 4' CM+ 14' CO+ 3' CM+ 10' E			10' C+ 10' CM+ 15' CO+ 4' CM+ 15' CO+ 5' CM+ 10' E	
5° s	10' C+ 10' CM+ 24' CO+ 4' CM+ 10' E		10' C+ 10' CM+ 26' CO+ 4' CM+ 10' E			10' C+ 10' CM+ 28' CO+ 4' CM+ 8' E	
6° s	10' C+ 10' CM+ 30' CO+ 4' CM+ 6' E		8' C+ 8' CM+ 32' CO+ 4' CM+ 8' E			8' C+ 8' CM+ 34' CO+ 4' CM+ 6' E	

Legenda:
C: cyclette normale   CM: cammino (sul tapis roulant)   E: ellittica   CO: corsa

7.6 Correre fino a 60 minuti

Per tutti i principianti la difficoltà maggiore, se di difficoltà dobbiamo parlare, consiste nell'arrivare a correre 40 minuti, e noi abbiamo già visto vari modi per raggiungere questo traguardo.

A questo punto, per essere dei veri runner, dovrete riuscire a correre la vostra prima ora intera. Per farcela dovrete procedere sempre per gradi, in relazione alla vostra età. Ecco allora che se avete meno di 40 anni l'incremento sarà di 5 minuti, se avete fra 40 e 50 anni sarà di 4, se invece avete più di 50 anni dovrete aumentare di 3 minuti ogni settimana.

Tabella 7.11 Incremento minuti di corsa fra 40 e 60 minuti per chi ha meno di 40 anni.

	1 g	2 g	3 g	4 g	5g	6 g	7°g
1s	40'		45'			50'	
2 s	45'		50'			55'	
3 s	45'		55'			60'	

Tabella 7.12 Incremento minuti di corsa fra 40 e 60 minuti per chi ha fra 40 e 50 anni.

	1 g	2 g	3 g	4 g	5g	6 g	7 g
1s	40'		44'			48'	
2 s	44'		48'			52'	
3 s	48'		52'			56'	
4 s	40'		44'			48'	
5s	52'		56			60'	

Tabella 7.13 Incremento minuti di corsa fra 40 e 60 minuti per chi ha più di 50 anni.

	1 g	2 g	3 g	4 g	5g	6 g	7 g
1s	40'		43'			46'	
2 s	43'		46'			49'	
3 s	46'		49'			52'	
4 s	40'		43'			46'	
5° s	49'		52'			55'	
6° S	52		55			58'	
7° s	55'		58'			60'	

7.7 Arriviamo a 90 minuti

Ormai la corsa è entrata a far parte della vostra vita, lo so, è difficile farne a meno. Attenzione a non farla diventare un'ossessione, altrimenti non vi divertirete più e correre diventerà solo un dovere. Correre è divertente, fa sentire in forma, più allegri, più pimpanti. Vi verrà anche voglia di porvi qualche nuovo obiettivo: cercheremo di analizzarli insieme e poi vi spiegherò come proseguire con i vostri allenamenti. Prima, però, è importante capire ciò che è cambiato all'interno del vostro organismo: vi siete allenati. Seguendo le indicazioni che vi sono state date fino a questo momento, il mitico traguardo dell'ora di corsa dovrebbe essere stato raggiunto con relativa facilità e senza traumi. Oltre a correre, dovreste aver capito l'importanza di far lavorare alcuni muscoli apparentemente poco interessati alla corsa, come gli addominali e le braccia, e dovreste esservi convinti di quanto è fondamentale lo stretching.

Tornando ai nostri obiettivi: il primo consiglio pratico che mi sento di darvi è di continuare a correre un'ora per altre due settimane. Forse potrà sembrare un po' monotono, ma è importante stabilizzarsi prima di proseguire. Dovrete cominciare ad ascoltarvi, ad avvertire la sensazione di correre a lungo. Soprattutto, dovrete abituarvi a "stare sulle gambe" tre volte alla settimana. Durante queste sedute di allenamento cercate di correre sempre a un ritmo che vi consenta di respirare facilmente e evitate salite e discese. Non ponetevi obiettivi troppo ambiziosi: iniziare a correre e pensare di partecipare a una maratona dopo due o tre mesi è un errore da non commettere. Prima imparate a divertirvi e solo in un secondo momento pensate ai traguardi da superare.

Quindi, solo dopo che vi sentirete sicuri a correre un'ora potete pensare ad aumentare il tempo per arrivare a 90 minuti. Nello schema proposto continuerò a considerare tre allenamenti alla settimana con la possibilità di inserirne uno facoltativo. Sarà importante cominciare a pensare all'andatura da tenere durante la corsa. Per semplicità faremo riferimento ai tre tipi di respirazione associati alla corsa che trovate esplicitati nella legenda della tabella 7.14.

Durante la CRF dovrete essere in grado di correre e respirare facilmente e di parlare con il vostro vicino. Durante la CRLI, invece, la respirazione si farà più difficoltosa e le parole dovrebbero uscirvi con maggior fatica. Questo sarà ancora più enfatizzato nella CRI, anche se dovrete comunque rimanere in grado di parlare, sebbene con maggiore difficoltà. Se non ci riuscite significa che l'allenamento è sbagliato, è troppo intenso e quindi non adatto ai principianti. Nelle tabelle compaiono anche le sigle P (pianura), M (misto, percorso con leggeri saliscendi) e F (facoltativo). Chiaramente sul misto correrà chi ne avrà la possibilità, in caso contrario lo stesso allenamento andrà eseguito in pianura. Durante i tratti in

Tabella 7.14 Programma di allenamento per correre fino a 90 minuti.

	1G	2G	3G	4G	5G	6G	7G
sett 1	60' CRF P F	RIP	60' CRF P	RIP	60' CRF P	RIP	60' CRF P
sett 2	60' CRF P F	RIP	60' CRF P	RIP	60' CRF P	RIP	60' CRF P
sett 3	40' CRF P F	RIP	30' CRF 10' CRLI P	RIP	60 CRF P	RIP	60' CRF M
sett 4	60' CRF P F	RIP	70' CRF P	RIP	45' CRF 15' CRLI P	RIP	75' CRF M
sett 5	60' CRF P F	RIP	40' CRF 20' CRLI P	RIP	60' CRF P	RIP	80 CRF M
sett 6	40' CRF P F	RIP	30' CRF 5' CRLI 5' CRI P	RIP	25' CRF 5' CRLI P	RIP	60' CRF M
sett 7	60' CRF P F	RIP	45' CRF 10' CRLI 5' CRI P	RIP	75' CRF M	RIP	30' CRF 30' CRLI 15' CRF P
sett 8	60' CRF P 9.	RIP	40' CRF 10' CRLI 10' CRI	RIP	70 CRF M	RIP	90' CRF P
sett 9	40' CRF P F	RIP	40' CRF 5' CRLI 5' CRI	RIP	40' CRF M	RIP	15' CRF 30' CRLI 15' CRF P

Legenda:
CRF = corsa respirazione facile
CRLI = Corsa respirazione leggermente impegnata
CRI = corsa respirazione impegnata
P = pianura
M = misto
F = facoltativo

salita della corsa mista, la respirazione dovrà rimanere facile, anche se inevitabilmente sarà un po' più affannosa della respirazione in pianura.

Nella tabella 7.14 trovate due settimane di carico e una di scarico, impostate con un criterio un po' diverso da quello precedentemente esposto, scaturito dalla necessità di diminuire periodicamente il tempo da dedicare alla corsa per dar modo all'organismo di adattarsi a diversi stimoli allenanti.

Conclusioni

Praticare la corsa è molto semplice, ma per farla bene è necessario adottare un approccio molto tranquillo e graduale. Il primo passo che deve fare il principiante è impadronirsi della giusta tecnica di corsa. Imparare a correre significa anche imparare ad avere pazienza, controllare i propri istinti e acquisire padronanza di se stessi. Forzare i tempi serve solo a causare infortuni agli arti inferiori, sempre in agguato, a creare confusione e ad allontanare il raggiungimento degli obiettivi che razionalmente sono stati fissati. Sarà importantissimo consultare il medico per assicurarsi che non ci siano problemi a livello cardiocircolatorio. Se praticherete questo meraviglioso sport con costanza, senza farlo diventare una fissazione, trarrete grandi benefici sul piano psico-fisico. L'organismo però dovrà essere preparato a correre, quindi dovrete imparare a rispettare alcune regole, che si riveleranno molto utili anche nella vita di tutti i giorni.

Capitolo 8

PROGRAMMI DI ALLENAMENTO PER LE BREVI, LA MEZZA E LA MARATONA

Dopo aver visto i diversi modi per iniziare a correre correttamente e i mezzi di allenamento atti a migliorare le vostre prestazioni, è giunto il momento di presentarvi esempi di programmi di allenamento per partecipare alle gare brevi, alle mezze maratone e alle maratone. Prima di calzare le scarpe da corsa e iniziare a seguire gli esempi proposti, vi consiglio di leggere attentamente le indicazioni generali e quelle relative alle tabelle previste per ogni gruppo di gare. Infatti, non essendo programmi di allenamento personalizzati, potrebbero non essere adatti a tutti. La stesura di un programma di allenamento richiede una conoscenza approfondita del podista, quindi le indicazioni scritte nelle tabelle di questo capitolo hanno l'obiettivo di essere una traccia, indicazioni generali di organizzazione dell'allenamento. Per tutte e tre le distanze di gara trovate due diversi tipi di tabelle: la prima usa il metodo della respirazione ed è pensata per i "romantici" della corsa, coloro che amano andare a correre in modo non agonistico o con un agonismo molto controllato, per il piacere di farlo. La seconda tabella, invece, utilizza il metodo distanza-tempo ed è adatta a podisti più evoluti che hanno maggior dimestichezza con i satellitari o si allenano su percorsi misurati. Consiglio anche a chi usa questo metodo, comunque, di restare sempre concentrato sul tipo di respirazione. Chi vuole applicare i tempi proposti nella tabella distanza-tempo agli schemi di allenamento proposti per il metodo della respirazione deve sapere che il lento corrisponde con buona approssimazione alla CRF, il medio alla CRLI, le ripetute alla CRI.

Trovate 12 settimane di programma di allenamento per la 10 km; 16 settimane per la mezza maratona; 16 settimane per la maratona. In pratica, chi ha intenzione di correre una maratona può iniziare con il programma previsto per la 10 km e proseguire fino a raggiungere quello che per i podisti è un traguardo ambito, soprattutto quando è abbinato a un evento spettacolare come la maratona di New York o di altre bellissime città in Italia e nel Mondo.

8.1 Indicazioni generali per ottimizzare l'uso delle tabelle

Sosta breve. Se per 1, 2 o 3 giorni non potete allenarvi, proseguite con gli allenamenti indicati in tabella, senza cercare di recuperare quelli che non avete eseguito. Se il motivo della sosta è una malattia, alla ripresa correte per 1 o 2 giorni solo 30-40 minuti a ritmo di corsa lenta, poi riprendete il programma dalla settimana precedente a quella dell'interruzione.

Sosta media. Se la sosta è superiore a una settimana, prima di riprendere gli allenamenti indicati nella tabella eseguite 3 sedute rispettivamente di 30-40-50 minuti a ritmo di corsa lenta e poi riprendete dalla settimana precedente a quella dell'interruzione.

Sosta lunga. Se la sosta è superiore alle 2 settimane, ricominciate con 20-30 minuti di corsa lenta cercando di arrivare al termine della settimana ad almeno 60 minuti. A questo punto riprendete il programma dalle 2 settimane precedenti a quella dell'interruzione. Se state preparando una maratona e la pausa è stata più lunga di 2 settimane, rinunciate e spostate l'obiettivo più avanti nel tempo.

Se non potete eseguire le ripetute. Non cercate di farle il giorno dopo. Passate direttamente alla settimana successiva e fate il lavoro che non avete eseguito, non quello in programma.

Riservato ai maratoneti. Se non potete eseguire il lunghissimo vale quanto detto a proposito delle prove ripetute: la volta successiva farete ciò che non avete fatto. Se vi capita di doverlo saltare nella settimana precedente a quella di scarico, recuperatelo al termine di quest'ultima. Se arriverete a correre la maratona avendo corso un lunghissimo più breve di 3-4 km, tranquilli, non succederà nulla.

Programmi di allenamento

In caso di maltempo. Se piove forte o nevica non uscite a correre. Allenatevi sul tapis roulant, approfittatene per fare stretching, tonificazione, core stability o... riposatevi. Se piove poco e state bene, invece, allenatevi pure. Correre mentre nevica è molto piacevole, limitatevi però a un po' di corsa lenta, giusto per provarne l'ebbrezza. Durante un temporale meglio stare a casa e, se vi coglie di sorpresa durante l'allenamento, cercate di rientrare quanto prima.

Il percorso. Seguite questa regola: il giorno prima e il giorno dopo un allenamento impegnativo, come le prove ripetute o il lunghissimo, correte in pianura. Se vi sentite le gambe pesanti, correte l'ultimo lunghissimo in pianura. Lo stesso vale per gli allenamenti della settimana precedente la gara.

Riservato ai maratoneti: percorso. Cercate di correre almeno 1-2 lunghissimi su un percorso simile a quello su cui si svolgerà la maratona. Se non avete la possibilità di correre periodicamente su saliscendi inserite durante il lunghissimo variazioni di ritmo correndo per una distanza simile o uguale a quella che ritroverete in pianura.

Riservato ai maratoneti: il lunghissimo. Se possibile, organizzatevi per iniziare ogni allenamento superiore ai 20 km all'ora fissata per la partenza della maratona. Avrete così modo di testare l'alimentazione pre-gara.

Lo stretching. Eseguitelo prima e dopo ogni allenamento e gara. Chi mi conosce e segue il mio metodo sa che potrà fare stretching anche a varie ore di distanza dal termine dell'allenamento o il giorno dopo, purché al caldo e con abiti asciutti.

Imparate ad ascoltarvi. Se vi sentite stanchi e non avete voglia di correre, non insistete. 1 o 2 giorni di riposo vi faranno solo bene, è il vostro organismo che ve lo chiede; ricordatevi inoltre che il dolore è un segnale, ignorarlo è sbagliato.

Le ripetute. Attenzione a non correre le prove ripetute più forte del previsto, perché la fatica sarebbe eccessiva e dannosa. Tenete sempre presente la respirazione per regolare il ritmo della vostra corsa. Il tratto veloce della prova va corso con respirazione impegnata tale da consentirvi di respirare con difficoltà, ma non di essere in affanno. Se per tenere il ritmo previsto dovete andare in eccesso di affanno rallentate, esagerare è deleterio. Il recupero fra le varie prove potete eseguirlo correndo lentamente a un ritmo che vi consente di avere una respirazione facile. Il recupero di passo o stando fermi è utile per il mezzofondo veloce, non per il tipo di gare alle quali mi rivolgo in questo capitolo. Oggi con i satellitari è facile avere sempre tutto sotto controllo. Chi vuole potrà correre le ripetute in pista.

Riservato ai maratoneti: le ripetute con recupero ritmo maratona. La parte veloce dovrà essere corsa con un tipo di respirazione meno impegnata rispetto a quella proposta per le gare brevi e le mezze maratone.

I ritmi indicati. In ogni allenamento trovate sempre indicato il ritmo, che potete calcolare ricavando la VR. Prima di ogni programma di allenamento trovate una tabella riassuntiva con il numero di secondi da aggiungere o togliere alla VR. Se vi sentite stanchi e fate fatica a tenere il ritmo indicato rallentate: è un segnale che il vostro organismo vi manda quando ha bisogno di recuperare. Talvolta, per rigenerarvi, può essere importante anche correre lentamente. Può anche succedere il contrario, ovvero di non fare nessuno sforzo correndo al ritmo indicato. In questo caso "lasciate andare le gambe", ma tenete sempre sotto controllo la respirazione. Se sentite le gambe pesanti non esitate a fare 60-90 minuti di bici o cyclette a ritmo blando con rapporti facili oppure un giorno di riposo.

8.2 Programmi di allenamento per la 10 km

Programma con il metodo della respirazione
Lo scopo delle indicazioni riportate nella tabella è quello di arrivare al termine della gara divertendosi e con la voglia di riprovarci. Il ritmo di corsa sarà regolato dalla respirazione, il tempo è indicato in minuti.

Programmi di allenamento

Tabella 8.1 Allenamento per la 10 km con il metodo della respirazione.

	lunedì	martedì	mercoledì	giovedì	venerdì	sabato	domenica
sett 1	riposo	50' CRF	riposo	50' CRF	riposo	riposo	50' CRF + 5' CRLI
sett 2	riposo	55' CRF	riposo	60' CRF	riposo	riposo	55' CRF + 5' CRLI
sett 3	riposo	25' CRF + 5' CRLI	riposo	33' CRF + 2' CRI	riposo	riposo	30' CRF + 10' CRLI
sett 4	riposo	60' CRF	riposo	50' CRF + 5' CRLI + 5' CRI	riposo	riposo	55' CRF + 3' CRLI + 2' CRI
sett 5	riposo	45' CRF + 10' CRLI + 5' CRI	riposo	55' CRF + 5' CRI	riposo	riposo	40' CRF + 20' CRLI
sett 6	riposo	35' CRF + 5' CRI	riposo	9' CRF +1' CRLI (4 volte) *	riposo	riposo	60' CRF o test deL dei 3 km
sett 7	riposo	45' CRF + 15' CRLI	riposo	10' CRF + 2' CRLI (5 volte)	riposo	riposo	70' CRF
sett 8	riposo	45' CRF + 10' CRLI + 5' CRI	riposo	10' CRF + 4' CRLI (4 volte)	riposo	riposo	60' CRF + 10' CRLI
sett 9	riposo	25' CRF + 15' CRLI	riposo	40' CRF	riposo	riposo	60' CRF o test dei 3 km
sett 10	riposo	25' CRF + 5' CRLI (2 volte)	riposo	10' CRF + 3' CRLI + 2' CRI (4 volte)	riposo	riposo	30' CRF +3 0' CRLI
sett 11	riposo	40' CRF + 20' CRLI	riposo	10' CRF + 5' CRLI + 5' CRI (4 volte)	riposo	riposo	60' CRF + 5' CRLI + 5' CRI
sett 12	riposo	15' CRF + 4' CRLI + 1' CRI (2 volte)	riposo	30' CRF	riposo	riposo	gara di 10 km

legenda CRF = corsa con respirazione facile, ossia un ritmo che ti consenta di parlare agevolmente;
CRLI = corsa con respirazione leggermente impegnata, ossia un ritmo che ti consenta ancora di parlare ma con una certa difficoltà;
CRI = corsa con respirazione impegnata, ossia un ritmo che ti consenta di esprimerti solo a monosillabi; km = chilometri; : = ore; ' = minuti.
Ad esempio 9' CRF + 1' CRLI + 9' CRF + 1' CRLI + 9' CRF + 1' CRI

Andiamo a correre

> **Attenzione**: *chi parte da un livello zero, se prima di attuare questo programma non ha fatto alcuna attività fisica deve prima seguire le indicazioni presenti nel capitolo 7.*

Chi ha tempo e voglia può aggiungere un allenamento di 30-40 minuti a CRF in uno dei giorni previsti per il riposo. L'ideale è arrivare a correre alternano i giorni di allenamento con quelli di riposo evitando, almeno in una prima fase, di correre due giorni consecutivi. Chi corre da più tempo può farlo anche 5-6 o 7 giorni alla settimana. Gli allenamenti aggiunti saranno costituiti da 50-60 minuti a CRF, che diventeranno 30-40 minuti nelle settimane di scarico.

Chi non ha tempo di correre 3 volte alla settimana può scendere a 2 inserendo una terza seduta di bici, palestra, nuoto o cammino.

Il programma di allenamento è impostato con 2 settimane di carico e una di scarico.

Programma con il metodo distanza-tempo

La tabella può essere seguita da chi corre già da un po' di tempo o pratica altri sport. È richiesta la determinazione della VR (velocità di riferimento) usando uno dei metodi indicati nel capitolo 4.

Nella tabella 8.2 trovate la differenza in secondi dei vari mezzi di allenamento rispetto alla VR. Per ogni mezzo di allenamento ho considerato due valori in modo da permettervi di trovare il vostro ritmo di corsa facilmente.

Chi vuole fare 3 allenamenti alla settimana invece dei 4 previsti può eliminare l'allenamento del venerdì. Chi vuole fare di più, può inserire 1-2 allenamenti di 8-10 km di lento nei giorni previsti per il riposo.

Tabella 8.2 Tabella andatura per le gare brevi.

200 m	300 m	400 m	500 m	1 km	2 km	3 km
+ 30"/35"	+ 25"/30"	+ 20"/25"	+ 10"/15"	+ 7"/ 6"	+ 5"/ 4"	+ 3"/2"
VR	RG	T.R.	M	P	L	
0	0"	– 5"/10"	– 10"/20"	– 10"/50"	– 40"/50"	

Legenda: VR = velocità di riferimento, RG = ritmo gara, T.R. = tempo run, M = medio, P = progressivo, L = lento, + = più veloce di VR, – = più lento di VR

Tabella 8.3 Allenamento per la 10 km regolato con il metodo distanza-tempo.

	lunedì	martedì	mercoledì	giovedì	venerdì	sabato	domenica
sett 1	8 km L.	riposo	ripetute 10 x 300 M rec. 1'30"	riposo	6 km M	riposo	test di determinazione della VR
sett 2	10 km L.	riposo	ripetute 10 x 400 M rec. 1'30"	riposo	10 km M	riposo	11 km L
sett 3	10 km L.	riposo	ripetute 10 x 500 M rec. 1'30	riposo	5 km L + 3 km M + 1 km TR + 1 km VR	riposo	12 km L
sett 4	8 km L.	riposo	ripetute 3 x 300 M rec. 1'30" rec. 3' 3 x 400 M rec. 1'30" rec. 3' 2 x 500 M rec. 1'30"	riposo	6 km L	riposo	test di determinazione della VR
sett 5	10 km L.	riposo	ripetute 5 x 1 km rec. 3'	riposo	5 km L + 3 km M + 3 km TR	riposo	8 km M + 2 km a VR
sett 6	10 km L.	riposo	ripetute 6 x 1 km rec. 3'	riposo	4 km L + 6 km M	riposo	4 km L + 3 km M + 3 km VR
sett 7	12 km L.	riposo	ripetute 4 x 1 km rec. 3' rec. 3' 4 x 500 rec. 1'30"	riposo	3 km L. + 4 km M + 3 km tr	riposo	3 km L. + 3 M + 3 km VR
sett 8	8 km L.	riposo	ripetute 2 x 1 km rec. 3' 2 x 300 M rec. 1'30" rec. 3' 2 x 400 M rec. 1'30" rec. 3' 1 x 500 M rec. 1'30"	riposo	6 km L.	riposo	test di determinazione della VR
sett 9	12 km L.	riposo	ripetute 5 x 1 km rec. 3' rec. 3' 2 x 500 M rec. 1'30	riposo	7 km L. + 3 km VR	riposo	6 km M + 4 km VR

lunedì	martedì	mercoledì	giovedì	venerdì	sabato	domenica
sett 10	8 km L. + 2 km M.	riposo	ripetute 3 x 2 km rec. 3'	riposo	6 km M + 4 km VR	riposo	3 km L. + 3 km VR. (2 VOLte)
sett 11	7 km L. + 3 km M.	riposo	Ripetute 2 x 2 km rec. 3' rec. 3' 2 x 1 km rec. 3'	riposo	5 km M + 3 km tr + 2 km VR	riposo	3 km L. +1 km M + 1 tr + 5 km VR
sett 12	6 km L.	riposo	ripetute 4x 1 km VR rec. 3'	riposo	6 km L.	riposo	gara 10 km

Legenda: VR = velocità di riferimento, RG = ritmo gara, T.R. = tempo run, M = medio, P = progressivo, L = lento

I podisti che si allenano 7 giorni alla settimana possono inserire o un allenamento su salite brevi, o ripetute di 200-500 metri quando sono previste quelle di 1000 o 2000 metri e viceversa. Consiglio di fare 2 allenamenti di corsa lenta fra i due tipi di ripetute in modo da dar tempo all'organismo di recuperare. Ad esempio: martedì ripetute sui 200, mercoledì e giovedì 12 km lento e venerdì ripetute su 1 km.

Chi vuole fare il bigiornaliero, e quindi correre due volte al giorno, dovrebbe scegliere lo stesso giorno previsto per le ripetute, per il medio o per il progressivo. È consigliabile correre 30-40 minuti al mattino e fare il lavoro di qualità nel pomeriggio. La tabella 8.3 è impostata con 3 settimane di carico e una di scarico, ma potete programmare 2 settimane di carico e una di scarico.

8.3 Programma di allenamento per la mezza maratona

Programma con il metodo della respirazione

Chi ha corso la sua prima 10 km o comunque è in grado di correre 10 km con una certa tranquillità può iniziare la preparazione per una mezza maratona, gara estremamente affascinante perché né troppo lunga, né troppo corta; la preparazione è molto più simile a quella della 10 km che a quella della maratona.

Programmi di allenamento

La tabella con il metodo della respirazione prevede l'allenamento a giorni alterni, soluzione gradita a molti podisti perché hanno la possibilità di dedicare alla famiglia o ad altro il giorno "libero" dall'allenamento. Chi vorrà, nel fine settimana o in un altro giorno previsto per il riposo potrà aggiungere un allenamento di 40-50 minuti a CRF. Il programma è impostato con 3 settimane di carico e una di scarico.

Tabella 8.4 Allenamento per la mezza maratona con il metodo della respirazione.

	lunedì	martedì	mercoledì	giovedì	venerdì	sabato	domenica
sett 1	60' CRF	riposo	55' CRF + 5' CRLI	riposo	40' CRF 10' CRLI	riposo	45' CRF + 10' CRLI + 5' CRI
sett 2	riposo	40' CRF + 20' CRLI	riposo	16' CRF + 4' CRI (3 volte)	riposo	60' CRF	riposo
sett 3	45 CRF + 3' CRLI + 2' CRI	riposo	15' CRF + 5' CRI (4 volte)	riposo	30' CRF + 15' CRLI + 15' CRF	riposo	70' CRF
sett 4	riposo	40' CRF	riposo	30' CRF + 10' CRLI	riposo	15' lenti + 30' CRLI o partecipazione a gara di 10-12 km o test dei 3 km	riposo
sett 5	50' CRF + 10' CRLI	riposo	14' CRF + 6' CRI (3 volte)	riposo	55' CRF + 5' CRLI	riposo	65' CRF + 5' CRLI
sett 6	riposo	45' CRF + 15' CRLI	riposo	13' CRF + 7' CRLI (3 volte)	riposo	75' CRF	riposo
sett 7	55' CRF 3' CRLI 2' CRI	riposo	12' CRF + 8' CRLI (3 volte)	riposo	50' CRF 10' CRLI	riposo	80' CRF

Andiamo a correre

	lunedì	martedì	mercoledì	giovedì	venerdì	sabato	domenica
sett 8	riposo	35' CRF + 5' CRLI	riposo	30 CRF + 3 km CRLI + 2 km CRI	riposo	15' lenti + 30' CRLI o partecipazione a gara di 10-12 km o test dei 3 km	riposo
sett 9	55' CRF + 5' CRLI	riposo	15' CRF + 3' CRLI + 2' CRI (3 volte)	riposo	60' CRF	riposo	80' CRF
sett 10	riposo	45' CRF+5' CRLI + 5' CRI	riposo	10' CRF + 6' CRLI + 4' CRI (3 volte)	riposo	20' CRF + 35' CRLI + 5' CRI	riposo
sett 11	50' CRF + 10' CRLI	riposo	11' CRF + 9' CRLI (3 volte)	riposo	40' CRF 15' CRLI 5' CRI	riposo	1:40' CRF
sett 12	riposo	30' CRF + 10' CRLI	riposo	30' CRF + 5' CRLI + 5' CRI	riposo	15' lenti + 30' CRLI o partecipazione a gara di 10-12 km o test dei 3 km	riposo
sett 13	55' CRF + 5' CRI	riposo	10' CRF + 5' CRLI + 5' CRI (3 volte)	riposo	40' CRF	riposo	1:50'
sett 14	riposo	40' CRF+ 10' CRLI+ 10' CRI	riposo	12' CRF+ 2' CRLI+ 6' CRI + (3 volte)	riposo	45' CRF + 15' CRLI + 15' CRI	riposo
sett 15	50' CRF + 5' CRLI +5' CRI	riposo	10' CRF+ 3' CRLI+ 7' CRI + (3 volte)	riposo	45' CRF + 10' CRLI + 5' CRI	riposo	15' CRF + 40' CRLI + 5' CRI

Programmi di allenamento

lunedì	martedì	mercoledì	giovedì	venerdì	sabato	domenica
sett 16 riposo	20' CRF + 10' CRLI + 10' CRI	riposo	30' CRF	riposo	riposo	gara di mezza maratona

Legenda: CRF = corsa con respirazione facile, ossia un ritmo che ti consenta di parlare agevolmente; CRLI = corsa con respirazione leggermente impegnata, ossia un ritmo che ti consenta ancora di parlare ma con una certa difficoltà; CRI = corsa con respirazione impegnata, ossia un ritmo che ti consente di esprimerti solo a monosillabi; km = chilometri; : = ore; ' = minuti.

Programma con il metodo distanza-tempo

Anche per la mezza è prevista la determinazione della VR e vale quanto affermato a proposito della tabella per 10 km. Uso la stessa tabella anche per determinare i ritmi di allenamento, ma con alcune variazioni:
a) Ho ampliato e reso più lenti i ritmi delle prove ripetute di 1000-2000-3000 metri per evitare che qualcuno vada troppo forte e raggiunga un livello di affaticamento non adatto a questo tipo di gara.
b) Ho tolto come mezzo di allenamento il tempo run perché corrisponde al ritmo da tenere nelle gare di mezza maratona.
c) Ho reso il medio meno veloce per aumentare la quantità di km.

Tabella 8.5 Tabella andatura per la mezza maratona.

200 m	300 m	400 m	500 m	1 km	2 km
+30"/35"	+25"/30"	+20"/25"	+10"/15"	+5"/ 4"	+3"/2"
3km	VR	RME	M	P	L
+ 1"/0"	0	- 5"/10"	- 15"/25"	- 50"/VR	- 40"/50"

Legenda: VR = velocità di riferimento, RG = ritmo gara, M = medio, P = progressivo, L = lento; + = più veloce di VR; – = più lento di VR

Anche per la mezza maratona quindi:
a) Chi vuol fare 3 allenamenti alla settimana invece dei 4 previsti può togliere quello del venerdì.
b) Chi vuol fare di più può inserire 1-2 allenamenti di corsa lenta nei giorni previsti per il riposo.

Tabella 8.6 Allenamento per la mezza maratona regolato con il metodo distanza-tempo.

	lunedì	martedì	mercoledì	giovedì	venerdì	sabato	domenica
sett 1	6 km L	riposo	8 km L	riposo	6 km P	riposo	test di determinazione della VR
sett 2	12 km L	riposo	ripetute 12 x 400 M rec. 1'30"	riposo	9 km P	riposo	14 km L
sett 3	10 km L + 2 km M	riposo	ripetute 10 x 500 M rec. 1'30"	riposo	12 km L	riposo	8 km M
sett 4	8 km L	riposo	ripetute 4 x 1 km rec. 3'	riposo	6 km L	riposo	12 km P
sett 5	12 km L	riposo	ripetute 6 x 1 km rec 3'	riposo	10 km M	riposo	16 km L
sett 6	12 km L	riposo	ripetute 3 x 2 km rec. 3'	riposo	8 km M + 2 km ritmo VR	riposo	12 L + 4 km M
sett 7	12 km L	riposo	ripetute 7 x 1 km rec. 3'	riposo	7 km L + 3 km ritmo VR	riposo	10 km L + 4 km M + 2 km RME
sett 8	8 km L	riposo	ripetute 6 x 500 M rec. 1'30" rec. 3' 10 x 200 M rec. 1'30"	riposo	5 km L + 1 km medio	riposo	test di determinazione della VR
sett 9	14 km L	riposo	ripetute 8 x 1 km rec. 3'	riposo	12 km P	riposo	18 km L
sett 10	10 km L	riposo	ripetute 3 x 2 km rec. 3' rec. 3' 2 x 1 km rec. 3'	riposo	12 km M	riposo	3x 3 km RME
sett 11	14 km L	riposo	ripetute 4 x 2 km rec. 3'	riposo	6 km L + 6 km P	riposo	6 km M rec. 3' 2 x 4 km RME rec. 3'

Programmi di allenamento

	lunedì	martedì	mercoledì	giovedì	venerdì	sabato	domenica
sett. 12	8 km L	riposo	ripetute 3x 500 M rec. 1'30" rec. 3' 3 x 400 M rec. 1'30" rec. 3' 3 x 300 M rec. 1'30" rec. 3' 1 x 1 km"	riposo	6 km L	riposo	test di determinazione della VR
sett. 13	12 km L	riposo	ripetute 1 x 2 km rec 3' 6 x 1 km rec. 3'	riposo	12 km P	riposo	12 km L + 3 km M + 3 km RME
sett. 14	10 km L	riposo	ripetute 1 x 3 km rec. 3' 2 x 2 km rec. 3' rec. 3' 2 x 500 M rec. 1'30"	riposo	12 km P	riposo	2 x 5 km RME rec 3'
sett. 15	14 km L	riposo	ripetute 3 x 3000 rec. 3'	riposo	6 km L + 6 km RME	riposo	8 km L + 4 km M + 4 km RME
sett. 16	8 km L	riposo	ripetute 4 x 1 km RG rec. 3'	riposo	6 km L	riposo	gara mezza maratona

Legenda: VR = velocità di riferimento, RME = ritmo mezza maratona, M = medio, P = progressivo, L = lento

c) I podisti che si allenano 7 giorni alla settimana possono inserire un allenamento su salite brevi o ripetute di 200-500 metri quando sono previste quelle di 1000 o 2000 metri e viceversa. Consiglio di fare 2 allenamenti di corsa lenta fra i due tipi di ripetute in modo da dar tempo all'organismo di recuperare. Ad esempio: martedì ripetute sui 200 metri, mercoledì e giovedì 12 km lento e venerdì ripetute su 1 km.

Chi vuol fare il bigiornaliero, ovvero correre 2 volte al giorno, dovrebbe scegliere lo stesso giorno previsto per le ripetute, per il medio o per il progressivo. È consigliabile correre 30-40 minuti al mattino e fare il lavoro di qualità nel pomeriggio.

La tabella 8.6 è impostata con 3 settimane di carico e una di scarico, ma potete programmare 2 settimane di carico e una di scarico.

8.4 Programma di allenamento per la maratona

Programma di allenamento con il metodo della respirazione

La maratona è senza dubbio la gara più affascinante fra le gare podistiche. Anche questa volta vi presento 2 diverse proposte per affrontare in modo relativamente agevole e divertente questa gara. Questo programma prevede allenamenti a giorni alterni, proprio per permettere un sereno equilibrio nel rapporto fra allenamento e gestione della vita quotidiana. L'organizzazione di questo programma di allenamento prevede 3 settimane di carico e una di scarico.

Tabella 8.7 Allenamento per la maratona con il metodo della respirazione.

	lunedì	martedì	mercoledì	giovedì	venerdì	sabato	domenica
1 sett	60' CRF	riposo	55' CRF + 5' CRLI	riposo	30' CRF	riposo	70' CRF
2 sett	riposo	50' CRF + 20' CRLI	riposo	16' CRF + 4' CRI (3 volte)	riposo	1:45' CRF	riposo
3 sett	65 CRF + 3' CRLI + 2' CRI	riposo	15' CRF + 5' CRI (3 vote)	riposo	15' CRF + 45' CRLI + 15' CRF	riposo	75' CRF
4 sett	riposo	40' CRF	riposo	30' CRF 10' CRLI	riposo	2:00' CRF	riposo
5 sett	60' CRF + 10' CRLI	riposo	14' CRF + 6' CRI (3 volte)	riposo	75' CRF	riposo	10' CRF + 50' CRLI
6 sett	riposo	60' CRF + 10' CRLI	riposo	13' CRF 7' CRLI (3 volte)	riposo	2:15' CRF	riposo
7 sett	75 CRF	riposo	65' CRF + 5' CRI	riposo	70' CRF	riposo	10' CRF + 60' CRLI
8 sett	riposo	35' CRF + 5' CRLI	riposo	40' CRF	riposo	2:30' CRF	riposo
9 sett	60' CRF + 10' CRLI	riposo	25' CRF + 3' CRLI + 2' CRI (2 volte)	riposo	60' CRF + 5' CRLI + 5' CRI	riposo	20' CRF + 60' CRLI
10 sett	riposo	70' CRF	riposo	12 CRF + 8' CRI (3 volte)	riposo	2:45'	riposo

Programmi di allenamento

	lunedì	martedì	mercoledì	giovedì	venerdì	sabato	domenica
11 sett	60' CRF + 10' CRLI	riposo	11' CRF + 9' CRLI (3 voLte)	riposo	75' CRF	riposo	30' CRF + 70' CRLI
12 sett	riposo	40' CRF	riposo	30' CRF + 5' CRI	riposo	3:00'	riposo
13 sett	60' CRF + 10' CRLI	riposo	15' CRF + 5' CRI (3 voLte)	riposo	75' CRF	riposo	30' CRF + 70 CRLI
14 sett	riposo	60' CRF	riposo	14' CRF + 6' CRI (3 voLte)	riposo	90 CRF + 30' CRLI	riposo
15 sett	55' CRF + 5' CRI	riposo	25' CRF + 5' CRI (2 voLte)	riposo	60' CRF	riposo	30' CRF + 30' CRLI
16 sett	riposo	40' CRF	riposo	20' CRF 10' CRLI	riposo	riposo	**gara maratona**

Legenda: CRF = corsa con respirazione facile, ossia un ritmo che ti consenta di parlare agevolmente; CRLI = corsa con respirazione leggermente impegnata, ossia un ritmo che ti consenta ancora di parlare ma con una certa difficoltà; CRI = corsa con respirazione impegnata, ossia un ritmo che ti consenta di esprimerti solo a monosillabi; KM = chilometri; : = ore; ' = minuti.

Programma di allenamento con il metodo distanza-tempo

La maratona è una distanza diversa, anche sul piano fisiologico, rispetto alla mezza maratona e alla 10 km, quindi chi vuole allenarsi in modo preciso e avere sempre sotto controllo l'andatura deve pensare di correre a ritmi diversi da quelli della mezza. Nella tabella 8.7 compaiono due sigle nuove: RME e RMA che significano rispettivamente ritmo mezza maratona e ritmo maratona. La sigla RMA indica anche il recupero a ritmo maratona eseguito fra le prove ripetute corse a ritmo della mezza maratona.

Tabella 8.8 Tabella andatura per la maratona.

1km	VR	2km	3 km	RME	RMA	M	P.	L	D.A.	LG	LP
+ 3"/2"	0	-1"/+1"	-2"/3"	-5"/10"	-30"/55"	-15"/25"	-50 /VR	-40"/ 50"	VR a +30/55; D.A. = day after	-30"/ 55"	- 60" di VR / RMA

Andiamo a correre

Legenda: VR = velocità di riferimento; RME = ritmo gara mezza; RMA = ritmo gara maratona; M = medio, P = progressivo; L = lento; LL = lunghissimo; LLP = lunghissimo progressivo ; + = più veloce di VR; - = più lento di VR

Tabella 8.9 Allenamento per la maratona regolato con il metodo della distanza-tempo.

	lunedì	martedì	mercoledì	giovedì	venerdì	sabato	domenica
1 sett	7 km L	riposo	ripetute 4 x 1 km rec. 3'	riposo	6 km L	riposo	gara di mezza maratona o test determinazione delle velocità di riferimento
2 sett	12 km L	riposo	ripetute 5 x 1 km RME rec. 1 km RMA	riposo	10 km L + 2 km M	riposo	LG 24 km
3 sett	10 km D.A.	riposo	Ripetute 6 x 1 km RME rec. 1 km RMA	riposo	10 km L	riposo	12 km P
4 sett	**7 km L**	**riposo**	**ripetute 2 x 2 km rec. 3'**	**riposo**	**6 km L**	**riposo**	**LG 28 km**
5 sett	10 km L D.A.	riposo	Ripetute 7 x 1 km RME rec. 1 km R ma	riposo	12 km P	riposo	14 km M.
6 sett	12 km L	riposo	ripetute 3 x 2 km RME rec. 1 km RMA	riposo	4 km L + 8 km M	riposo	LG P. 30 km
7 sett	8 km D.A.	riposo	ripetute 5 x 1 km rec 3'	riposo	6 km Lento + 1 km RMA	riposo	21 km RMA
8 sett	12 km L	riposo	ripetute 4 x 2 km RME rec. 1 km RMA	riposo	12 km L	riposo	LG P. 34 km

Programmi di allenamento

	lunedì	martedì	mercoledì	giovedì	venerdì	sabato	domenica
9 sett	10 km D.A.	riposo	Ripetute 3x 3 km RME rec. 1 km RMA	riposo	3 km L + 3 km M + 3 km L + 3 km M	riposo	16 km RMA
10 sett	3 km L + 1 km M + 3 km L + 1 km M	riposo	Ripetute 2 x 2 km rec. 3' 1 x 1 km	riposo	6 km L	riposo	Gara di mezza maratona o test determinazione della VR
11 sett	12 km L	riposo	ripetute 5 x 2 km RME rec. 1 km RMA	riposo	10 km L	riposo	24 km L + 12-14 km RMA
12 sett	10 km D.A.	riposo	12 km L	riposo	ripetute 2 x 4 km RME rec. 1 x 4 km RMA	riposo	16 km L
13 sett	6 km L + 1 km M	riposo	Ripetute 1 x 3 km rec. 3' 1 x 2 km rec. 3'	riposo	6 km L	riposo	24 km RMA
14 sett	10 km L + 2 km M	riposo	ripetute 2 x 5 km RME rec. 1 x 2 km RMA	riposo	8 km L + 4 km M	riposo	18 km RMA + 3 km RME
15 sett	12 km L	riposo	ripetute 2 x 3 km RME rec. 3 km RMA	riposo	12 km P	riposo	14 km RMA
16 sett	8 km L	riposo	4 km L + 2 km RMA	riposo	6 km L	riposo	**gara maratona**

Legenda: VR = velocità di riferimento, RME = ritmo gara mezza, RMA = ritmo gara maratona; M = medio; P = progressivo; L = lento; LG = lunghissimo; LP = lunghissimo progressivo; D.A. = day after

Andiamo a correre

I podisti che si allenano 7 giorni alla settimana possono inserire un allenamento di 10-12 km da correre a ritmo maratona o un progressivo o un medio oltre a 2 allenamenti a ritmo lento. Consiglio di fare 2 allenamenti di corsa lenta fra gli allenamenti a ritmo medio, progressivo e ritmo maratona e le ripetute in modo da dar tempo all'organismo di recuperare. Ad esempio: martedì ripetute, mercoledì e giovedì 12 km lento, venerdì medio, progressivo o ritmo maratona.

Chi vuol fare il bigiornaliero, ovvero correre 2 volte al giorno, dovrebbe scegliere lo stesso giorno previsto per il lento, il medio o il progressivo. È consigliabile correre 50-60 minuti di CRF senza controllare il ritmo al mattino per poi fare il lavoro di qualità nel pomeriggio.

Chi vuol correre solo 3 volte alla settimana può astenersi il lunedì.

La tabella 8.9 è impostata con 3 settimane di carico e una di scarico, ma potete programmare 2 settimane di carico e una di scarico.

8.5 Corriamo mezz'ora

Fino a ora abbiamo visto una serie di esempi di programmi di allenamento strutturati e organizzati per raggiungere un obiettivo. Potrà però capitare di avere poco tempo a disposizione per correre, o poca voglia. Ecco qui di seguito 10 semplici indicazioni per ottimizzare mezz'ora di allenamento.

Tabella 8.10 10 modi diversi per correre 30 minuti.

n. 1	n. 2	n. 3	n. 4	n. 5	n. 6	n. 7	n. 8	n. 9	n. 10
20' CRF + 10' CRLI	30' CRF sali-scendi	20' CRF+ 8' CRLI + 2' CRI	10' CRF + 5' CRLI +10' CRF + 5'CRLI	15' CRF + 15' CRLI	9' CRF + 1' CRI + 9' CRF + 1' CRI + 9' CRF + 1' CRI	10' CRF 20' CRLI	10' CRF + 3' CRLI + 2' CRI + 10' CRF + 3' CRLI + 2' CRI	15' CRF + 30" e.i. rec, 1' CRF	10' CRF + 1' CRLI + 4' CRI + 10' CRF + 1' CRLI + 4' CRI

Legenda: CRF = corsa con respirazione facile, ossia un ritmo che ti consenta di parlare agevolmente; CRLI = corsa con respirazione leggermente impegnata, ossia un ritmo che ti consenta ancora di parlare ma con una certa difficoltà; CRI = corsa con respirazione impegnata, ossia un ritmo che ti consente di esprimerti solo a monosillabi; km = chilometri; : = ore; ' = minuti; rec.= recupero; e.i. = esercizi di impulso.

Conclusione

Correre vari tipi di distanza, utilizzare i vari mezzi di allenamento spaziando da uno all'altro con un criterio logico è un'esperienza tutta da vivere, apprezzabile solo provando. Iniziate con gradualità, corrette le varie distanze, il running diventerà il vostro divertimento preferito.

Capitolo 9

MANGIARE E BERE PER CORRERE

Correre in modo efficace e divertente dipende anche da un corretto modo di mangiare e bere. In questo capitolo vi darò alcune indicazioni su come mangiare, bere e usare gli integratori. Da quattro anni faccio parte del consiglio direttivo della SINSEB, (Società Italiana Nutrizione Sport e Benessere), associazione culturale che ha come scopo la diffusione della corretta informazione in ambito dell'alimentazione dello sport e del benessere. Presidente di questo gruppo è il dott. Fabrizio Angelini, endocrinologo di fama nazionale, collaboratore della Juventus F.C., esperto in nutrizione dello sport.

Da quando ho iniziato a fare il consulente per l'allenamento dei podisti mi sono sempre occupato anche di alimentazione e il contatto costante con grandi professionisti della nutrizione dello sport mi ha permesso un notevole arricchimento culturale basato anche sul confronto delle mie esperienze. Non essendo un medico, troverete dei consigli di carattere generale, basati su fondamenti culturali che non hanno la pretesa di voler essere dei veri e propri "must". Il lavoro svolto in sinergia con molti esperti, in particolare con i dottori Angelini e Gatteschi, mi ha permesso di risolvere numerosi problemi con i podisti e le podiste. Come afferma spesso il dott. Angelini: «Siamo proprio una bella squadra».

9.1 Cosa significa nutrirsi

Soprattutto negli ultimi anni sto osservando un maggior numero di podisti molto preoccupati di cosa dover mangiare e bere prima e durante le gare. L'alimentazione è di fondamentale importanza, ma non può fare miracoli.

Solo un giusto rapporto nella gestione dell'allenamento e dell'alimentazione permette di stare bene e di correre più forte possibile, sempre in relazione alle caratteristiche individuali. I runner hanno spesso un'idea sbagliata del concetto di nutrizione, perché lo collegano al messaggio derivante dalla parola "dieta", che deriva dal greco "daita" e significa: "regime di vita" e non di privazione. Il podista, quindi, è a dieta non perché mangia poco e si priva di determinati alimenti, ma perché tende a organizzare la sua vita in modo salutare ricercando il giusto equilibrio fra organizzazione della vita sociale, allenamento fisico e allenamento mentale. L'alimentazione fornisce l'energia e il sostentamento per la ricerca di questo equilibrio. Paradossalmente sembra che fare attività fisica, nel nostro caso correre, sia un fatto eccezionale, quasi ai limiti delle possibilità umane. Invece è tutto il contrario, noi siamo nati per correre, per muoverci, per spostarci da un luogo a un altro con le gambe e non con ruote, nastri trasportatori e ascensori.

Troppo spesso ci dimentichiamo che siamo quello che mangiamo: la nostra vita, e di conseguenza anche la nostra attività fisica, è guidata dagli effetti degli alimenti. Il podista deve prima di tutto imparare a mangiare e poi a mangiare per correre. La nutrizione deve essere: varia, moderata e completa di tutti i nutrienti necessari.

Varia: perché non esiste un alimento che da solo possa soddisfare le esigenze dell'organismo.

Moderata: perché spesso si ha difficoltà a individuare la giusta quantità di alimenti da assumere e quindi si eccede nella quantità, a scapito della qualità.

Completa: perché la presenza di alimenti diversi, in proporzioni adeguate, rende ogni pasto più gustoso e i nutrienti più facilmente assimilabili.

Ecco quindi gli alimenti messi in ordine di importanza
1) **Acqua**: è di vitale importanza;
2) **Ortaggi e frutta**: oltre a essere ricchi di fibre, vitamine, minerali e antiossidanti, contengono anche carboidrati;
3) **Cereali, loro derivati, patate**: ricchi di carboidrati, proteine e vitamine;
4) **Carni, pesci, uova e legumi**: ricchi di proteine, grassi, antiossidanti e vitamine;
5) **Latte e derivati**: ricchi di proteine, minerali (soprattutto calcio) e vitamine;

6) **Oli:** ricchi di grassi. L'olio d'oliva, di semi di mais e di girasole sono ricchi anche di antiossidanti.

L'acqua, essendo priva di calorie, non è considerata un nutrimento, ma lo è eccome! Senza ossigeno e senza acqua non può esserci la vita.

Fondamentali sono frutta e verdura, alimenti dei quali è richiesta costante presenza nell'alimentazione. Non potranno nemmeno mancare i cereali. Giusta importanza, ma non eccessiva, dovrà essere data alla carne, soprattutto bianca, e al pesce, considerando che anche i legumi (piselli, ceci, lenticchie, fagioli) sono ricchi di proteine. Il latte e i suoi derivati li ho sistemati al quinto posto perché sono alimenti da non assumere in eccesso. Gli oli, soprattutto quello di oliva, sono invece molto importanti ai fini dell'equilibrio alimentare, ma andranno assunti senza esagerazioni, dato l'elevato valore calorico.

9.2 *I nutrienti*

Sono i prodotti derivati dalla digestione degli alimenti e si dividono in macronutrienti e micronutrienti.

Il primo nutriente che prenderò in considerazione sarà l'acqua, poi vedremo macronutrienti e micronutrieti.

L'acqua

Siamo composti per il 65-70% di acqua; gli obesi, anche se sembrerebbe il contrario, per il 45%, le donne 50-55%, i bambini 80%, gli anziani circa 50%.

Noi assumiamo acqua bevendo e mangiando. Il fabbisogno giornaliero è di circa 2,5 litri e può raggiungere valori molto più elevati in condizioni particolari. Bere troppa acqua può creare il fenomeno spiacevole dell'iponatremia, quindi è necessario abituarsi a "mangiare" l'acqua oltre che a berla, assumendola attraverso il consumo di frutta e ortaggi. Il 60% dell'acqua viene ingerita attraverso le bevande, il 30% dagli alimenti, il 10% dalle reazioni metaboliche che avvengono all'interno dell'organismo (→ J.H Willmore-D.L.Costill, 2005).

Una perdita d'acqua del 9-12% può essere letale, quindi dovremo fare attenzione a essere sempre idratati. L'acqua serve a eliminare tutti i cataboliti dell'organismo, lo ripulisce dalle impurità. Un sistema molto semplice e pratico è quello di guardare il colore delle urine: più è scuro maggiore è la mancanza di acqua, viceversa quanto più è trasparente, tanto più l'organismo è idratato. Nelle etichette delle acque che beviamo normalmente troviamo dati che è giusto prendere in considerazione per capire che cosa stiamo bevendo. Il residuo fisso (r.f.) indica il contenuto in sali minerali dopo l'evaporazione a 180 °C. Avremo: acque minimamente mineralizzate = r.f. < di 50 (mgxl); acque oligominerali = r.f. < 500 (mgxl); acque minerali = r.f. fra 500 e 1000 (mgxl); acque ricche di minerali = r.f. > 1500 (mgxl).

Chi pratica il running troverà nell'acqua oligominerale la sua acqua ideale, che in estate, se l'allenamento è intenso e prolungato, potrà essere sostituita con quella minerale. Sulle etichette bisogna anche controllare la quantità di sodio, calcio e ferro proprio perché sono minerali importantissimi il primo per la regolazione della pressione arteriosa e per il trattenimento dell'acqua, il secondo per la consistenza delle ossa e il terzo per il trasporto dell'ossigeno ai muscoli.

Nell'etichetta dobbiamo controllare inoltre il livello dei nitrati: sono sostanze inquinanti e devono avere un valore inferiore a 34 mg/l e a 10 mg/l per i bambini.

L'acqua si definisce naturale se viene imbottigliata come sgorga dalla sorgente. Acqua liscia è quella senza bollicine, la gassata è addizionata con anidride carbonica, la effervescente naturale sgorga così direttamente dalla sorgente. Non c'è nessuna controindicazione a bere l'acqua gassata o effervescente, che ha un gusto più gradevole e dà maggiore senso di sazietà.

Una buona riserva di acqua da usare durante allenamenti e gare per i runner è davvero molto utile: volendo fare un esempio scherzoso il podista deve comportarsi come i cammelli: bere e crearsi la riserva, quindi evitando di perdere i liquidi assunti attraverso le bevande o l'alimentazione. È da limitare o evitare l'uso di bevande che contengono caffeina e alcool perché hanno effetto diuretico.

Con il passare degli anni diminuisce la sensazione di sete (→ F. Batmanghedj, 2009) e aumenta quindi la possibilità di restare a "secco": buona abitudine sarà, per tutti ma soprattutto per i non più giovanissimi, quella di tenere a portata di mano una bottiglietta d'acqua e assumerla a piccoli sorsi. Spesso i maratoneti credono di idratarsi bevendo molta acqua il giorno prima o pochi giorni prima della gara: questo sistema, però, può stimolare la diuresi facendo uscire dall'organismo troppi liquidi e determinando quindi un effetto contrario a quello richiesto. L'idratazione deve essere costante bevendo a piccoli sorsi numerose volte durante la giornata e, scusate se insisto, mangiando molta frutta e verdura.

I carboidrati
Forniscono 4 kcal/g. Sono detti anche zuccheri, rappresentano il carburante principale del nostro organismo e donano pronta energia ai muscoli. Le fonti principali di carboidrati sono: cereali, pasta e pane, patate, frutta, legumi, prodotti di pasticceria, gelati, marmellate, miele, verdure. La loro struttura chimica è costituita da carbonio, idrogeno e ossigeno, legati fra loro in strutture semplici o complesse. Svolgono funzioni vitali per l'organismo: forniscono energia durante l'esercizio di elevata intensità; regolano il metabolismo dei grassi e delle proteine; sono l'unica fonte di energia del sistema nervoso.

Vengono suddivisi in monosaccaridi, disaccaridi o polisaccaridi: è una distinzione ormai superata, ma rende bene l'idea della loro formazione. I monosaccaridi costituiscono la forma più semplice di carboidrati. Appartengono a questo gruppo: il fruttosio, il glucosio, il galattosio. I disaccaridi sono invece composti da due monosaccaridi. Appartengono a questo gruppo: il saccarosio (lo zucchero comune composto da glucosio e fruttosio) e il lattosio (composto da glucosio e da galattosio). I polisaccaridi vengono denominati carboidrati complessi e comprendono amidi e fibre. Un polisaccaride di importanza fondamentale per tutti, ma in particolare per chi pratica il nostro sport, è il glicogeno che funziona come vero e proprio carboidrato di riserva depositandosi nei muscoli e nel fegato.

Il muscolo può contenere da 350 g a 500 g di glicogeno che corrisponde a una disponibilità di 1400-2000 kcal di energia; nel fegato la quantità di glicogeno è di 90-150 g corrispondente a 360-600 kcal (→ M. Neri, A.B. Bargossi, A. Paoli, 2011). Avere a disposizione una scorta di glicogeno permette di non avere rischi di perdita di energia; inoltre, visto che ogni grammo di glicogeno trattiene 2,6-3 g di acqua, significa anche non andare incontro al rischio di disidratazione.

Oggi la distinzione fra i tipi di carboidrati viene fatta in base all'indice glicemico che corrisponde all'aumento della glicemia in seguito all'assunzione di un certo alimento.

Ogni alimento, non solo i carboidrati, ha un suo indice glicemico che è influenzato dalla cottura (le carote cotte, ad esempio, hanno un indice glicemico più alto di quelle crude, il riso soffiato ha un indice più basso rispetto a quello bollito), dalla presenza di grassi e proteine (perché rallentando la digestione, rallentano l'assorbimento dei carboidrati), dalla presenza di fibre idrosolubili (perché rallentano l'assorbimento di fibre a livello intestinale rendendo costante la glicemia).

Un alimento ha un indice glicemico molto basso quando il suo valore è inferiore a 40, basso quando è inferiore o uguale a 55, medio fra 55 e 69, alto superiore a 70. L'uso di carboidrati a basso indice glicemico favorisce il consumo dei grassi, particolare molto importante nella nutrizione per la corsa di endurance. Qui di seguito sono indicati i valori dell'indice glicemico dei principali alimenti.

Esempi di indice glicemico riferito al glucosio

Alimento	Valore	Alimento	Valore
Broccoli, finocchi, insalata, spinaci, zucchine, ecc.	15	Succo d'arancia	54
Soia	18	Banana	56
Yogurt bianco	19	Pasta	57
Fruttosio	23	Biscotti da tè	58
Ciliegie	23	Patate bollite	59
Orzo perlato	23	Riso bianco	60
Legumi	30	Gelato	63
Albicocca	32	Biscotti di pasta frolla	66
Latte scremato	34	Zucchero	67
Pera	38	Gnocchi	69
Mela	39	Pane bianco di frumento	73
Ravioli	41	Miele	76
Pesca	44	Patate fritte	78
Arancia	46	Wafer alla vaniglia	80
Uva	48	Patate al forno	88
Piselli	49	Glucosio	100
Cioccolato	51		

Il carico glicemico è un indicatore quantitativo che si ottiene moltiplicando l'indice glicemico per la quantità di carboidrati presenti nell'alimento e dividendo poi per 100. Il valore ideale dovrebbe essere di 30 (→ Arcelli, 2010). In questo modo si definisce la quantità e non solo la qualità dell'alimento e di conseguenza dei carboidrati da assumere in un pasto. Il carico glicemico prende in considerazione la densità di carboidrati di un alimento. Ecco alcuni esempi di calcolo di carico glicemico:

Pasta: indice glicemico = 57
Quantità di carbodrati in 100 g = 80 g
Cg = 57 x 80 / 100 = 46,5 ovvero oltre 30

Broccoli: indice glicemico = 15
Quantità di carbodrati in 100 = 9 g
Cg = 15 x 9 /100 = 1,35

Mela: indice glicemico = 39
Quantità di carbodrati in 120 = 12g
Cg = 39 x 12 /100 = 4,68

Le proteine

Forniscono 4 kcal/g. Il fabbisogno giornaliero è 0,9-1 per kg nell'uomo e 0,8 nelle donne. In coloro che praticano sport di endurance il fabbisogno sale fino a 1,6. Sono i mattoni del nostro organismo, per questo motivo hanno particolare importanza per l'accrescimento e per il rinnovo dei tessuti. Se assunte in eccesso non vengono "conservate", ma sono utilizzate per produrre energia. Si trovano principalmente in carni, pesce, uova, latte, formaggi, cereali, legumi. Sono costituite da carbonio, idrogeno, ossigeno e azoto.

Sono costruite da aminoacidi che a loro volta sono considerati nutrizionalmente non essenziali o nutrizionalmente essenziali (→ M.E. Houston, 2008). Appartengono al gruppo degli aminoacidi nutrizionalmente non essenziali: alanina, asparagina, aspartato, glutammato, cisteina, glutammina, glicina, prolina, serina e tirosina.

Questi aminoacidi possono essere sintetizzati dal fegato e quindi non è necessario che vengano assunti mangiando cibi che contengono proteine. I reni possono sintetizzare qualche aminoacido.

Sono invece considerati nutrizionalmente essenziali: istidina (solo nei bambini), leucina, isoleucina, lisina, metionina, fenilalanina, treonina, triptofano, valina.

Aminoacidi particolari ma estremamente utili per l'attività sportiva in generale, e anche per l'endurance perché vengono metabolizzati nei muscoli, sono gli aminoacidi a catena ramificata, i BCAA: leucina, iso-leucina, valina.

Nella tabella 9.1 è indicato il contenuto in BCAA (aminoacidi a catena ramificata) in alcuni dei principali alimenti.

Tabella 9.1 Contenuto di aminoacidi a catena ramificata in alcuni comuni alimenti (Berlitz, *Food Chemistry*, 2001)

	Leucina (mg)	Iso-Leucina (mg)	Valina (mg)
Carni (100g)			
Cavallo	1.520	910	960
Bovino e Vitello	1.566	933	1.018
Maiale	1.741	1.139	1.218
Petto di Pollo	1.955	1.153	1.384
Salumi e Affettati (100 g)			
Bresaola	2.651	1.608	1.687
Prosciutto Cotto	1.695	976	1.186
Prosciutto Crudo	2.234	1.392	1.416
Salame Nostrano	2.433	1.289	1.423
Formaggi e Uova (100 g)			
Grana	2.820	1.390	1.910
Mozzarella Vaccina	1.400	480	630
Taleggio	1.690	955	1.187
Uovo Intero	1.041	657	823

Questa tabella mette in chiara evidenza il ruolo che rivestono, in particolare, la bresaola e il parmigiano ai fini della ricostruzione muscolare a causa dell'alto valore di BCAA.

I grassi
Forniscono 9 kcal/g. Sono strutturati come i carboidrati con atomi di carbonio, idrogeno e ossigeno. Fonte e riserva di energia, contribuiscono alla costruzione delle membrane cellulari. Gli acidi grassi polinsaturi contenuti nei pesci di acqua dolce e nei vegetali hanno un alto contenuto di grassi omega 3. Si possono trovare in pesce azzurro, salmone, merluzzo, oli vegetali di arachidi, mais e girasole crudi. I grassi saturi assunti in eccesso possono essere dannosi per la salute e derivano da carni, uova, latte e formaggi, olio di palma e di cocco, quindi è bene farne poco uso. Attenzione ai grassi cotti perché possono generare sostanze tossiche.

9.3 I micronutrienti

Vitamine
Sono dei catalizzatori delle reazioni chimiche necessarie per l'utilizzazione degli alimenti, per la liberazione dell'energia, per la costruzione dei tessuti e per la regolazione del metabolismo. Possono essere liposolubili o idrosolubili.

Vitamine liposolubili. Assorbite nel tratto digerente, si legano ai grassi e sono: a, d, e, k. L'organismo le immagazzina, pertanto assumendole in eccesso attraverso medicinali e integratori si rischia l'intossicazione.

Vitamine idrosolubili. Assorbite insieme all'acqua nel tratto digerente. Un eventuale eccesso viene smaltito attraverso le urine, quindi risulterebbe meno dannoso. Sono: c, b1, b2, b3, b5, b6, b12, acido folico. È inutile ingerire tanti macroelementi, dal momento che è impossibile assorbirli.

Minerali. Sono presenti nel sangue, nei tessuti, negli organi e nei liquidi corporei e partecipano a numerosi processi enzimatici e metabolici. I minerali agiscono come "architravi" per migliaia di enzimi e di composti chimici, contribuendo a regolare l'attività di tutti i tessuti. Rappresentano il 4% del peso corporeo.

Frutta e verdura sono le principali fonti di vitamine e di sali minerali, svolgono un indiscutibile effetto positivo sulla salute e quindi permettono anche di correre meglio e più forte. Ultimamente si parla sempre di più di composti fitochimici, molecole che permettono alle piante di difendersi dalle infezioni causate dagli insetti e da altri microrganismi. Le piante, non potendosi muovere per proteggersi dai batteri e dai funghi, producono i composti fitochimici che danno loro colore e odore. Sono agenti fitochimici i flavonodi, i carotenoidi e tantissimi altri che non vi elenco consigliandovi però la lettura del testo di R. Beliveau-D. Gingras, riportato in bibliografia (in apparenza non ha nessuna attinenza con la pratica del podismo, ma ne ha con l'idea portante di questi libro: "correre per stare bene"). A mio parere ogni giorno andrebbero consumati 3 frutti e 2 porzioni di verdura.

9.4 Gli antiossidanti

Sono sostanze che neutralizzano i radicali liberi, riducendone così gli effetti negativi. Tra queste, vitamina C, vitamina E, acidi grassi, polinsaturi, omega 3, carotenoidi, flavonoidi, aminoacidi essenziali, arginina, coenzima q10, oligoalimenti, zinco, rame, manganese, selenio, cacao e il resveratrolo presente nel vino rosso.

9.5 I radicali liberi

La maggior parte dell'ossigeno utilizzato per le prestazioni aerobiche serve all'organismo per produrre energia e acqua. Una piccola parte però, costituita dai radicali liberi, può uscire dalla catena di trasporto degli elettroni favorendo lo sviluppo di danni a vari livelli, come microtraumi muscolari e tendinei, danni organici e affaticamento. Ultimamente è stato ridimensionato il rapporto fra attività fisica di endurance e produzione di radicali liberi: è stato visto che la vita sedentaria è più dannosa rispetto a una sana e regolare pratica del podismo (→ M.E. Houston, 2008). Mangiando bene si riducono comunque i loro effetti dannosi.

9.6 La fibra

La frutta e la verdura, oltre che apportare vitamine, minerali, antiossidanti e agenti fitochimici hanno in comune la fibra, che ha effetti di tipo funzionale e metabolico importanti per regolare il transito intestinale e rallentare l'assorbimento degli zuccheri. Quest'ultima funzione permette l'abbassamento dell'indice glicemico dei carboidrati riducendo le oscillazioni eccessive di glicemia nelle 24 ore, favorendo così anche il controllo dell'appetito. Le fibre non si trovano solo in frutta, verdura e legumi, ma anche nei cereali integrali.

9.7 Mangiare per correre

L'utilizzo dei carboidrati per le gare di endurance ultimamente è stato messo un po' in discussione. Riconosco la grande importanza che proteine e grassi rivestono al fine della corretta alimentazione, ma secondo la mia esperienza i nutrienti principali per il running restano i carboidrati, e più esattamente i carboidrati complessi. Iniziamo nell'esaminare i due grafici della figura 9.2a e 9.2b, che indicano in modo molto esplicito come si abbassano le riserve di glicogeno durante la maratona. Interessante notare che fino a 90 minuti di corsa, nonostante il glicogeno cali sensibilmente, lo sforzo sia percepito come moderato. La percezione dello sforzo si fa elevata solo quando il glicogeno si è fortemente abbassato.

Prima dell'allenamento o della gara. Non voglio né impaurirvi né estremizzare gli effetti della fatica, questi grafici servono solo per farvi capire l'importanza, per chi si dedica alla corsa di endurance, di avere a disposizione i carboidrati. Durante l'allenamento o la gara i segnali di fatica più o meno forti sono indicatori dell'abbassamento nell'organismo delle scorte di glicogeno, la forma in cui i carboidrati si depositano nel fegato e nei reni. Il primo obiettivo è dunque quello di affrontare l'allenamento con una sufficiente scorta di carboidrati nei muscoli, ma attenzione, sto parlando di scorte sufficienti, non eccessive, quindi non devono passare molte ore fra l'inizio dell'allenamento e l'ultima volta che avete assunto carboidrati.

In alcuni podisti sono stati ottenuti buoni risultati consigliando di

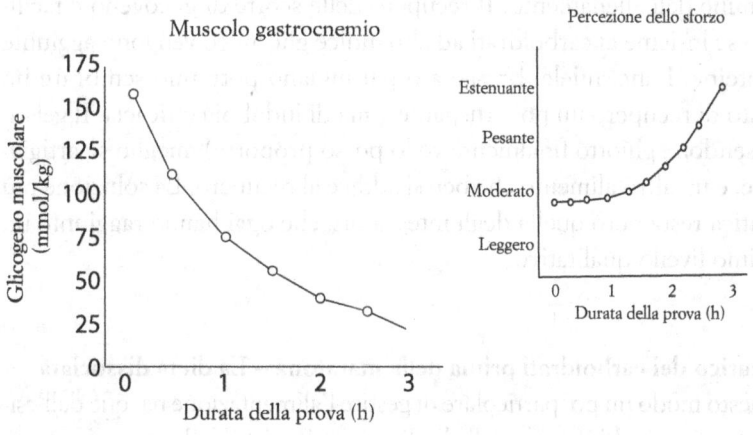

Fig. 9.2a Abbassamento del glicogeno nel grastricnemio durante 3 ore di corsa su nastro trasportatore al 80% del vo2 max.

Fig. 9.2b Percezione dello sforzo durante la prova (→ J.H.Willmore-D.L Costill, *Fisiologia dell'esercizio fisico e dello sport*, Calzetti e Mariucci Editori, Perugia 2005).

mangiare, insieme ai carboidrati, cibi proteici come ad esempio grana, bresaola o altro. La tendenza di questi ultimi anni è di eseguire allenamenti a digiuno, con l'intento di abituare i muscoli a bruciare una miscela sempre più ricca di grassi mantenendo le riserve di glicogeno per il finale della gara. Sono parzialmente d'accordo su questa modalità: se l'allenamento ha una durata fino a 60-75 minuti, il consumo di carboidrati non può essere eccessivo, quindi va bene. Oltre questo periodo di tempo, però, non ritengo opportuno sottoporre soprattutto gli amatori a uno stress eccessivo. Si può ottenere lo stesso effetto con una opportuna scelta e modulazione degli allenamenti. Io non propongo mai di fare i lunghissimi per l'allenamento della maratona a digiuno, ma li uso per collaudare la colazione pre-gara.

Durante l'allenamento o la gara. Allenamenti o gare che durano fino a 120 minuti, secondo la mia esperienza, non necessitano dell'assunzione di carboidrati. Quindi soltanto durante il lunghissimo in preparazione alla maratona è necessario assumere integratori o frutta secca. Sulla quantità e sulla qualità dei carboidrati ci soffermeremo parlando di integratori.

Dopo l'allenamento o la gara. L'assunzione di carboidrati ad alto indice glicemico è molto importante entro i 30 minuti che seguono il termine dell'allenamento. Il recupero delle scorte di glicogeno è facilitato se insieme ai carboidrati ad alto indice glicemico vengono aggiunte proteine. Pane, miele, bresaola o parmigiano potranno sembrare un pasto di recupero un po' "ruspante", ma di indubbia efficacia. Il gelato (essendone ghiotto finalmente ve lo posso proporre), meglio se artigianale, è un altro alimento che ben si addice al recupero. La soluzione più pratica resta però quella degli integratori, che oggi hanno raggiunto un ottimo livello qualitativo.

Il carico dei carboidrati prima della maratona – La dieta dissociata

Questo modo un po' particolare di gestire l'alimentazione nacque dall'esigenza di arricchire i muscoli di glicogeno in vista della partecipazione a un impegno agonistico prolungato come la maratona. Furono Saltin e Hermansen, nel lontano 1967, a studiare la dieta ipo-iperglucidica, oggi definita "dieta dissociata". Fino alla fine degli anni Ottanta ho fatto adottare questo regime alimentare agli atleti che seguivo, per poi abbandonarlo perché ho visto che gli aspetti negativi erano superiori a quelli positivi. La dieta ipo-iperglucidica dura 6 giorni: durante i primi tre giorni bisogna mangiare solo cibi che contengono proteine o grassi e si praticano allenamenti piuttosto intensi. Come è facile intuire, questi tre giorni erano durissimi per gli atleti sia fisicamente sia psicologicamente perché l'allenamento non era supportato dai carboidrati. Dal quarto giorno iniziava la fase di ricarico dei carboidrati, senza pensare se fossero a basso o ad alto indice glicemico, classificazione della quale non conoscevo l'esistenza.

Abbandonai questo tipo di alimentazione prima di tutto perché era molto difficile da sopportare sul piano mentale, oltre che fisico, e poi perché spesso gli atleti accusavano dissenteria il giorno o la notte prima della gara. Inoltre molti atleti mangiando solo carboidrati senza o con pochissimi grassi e senza proteine arrivavano alla partenza "gonfi" e soprattutto nei primi chilometri avevano sensazioni tutt'altro che positive.

Nel 1990 nel libro *La maratona per gente come noi* parlavo di "nuova dieta dissociata", che consiste nel non mangiare carboidrati i quattro giorni prima della gara per poi mangiarne di più durante i tre giorni che la precedono, senza però abbandonare le proteine e i grassi. Con questo sistema avevo notato una notevole diminuzione dei problemi avuti con la dieta dissociata.

Oggi tendo a non consigliare più di fare lo scarico dei carboidrati, ma semplicemente a farne aumentare l'assunzione senza mai abbandonare l'apporto proteico e di grassi. Il carico di carboidrati è infatti dato dalla diminuzione dell'intensità e della durata dell'allenamento. Il sistema dà ottimi risultati. Così come avviene per l'allenamento, i consigli sull'alimentazione richiedono una profonda conoscenza del soggetto e non possono essere generalizzati. In ogni caso, pochi giorni prima della gara è meglio non improvvisare.

Il carico dei carboidrati prima delle brevi o delle mezze. Durante la settimana di scarico, diminuire la quantità e l'intensità dell'allenamento è sufficiente per costruire la scorte di glicogeno. Ad alcuni podisti uno o due giorni prima della mezza e delle brevi consiglio di fare il "carico".

Il carico di carboidrati 2012. Ho messo la data perché in questo periodo per carico di carboidrati intendo molto semplicemente l'aumento dell'apporto di pasta e pane a pranzo a cena, mangiandone entrambe le volte una porzione leggermente superiore al normale. Non parlo mai di quantità perché ogni volta che leggo qualcosa in merito non mi trovo mai in accordo, quindi preferisco usare l'empirismo che scaturisce dall'esperienza e dalla conoscenza del soggetto. A chi presenta particolari problemi di sensibilità intestinale non consiglio di mangiare pane, pasta o riso integrali. Altro accorgimento è quello di ridurre al minimo i carboidrati ad alto indice glicemico (miele, marmellata, zucchero) aumentando invece, ma non in modo esagerato, la quantità di frutta da assumere lontano dai pasti.

In pratica
Ora vi darò diversi esempi su come poter impostare l'alimentazione in diverse situazioni. Premetto che quanto sto per scrivere non è un programma alimentare, ma solo un'indicazione generale.

La colazione pre-gara fino alla mezza o allenamenti che durano fino a 90-120 minuti
Vi proporrò due diversi tipi di colazione, che dovrebbe essere fatta due ore prima.

1) Carboidrati a basso indice glicemico + piccole dosi di carboidrati ad alto indice glicemico (ad esempio due fette di pane integrale con un velo di miele o marmellata);

2) Carboidrati a basso indice glicemico + componente proteica (ad esempio due fette di pane integrale con la bresaola).

Colazione pre-maratona
La quantità di pane potrà essere aumentata fino a quattro fette. Non parlo di peso degli alimenti perché non deve essere rigido, ma a sensazione vostra. Se riuscirete a farla due ore prima della partenza dovrete solo bere un po' di acqua a piccoli sorsi, ma calcolando i tempi in modo da poter fare la pipì prima della partenza.

Se invece vi trovate a dover fare colazione 3-4 ore prima, come succede a chi partecipa alla maratona di New York, allora dovrete attrezzarvi per mangiare ancora qualcosa 60-90 minuti prima della partenza. Come seconda colazione potrete optare per una ulteriore fetta di pane con miele o marmellata o bresaola o parmigiano o una barretta di soli carboidrati. La scelta dipende dalle vostre abitudini. Chi si allena a digiuno, prima di partire dovrebbe bere un paio di bicchieri di acqua per sanare la disidratazione notturna invece di bere il caffè che contribuisce a facilitare la disidratazione: state tranquilli, appena inizierete a correre vi sveglierete! Come bevande per la colazione consiglio il tè normale o il tè verde. Chi non ha problemi a bere il cappuccino, il latte o il caffè continui pure.

Il pranzo pre-gara/pre-allenamento
Se dovete gareggiare o allenarvi entro tre ore dall'orario previsto per il pranzo, fate una seconda colazione alla quale aggiungere uno o due frutti.

Se invece la gara o l'allenamento è previsto nel tardo pomeriggio, meglio consumare un pranzo normale a base di pasta o riso e un secondo proteico come pesce, carne bianca o legumi. A metà pomeriggio prevedete uno spuntino, o addirittura due se il tempo fra la fine del pranzo e l'inizio della gara è molto lungo. L'abitudine degli spuntini è utile anche se non dovete allenarvi o gareggiare. Se per esempio la gara è prevista per le 20 e avete finito il pranzo alle 14, verso le 16 potrete mangiare uno-due frutti, pane, una fetta biscottata o una barretta di soli carboidrati o con proteine e ripetere lo sputino verso le 18-19. Il secondo spuntino sarebbe meglio fosse a base di soli carboidrati, ma dipende dalle vostre abitudini.

Chi si allena all'ora di pranzo
È sbagliato fare colazione e poi allenarsi senza avere mangiato nulla. Il glicogeno viene consumato anche lavorando, quindi è consigliabile, durante la mattina, fare uno o due spuntini fra la colazione e l'inizio dell'allenamento. Dopo l'allenamento, un bel piatto di pasta vi farà sentire benissimo, ma poi in ufficio vi verrà una gran voglia di dormire. Quindi, specialmente se nel pomeriggio dovete lavorare, evitate di fare allenamenti troppo pesanti e scegliete alimenti che abbiano una componente proteica piuttosto importante. L'insalatona mista con tonno e/o bresaola, e/o parmigiano e/o altre soluzioni di cibi proteici con un po' di pane, meglio se integrale, è la scelta ideale.

Il pranzo e la cena quando non è previsto allenamento
Dipende molto dai vostri obiettivi e dal vostro stato di salute; mi limito, volutamente, a darvi indicazioni molto generali invitando a consultare uno specialista della nutrizione per essere seguiti in modo personalizzato.

Il primo consiglio è quello di iniziare ogni pasto mangiando verdura, meglio se cruda a pranzo e cotta a cena, ma va bene anche il contrario. È preferibile mangiare un primo con prevalente contenuto di carboidrati, come la pasta o il riso, a pranzo e non a cena. Per la cena sono indicate le zuppe o le minestre di verdura, ma chi ha problemi di sovrappeso dovrebbe sempre consumare porzioni ridotte. Il secondo piatto, con prevalente contenuto proteico, sarà a base di pesce o carne bianca o legumi e più saltuariamente di carne di manzo. Fra i pesci da preferire, il pesce azzurro e tutti i pesci di acqua fredda. I condimenti non dovranno essere elaborati: meglio se a base di verdura e olio extravergine di oliva. Ritengo un'ottima abitudine aggiungere il parmigiano alla pasta. Soprattutto per il pranzo, come ho già detto, consiglio l'insalatona.

Chi è particolarmente predisposto alla dissenteria dovrà evitare di mangiare cibi integrali e frutta, in particolare con la buccia, la sera prima della gara e durante la colazione per-gara.

9.8 Dimagrire

Avere grasso in eccesso non serve né ai fini del miglioramento della prestazione, né per il benessere generale. La combinazione fra allenamento e controllo del regime alimentare permette di ottenere risultati molto buoni. La pratica regolare della corsa mirata alla stimolazione dell'EPOC (Excess Post Exercise Oxigen Consuption) che si ottiene con allenamenti che prevedono variazioni di ritmo, permette di creare quelle condizioni per cui l'organismo continua a bruciare i grassi anche nelle ore successive all'allenamento. Se all'EPOC è associato un regime alimentare che prevede una diminuzione dell'assunzione di carboidrati, in particolare quelli ad alto indice glicemico, e un aumento dei cibi che contengono proteine, i risultati sono sicuramente potenziati. L'integrazione alimentare con leucina, uno degli aminoacidi a catena ramificata, favorisce il dimagrimento lasciando intatta la massa muscolare (→ E. Arcelli, 2011).

Correre a digiuno contribuisce a aumentare il consumo di grassi, ma come ho detto prima la durata, per evitare il consumo eccessivo di proteine muscolari, non dovrebbe superare i 60 minuti.

Attenzione a non esagerare con il dimagrimento: l'obiettivo è quello di trovare l'equilibrio, quindi meglio avere un chilo di grasso in più e magari le maniglie dell'amore piuttosto che trovarsi al limite dell'anoressia. La corsa deve servire a migliorare la qualità della vita e non a procurarvi fissazioni che possono sconfinare in malattie anche molto pericolose.

I metodi per vedere se il grasso è in eccesso. Il più preciso e anche il più attendibile è la DEXA (densitometria assiale a raggi x), un macchinario molto ingombrante che dà risultati indiscutibili su massa grassa e massa magra.

La plicometria si basa sulla misura di 6 pliche, 4 circonferenze, 4 diametri, peso e altezza. I dati vengono inseriti in un programma che li elabora e fornisce i valori di massa grassa e massa magra. L'esattezza della misura dipende molto dalla manualità dell'operatore.

L'impedenziometria, attraverso la determinazione dei valori bioelettrici della resistenza e della reattanza, permette di ricavare l'idratazione del podista, misurando l'acqua intracellulare, l'acqua extracellulare e il valore di massa cellulare, parametro che indica la parte metabolicamente attiva, tutti valori di estrema importanza per la valutazione del podista. Sistema molto semplice è la valutazione del valore del BMI (body max index) che si ottiene dividendo il peso per il quadrato dell'altezza in metri. Un valore superiore a 25 è un indice di sovrappeso. I valori del BMI possono essere falsati in soggetti con molta massa magra come i body builder.

9.9 Bere per correre

L'importanza di una buona idratazione è indicata nei dati qui sotto riportati, concessi gentilmente dal dott. Luca Gatteschi.
Sono qui indicati gli effetti relativi alla perdita di liquidi:
- \> 2-5% peso corporeo = comparsa sintomatologia soggettiva minore (difficoltà concentrazione, crampi).
- \> 5% peso corporeo = comparsa sintomatologia soggettiva maggiore (disturbi neurologici, fascicolazioni).
- \> 10% peso corporeo = rischio per la vita.

Una perdita dei liquidi dell'1% comporta un aumento significativo della temperatura corporea. Una perdita dell'1-2% può influire negativamente sulla prestazione. Per ogni litro di sudore perduto, a parità di carico si ha un aumento della frequenza cardiaca pari a 8 battiti al minuto, come evidenziato nella fig. 9.3.

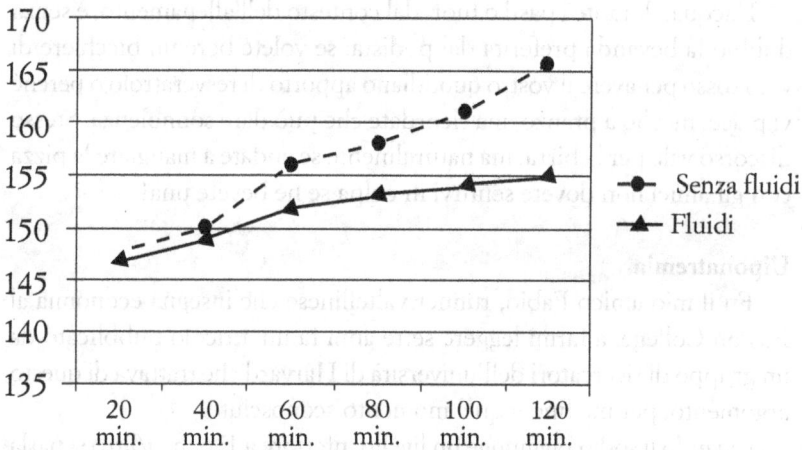

Fig. 9.3 Aumento della FC in relazione all'idratazione.

Un altro metodo per monitorare i liquidi all'interno del nostro organismo è l'osservazione della lingua. Quando è pallida e secca significa che l'organismo richiede acqua, come ci insegna la cultura cinese (→ C. Moiraghi, 2004).

Ultimamente sono emerse due scuole di pensiero sul modo di reintegrare i liquidi:

1) Secondo alcuni la disidratazione (deficit > 2%) compromette in maniera consistente la prestazione aerobica e la sete non rappresenta un indicatore sufficiente, l'atleta deve essere incoraggiato a bere indipendentemente dallo stimolo.

2) Altri invece sostengono che il meccanismo della sete agisce in anticipo per regolare la prestazione in coloro che bevono meno di quanto necessario.

Secondo la mia esperienza le due ipotesi possono essere entrambe valide e dipendono dalle caratteristiche individuali.

Durante le gare brevi, se non è molto caldo consiglio, se possibile, di non bere; nella mezza maratona consiglio di bere almeno a metà gara. In ogni caso, la tempistica dell'idratazione deve essere provata in allenamento perché è molto soggettiva. Alcuni runner bevono quando hanno sete, altri a ogni rifornimento, altri ancora a rifornimenti alterni.

L'acqua, durante i pasti o fuori dal contesto dell'allenamento, è senza dubbio la bevanda preferita dal podista: se volete bere un bicchiere di vino rosso per avere il vostro quotidiano apporto di resveratrolo o perché vi piace, meglio a pranzo, ma ricordate che può dare sonnolenza. Stesso discorso vale per la birra, ma naturalmente se andate a mangiare la pizza con gli amici non dovete sentirvi in colpa se ne bevete una!

L'iponatremia

Fu il mio amico Fabio, runner valtellinese che insegna economia al Boston College, a farmi leggere sette anni fa un articolo pubblicato da un gruppo di ricercatori dell'università di Harvard che trattava di questo argomento, per me fino a quel momento sconosciuto.

Quando il sodio raggiunge un livello inferiore a 136 meq/litro si parla proprio di "iponetremia". Infatti troppa acqua ingerita stimola la diuresi, la dissenteria e provoca una maggiore produzione di sudore, ovvero si creano i presupposti perché si abbassino i livelli di sodio. Il dott. Luca Gatteschi, durante un convegno tenutosi in occasione dell'Ultramaratona Pistoia-Abetone nel giugno del 2008, affermò che i sintomi della iponatremia possono essere: emicrania, crampi, nausea, allucinazioni, confusione mentale, edema polmonare. Quindi il crampo può venire anche a chi beve troppo, oltre che a chi beve poco; quando un podista si sente "suonato" la causa può essere anche dovuta al poco sodio che è in circolo.

Le cause che possono generare iponatremia sono: correre quando è molto caldo o in ambienti chiusi; correre con abiti troppo pesanti; assumere diuretici (farmaci abbastanza comuni in chi soffre ad esempio di ipertensione); svolgere attività fisica senza allenamento; bere acqua troppo povera di sodio soprattutto in estate quando la sudorazione è maggiore.

Per prevenire l'iponatremia è necessario: bere acqua con un discreto contenuto di sodio ed evitare quella che ne è povera; ai rifornimenti alternare acqua a integratori; evitare di correre troppo vestiti e in orari troppo caldi; bere acqua a piccoli sorsi e soprattutto non berne troppa; anche in gara, mangiare dei pezzi di frutta; soprattutto nei periodi di allenamento intenso cercare di non mangiare senza sale, a meno che non vi siano problemi di ipertensione; evitare, prima delle gare, di bere troppa acqua.

In sintesi: bere sì, ma non solo acqua e senza esagerare.

9.10 Gli integratori alimentari

Gli integratori non devono essere considerati la "pasticca" magica che fa andare più forte. Questa idea, nel mondo dello sport e in quello del podismo amatoriale in particolare, non deve proprio esistere perché può far pensare al doping. Tutto quello che viene assunto deve servire a star bene. In questo capitolo ho insistito molto sulla ricerca di un'alimentazione senza eccessi, molto sobria, mirata al miglioramento dello stato di salute generale e, solo in un secondo momento, al miglioramento della prestazione.

Gli integratori alimentari, a mio avviso, devono essere assunti come un normale alimento e non come un super-alimento, da cui ci si aspetta superprestazioni; oggi sono talmente diffusi che sarebbe impossibile ignorarne l'esistenza, sarebbe come continuare a usare la carrozza trainata dai cavalli invece dell'automobile. In sintesi, per me gli integratori alimentari sono un supporto e non una sostituzione della normale alimentazione.

Le bevande. Negli anni Settanta e Ottanta ai podisti che seguivo facevo bere una soluzione di acqua, in inverno leggermente riscaldata, con due cucchiaini di zucchero, mezzo di sale da cucina e qualche goccia di limone. Non era certo da leccarsi i baffi, ma funzionava. Oggi gli sport drink in genere contengono: sali minerali, sodio, magnesio, potassio e, in alcuni casi, anche maltodesdrine e fruttosio, vitamine C e del gruppo B. Altre ancora hanno la caffeina. Bisogna fare attenzione che la percentuale di zuccheri sia inferiore al 6% per scongiurare problemi di dissenteria. Per non correre rischi durante le gare basta diluire l'integratore con l'acqua.

Per avere indicazioni precise sulla composizione degli sport drink e sugli altri integratori che illustrerò qui di seguito vi consiglio di consultare i siti delle varie ditte di integratori.

Le maltodestrine sono polimeri del glucosio e consentono di mantenere elevati livelli di glicemia durante la corsa, sono in grado di elevare il tempo di esaurimento negli sforzi prolungati, possono consentire un risparmio di glicogeno muscolare, hanno un elevato indice glicemico dopo lo sforzo e favoriscono un più rapido ripristino delle riserve di glicogeno muscolare rispetto ad altri carboidrati. Le faccio prendere durante e dopo la maratona, durante i lunghissimi.

Il fruttosio contenuto in frutta, miele, cipolle e cicoria ha una elevata velocità di svuotamento, un graduale assorbimento intestinale e di conseguenza un moderato utilizzo nel tempo; permette un maggior utilizzo dei grassi circolanti oltre a un possibile risparmio di glicogeno, che contribuisce alla risintesi nel fegato.

In commercio è possibile trovare prodotti molto interessanti che contengono, oltre alle maltodesdrine e al fruttosio, anche glucosio e altri zuccheri che sono indicati per il pre-gara e per la gara, in particolare la maratona. Alcuni di questi prodotti contengono aminoacidi a catena ramificata e caffeina. Sono concorde nell'uso degli integratori a base di vari tipi di carboidrati sia in forma liquida sia di gel, mentre non lo sono per quelli che contengono i BCAA. Gli integratori con caffeina possono essere utili nel finale di gara, ma avendo questa sostanza la caratteristica di non far sentire la fatica, ne sconsiglio l'uso a chi non è più giovanissimo o sa di non essere in perfetto stato di salute.

Le barrette. Ce ne sono di tutti i tipi e del loro uso ne ho già parlato nel paragrafo precedente. In commercio si possono trovare con basso, medio o alto contenuto di proteine o con BCAA, dipende dal momento della giornata in cui devono essere prese, in relazione alla gara o all'allenamento. Ottime come spuntini, sono entrate a far parte della mia alimentazione di metà mattina o metà pomeriggio. Sono ideali per la seconda colazione prima della maratona.

Integratori da recupero. Contengono BCAA, carboidrati, sali minerali e, alcuni di essi, anche glutammina, arginina e altre sostanze. Sono un sistema pratico per recuperare dopo la corsa. Il consiglio è comunque di consultare un medico o un nutrizionista per il tipo più adatto alle vostre caratteristiche.

Integratori di BCAA. Utili soprattutto per il recupero e per i tempi di assunzione, per i dosaggi consiglio anche in questo caso di rivolgersi a un medico o a un nutrizionista.

I grassi omega3. Ultimamente a questo tipo di grassi sono stati riconosciuti una serie di pregi, eccone alcuni: abbassano l'I.G. dei cibi, favoriscono il ricambio fra membrana cellulare e cute, migliorano la lubrificazione dei tendini, migliorano la concentrazione, sono antinfiammatori, favoriscono il recupero dell'allenamento. Prima di assumerli fatevi consigliare marca e dosaggio da un medico o da un nutrizionista.

Conclusioni

L'alimentazione per le gare di endurance deve essere considerata una forma di educazione alimentare utile per la vita di tutti i giorni. Ci saranno poi momenti particolari in cui sarà necessario sbilanciarla in una direzione senza però esagerare e lasciarsi prendere dalle mode del momento. La frutta e la verdura insieme all'acqua dovranno avere un ruolo predominante nel regime alimentare, che dovrà sempre essere rivolto al raggiungimento dell'equilibrio psico-fisico. Sarà fondamentale idratare sempre l'organismo mangiando e bevendo in modo appropriato. I cibi integrali e quelli delle coltivazioni biologiche saranno sempre da preferire.

Capitolo 10

ALLENAMENTO MENTALE

Imparare a usare le grandissime potenzialità psicologiche nascoste dentro di noi serve a far vivere ogni giorno con più serenità, in modo più efficace e divertente (che è poi lo scopo anche di questo libro). Il mio interesse per la psicologia, e per la psicologia dello sport in particolare, risale all'inizio degli anni Settanta quando, non essendo stato ammesso a frequentare l'ISEF a causa di un errore nel salto in alto, mi iscrissi alla facoltà di pedagogia con indirizzo psicologico. Esperienza molto interessante, che mi fece subito appassionare a questa materia. Poi durante gli anni di frequenza all'ISEF mi dedicai maggiormente a indagare gli aspetti dell'allenamento e dell'alimentazione, senza mai distaccarmi completamente dal mondo della psicologia dello sport. Dal 2006 al 2007 ho frequentato un master in psicologia dello sport organizzato dalla dott.ssa Marisa Muzio, approfondendo così gli argomenti che si collegano al ruolo della mente nella pratica del running. La collaborazione con la mia compagna di master, dott.ssa Claudia Carminati, la letteratura, l'esperienza sul campo e i colloqui con due fra i più grandi esperti in psicologia dello sport italiani, il dott. Alberto Cei e il dott. Pietro Trabucchi, mi hanno permesso di capire quanto sia importante per il podista capire le potenzialità della mente per migliorare la qualità di vita. Nei paragrafi seguenti svilupperò l'argomento seguendo le linee guida apprese durante il master, arricchita da 42 anni di frequenza del mondo del running.

Inizieremo ad analizzare alcuni aspetti motivazionali per poi vedere come, attraverso l'uso appropriato di goal setting, pensiero positivo, self talk, imagery e rilassamento si raggiunge lo stato di flow. Nella parte finale vedremo le strategie per superare lo stop da infortuni. Descriverò anche

Allenamento mentale

alcuni semplici esercizi per gestire al meglio la partecipazione alle gare con particolare riferimento alla maratona.

10.1 La motivazione

Fino a qualche anno fa, quando dovevo tenere una lezione sull'allenamento, iniziavo parlando dell'importanza della motivazione nella pratica del running. Qui inizierò indicandovi il numero dei podisti che il 6 novembre 2011 hanno portato a termine la maratona di New York: 46.795 persone, di cui 29.867 uomini e 16.978 donne. Cosa troveranno di tanto divertente nel correre?

La produzione di endorfine che avviene durante la corsa prolungata crea quella che non è solo una sensazione, ma è pura realtà: il benessere psicofisico. Ecco la motivazione principale. Tutto qui. Oltre a questa, che ritengo essere la motivazione principale, possono essercene altre, per la maggior parte intrinseche: il podista corre prevalentemente per suo piacere e generalmente non è interessato a dimostrare agli altri che è bravo.

Iniziamo con l'individuare alcune motivazioni intrinseche: fini estetici, per piacersi e piacere. Stare in compagnia: può sembrare un paradosso, ma molti podisti corrono per frequentare il gruppo podistico. Conoscere il mondo: le persone che accompagno alle maratone ne approfittano anche per visitare città o ambienti particolari, come il deserto. Accontentare coniugi o fidanzati: è una motivazione spesso un po' rischiosa perchè se cessa il rapporto, spesso, si abbandona anche il mondo del running. Conoscere una possibile futura fidanzata o fidanzato. Prevenire malattie metaboliche. Tenere lontana o superare la depressione. Conoscere meglio se stessi e sentirsi in contatto con i propri pensieri. Per il gusto della competizione; per dimagrire, sentirsi liberi, meditare, gestire i momenti di rabbia, dormire meglio, migliorare la vita sessuale, superare i complessi di inferiorità e avere più fiducia nelle proprie possibilità.

Le motivazioni estrinseche possono invece essere: dimostrare che si è attivi; dimostrare all'allenatore che i risultati ottenuti sono anche merito suo; dimostrare alla famiglia che nonostante sia stata un po' trascurata è stato ottenuto un risultato gratificante.

In questi anni ho visto che, all'inizio, in particolare le persone giovani sono poco motivate a correre a causa di quella che chiamo, scherzando, "la sindrome di Filippide", un povero uomo che non fece una bella fine dopo aver corso per 250 km da Sparta ad Atene per annunciare una bella notizia. La corsa non è una drammatica fatica, come dimostrano i 46,795 podisti e podiste di New York di cui parlavamo prima. La maggior parte di loro, durante gli ultimi chilometri e subito dopo l'arrivo, ha quasi certamente pensato: «Ma chi me lo fa fare! Basta, la maratona non la correrò mai più». Il giorno dopo quasi tutti loro avranno già cambiato idea e programmato la maratona successiva.

Una volta iniziato a correre la motivazione si fa sempre più forte ed è molto difficile smettere. Nasce una forma di salutare dipendenza dalla produzione di endorfine, oppiacei endogeni che stimolano a continuare a correre. Il non controllo delle proprie sensazioni può portare all'overtraining, quindi correre va bene, ma non esagerate, dovete sempre avere il controllo di voi stessi. L'abbandono del running può essere causato da un calo di motivazione dovuto a infortuni, mancanza di feeling con gli altri runner, problemi di lavoro, di famiglia, ma anche alla mancanza di divertimento.

Essere fortemente motivati insegna a migliorare i propri risultati, a superare i momenti difficili che si manifestano con la fatica fisica e mentale. Tutto però deve rimanere entro i limiti della salvaguardia del proprio stato di salute. Dover raggiungere obiettivi sempre più ambiziosi può creare una forma di stress negativo che, se dovesse andare a sommarsi a stress in ambito lavorativo o familiare, potrebbe portare all'abbandono della pratica del running creando uno stato di frustrazione e di malessere.

10.2 Goal setting

Porsi degli obiettivi chiari, impegnativi e raggiungibili è sicuramente la base per ottenere i risultati desiderati. Ogni tanto qualcuno mi chiede di voler arrivare a un traguardo che capisco subito essere impossibile per lui. Un classico è: voglio correre la maratona in meno di tre ore. Il lavoro di impostazione del goal setting inizia proprio al primo contatto con il runner cercando di capire se il desiderio è sensato o è pura fantasia.

Il colloquio è seguito da una serie di valutazioni e solo dopo si passa a individuare gli obiettivi che devono essere:

1) **Specifici**. Il runner deve essere sicuro di quello che vuole ottenere dall'allenamento per la corsa, ad esempio: dimagrire o andare forte nelle brevi, nelle mezze o nelle maratone.
2) **Orientati all'azione**. La programmazione dell'allenamento è diversa se ad esempio il runner vuol correre forte in una delle tre diverse specialità del podismo esaminate in questo libro. Possono essere corse le mezze maratone come test per correre la maratona o potrà essere richiesto al podista di perdere una certa quantità di chili per poter essere in grado di correre senza avere problemi a tendini e muscoli.
3) **Valutabili**. I risultati dovranno essere verificabili attraverso test e colloqui con l'allenatore per poter decidere se variare o meno la programmazione dell'allenamento.
4) **Realistici**. Il runner non deve raccontarsi bugie, immaginando di poter raggiungere obiettivi che sa essere irraggiungibili. Il tecnico deve essere schietto e onesto nel proporre traguardi che effettivamente potranno essere raggiunti. L'esperienza mi ha insegnato che è meglio essere leggermente pessimista piuttosto che eccessivamente ottimista. Illudere un podista che potrà perdere 20 kg di grasso sapendo benissimo che non ce la farà mai non significa motivare, ma solo creare frustrazione e malessere.
5) **Timely**. Il raggiungimento degli obiettivi deve avere una progressiva scansione temporale. Si corre prima una 10 km, poi una 21,097 km poi una 42,195 km. Chiaramente è utile procedere dal facile al difficile e non il contrario!
6) **Strategici**. Per raggiungere degli obiettivi deve essere organizzata una strategia. Se voglio fare il primato personale nella maratona non potrò fare i primi 21 km al ritmo del mio primato personale sulla mezza, ma dovrò partire più lentamente per avere energie sufficienti a ottenere il risultato desiderato.

10.3 Il pensiero positivo

Pensare positivo è imparare a vivere in modo positivo tutto ciò che succede, lavorare per essere sempre pronti ad affrontare ogni difficoltà dell'allenamento o della gara. Sono messaggi che dobbiamo dare a noi stessi, quindi una volta che è stato organizzato un adeguato goal setting la mente deve sempre essere positiva. Il primo passo è non pensare più a frasi negative, che inquinano la mente di un runner. Ecco un po' di esempi: non mollare, non farti superare; oggi non potrò fare il primato personale; oggi correrò male; se... pioverà, finirò l'energia; non mi sono allenato bene; se non otterrò il personale deluderò il mio allenatore; non riuscirò a battere il mio avversario; non potrò correre forte con questo caldo; non riuscirò a non avere il muro del 30 km; se arriverò troppo stanco gli altri mi giudicheranno molto male.

Questi sono alcuni dei messaggi scoraggianti che un runner può dare a se stesso. Noi però siamo gente "tosta" e non abbiamo nessuna voglia di farci abbattere da cattivi pensieri, quindi ecco di seguito un po' di pensieri positivi: devo correre rilassato; oggi darò il meglio di me; visualizzo la gara e individuo i punti dove attaccherò i miei avversari; le condizioni climatiche non mi fanno paura, il tempo brutto mi esalta; mi sento in forma; farò una grande gara e il mio allenatore sarà fiero di me; il mio avversario mi dovrà temere perchè lo batterò; il caldo dà più noia agli altri che a me, mi sono allenato a sopportarlo; sono ben allenato, il muro dei 30 km non arriverà. Ma se anche arrivasse lo supererò; arriverò al traguardo in ottime condizioni fisiche e dopo potrò andare a divertirmi con i miei amici.

Pensare positivo significa anche associare alcuni segmenti corporei a sensazioni piacevoli:

1) Spalle – scioltezza
2) Gambe – leggerezza
3) Piedi – elasticità
4) Braccia – scioltezza
5) Mani – libertà
6) Faccia – morbidezza

Il runner in questo modo acquisirà un modo di pensare positivo che gli sarà molto utile per affrontare la vita.

10.4 Il self-talk

Oltre ad avere pensieri positivi è necessario imparare a dialogare con noi stessi alla ricerca del benessere psicofisico. La relazione tra self talk e pensiero positivo è quindi strettissima. Imparare a parlare a se stessi significa voler cambiare, crescere, correre più forte, ottenere gli stessi risultati con minor fatica. Ripensare ai risultati positivi, alle emozioni, è già un primo modo per instaurare con se stessi un colloquio positivo.

Facciamo un esempio paragonando due tipi di gare: una andata male e una andata bene. È giusto pensare una volta alla gara andata male per analizzare gli errori, poi però deve essere cancellata, messa in un angolino buio del nostro cervello dove non sarà più possibile trovarla. È invece giusto pensare spesso alla gara andata bene per ricercare le stesse sensazioni nelle gare successive. Voler cambiare le proprie abitudini e i propri schemi con l'obiettivo di migliorare la prestazione non solo in termini cronometrici indica che il colloquio con noi stessi è mirato alla crescita. Facciamo un esempio: se un podista corre tre maratone ogni anno e non migliora mai, pur dicendo di voler correre più forte, deve inevitabilmente cambiare metodo di allenamento. Se però non dice a se stesso di cambiare i motivi sono: si racconta delle bugie, non ha nessuna voglia di migliorare il tempo della maratona, teme, variando il modo di allenarsi, di andare incontro a chissà quali problemi.

È molto importante instaurare un rapporto costruttivo anche con le proprie emozioni. Un sistema pratico per ottimizzare il flusso delle emozioni può essere quello di scrivere tutte le sensazioni positive che sono state avvertite nell'ora che ha preceduto una gara andata bene. In alternativa possono invece essere scritte le sensazioni positive che fa piacere avere prima di una gara. Questa forma di parlare a se stessi in modo chiaro è un sicuro aiuto per ottenere la miglior prestazione possibile relativamente alle proprie capacità.

Il parlare a se stessi per essere utile deve avere cinque requisiti fondamentali (→ A. Cei, 2009):

1) **Essere affermativi e decisi.** Ad esempio, se un giorno non avete voglia di allenarvi, dovete dirvi: «Oggi non mi alleno». Sarebbe un errore dirvi: «Non so se mi alleno». Un giorno di riposo vi farà bene, vi

sentirete determinati e forti. Un'indecisione o un mezzo allenamento al contrario non vi faranno stare tranquilli.

2) **Essere chiari e circoscritti.** È meglio dire: «Non riesco a correre questo allenamento di prove ripetute a un ritmo così veloce», piuttosto che: «Non riesco a correre le ripetute».
3) **Esprimersi al presente invece che al futuro o al condizionale.** Meglio: «Voglio fare il medio», invece che: «Vorrei fare il medio».
4) **Dirsi frasi brevi.** Meglio: «Voglio correre la mezza maratona», invece di: «Se vado bene nella 10 km sarebbe meglio che corressi la mezza maratona».
5) **Dirsi frasi che indicano emozioni utili.** Esempio: «Sono contento di come mi sono allenato», invece di: «L'allenamento è stato faticoso anche se ho fatto buoni tempi».

Questi cinque modi di parlare a se stessi positivamente servono anche a bloccare i pensieri negativi. All'inizio vi sembrerà strano che questo modo di impostare il rapporto con voi stessi possa influenzare la pratica del running, ma vedrete, dopo poco tempo vi sentirete meglio.

Prima di approfondire le mie conoscenze sull'allenamento mentale, mentre correvo mi ripetevo frasi associate al mio nome, ecco qualche esempio: «Forza Giovanni!», «Rilassa le spalle, Roberta!», «Non stringere le mani, Paolo!»

Ho ottenuto risultati positivi anche associando un obiettivo sportivo a un obiettivo della vita personale. Ad esempio: «Forza Giovanni, fai questa ripetuta sui 1000 metri in 4'30" a km e vedrai che uscirai a cena con Roberta»; «Rilassati Maria, se tieni il ritmo fino all'arrivo, ti arriveranno le scarpe che ti piacciono»; «Non stringere le mani Paolo, aumenta il ritmo! Se riesci a superare Giovanni e Maria, riuscirai a cambiare lavoro».

Anche Deena Kastor, medaglia di bronzo alle Olimpiadi di Atene 2004, un personale di 2:19'36" sulla maratona, ha confessato che durante tutta la gare si ripeteva: «Oggi fai vedere chi sei! …Vai più veloce!... Dacci dentro!».

Parlando a voi stessi vi conoscerete meglio e migliorerete le vostre prestazioni.

10.5 L'imagery

Spesso tendiamo a sottovalutare il nostro enorme potenziale immaginativo (imagery). In questi anni esercitare l'imagery in condizioni di rilassamento psicomotorio ha permesso a chi mi ha seguito di ottenere risultati molto buoni. Partendo da uno stato di rilassamento, l'imagery può aiutare il runner nell'esecuzione di un'azione motoria, permettendo di ricreare situazioni di difficoltà e, nello stesso contesto, il loro superamento. Affrontare situazioni vissute quotidianamente come problemi in uno stato di quiete mentale e fisica permette di essere pronti a risolverle qualora si presentassero anche fuori dall'ambiente protetto creato dal rilassamento.

Uso l'imagery prima delle grandi gare importanti e per insegnare la tecnica di corsa. La prima volta lo feci applicare in occasione della maratona che stava per svolgersi nell'ambito della 100 km a tappe del Sahara. Eravamo su una collina di sabbia e sassi nel sud della Tunisia e da allora è diventata una consuetudine, lo faccio sempre prima delle maratone. Nel 2011 in occasione della maratona di New York abbiamo fatto l'imagery a Central Park e, come hanno detto i partecipanti, è stato proprio bello.

Prima delle gare e quando insegno la tecnica di corsa, all'imagery, in parallelo, associo il training propriocettivo. Questo accorgimento mi permette di aumentare le sensazioni muscolari associate alla corsa. Ecco alcune regole per ottimizzare gli effetti dell'imagery:

1) Mettere il runner in condizione di massimo rilassamento. Sono richieste: posizione comoda, occhi chiusi, ambiente senza rumori. Anche all'esterno è necessario ricreare una situazione adatta.
2) Esercitare tutti i sensi. I soggetti devono essere messi in condizione di percepire odori, suoni, colori, clima, impatto con il suolo, respirazione, battito del cuore, tensione delle braccia, delle mani, del collo. Nell'imagery pre-gara cerco di far vivere ad esempio l'odore delle pomate riscaldanti, gli annunci dello speaker ecc...
3) Sentire l'azione di corsa, avvertire il movimento che parte e si sviluppa all'interno e non all'esterno in forma distaccata dalla mente. In pratica, essere concentrati sulle proprie sensazioni a prescindere dal cronometro.
4) Immaginare l'abilità della corretta cornice temporale. Per imparare a partire con calma senza esagerare, a mantenere il ritmo, a prepararsi a un finale in crescendo e non in calando.

5) Mantenere il giusto assetto tecnico di corsa anche quando la fatica farebbe assumere posture sbagliate.

Con l'imagery potete vivere la gara senza muovere un solo muscolo e di conseguenza avere il vantaggio di correre come se aveste già corso il giorno prima. Acquisirete tutte quelle nozioni che avreste voluto sapere. Ormai sono diversi anni che lo faccio perché vedo che i risultati sono più che incoraggianti.

10.6 Il rilassamento

Sono fermamente convinto dell'importanza del rilassamento. L'esperienza di questi anni mi dimostra che correndo con meno tensioni possibile si ottimizza il gesto tecnico della corsa e anche il rendimento sul piano fisiologico è migliore. Ho ottenuto ottimi risultati insegnando a fare la respirazione addominale non solo durante gli esercizi di stretching, ma anche in altre situazioni: prima di dormire, in chi ha difficoltà a prendere sonno; durante la notte, in chi si sveglia; durante la giornata, in chi tende ad agitarsi per questioni di lavoro o altro; prima della gara, in chi soffre di ansia pre-gara; durante l'allenamento o la gara, in chi soffre di dolori al fianco destro.

Con i miei allievi insisto molto sul concetto di "togliere le tensioni", che significa in pratica ricercare una posizione biomeccanica tale da tenere i muscoli del corpo più rilassati possibile. In particolare insisto nel far rilassare i muscoli del collo, delle spalle, delle braccia e delle dita. Questi semplici accorgimenti permettono di ottimizzare il lavoro dei muscoli implicati nella respirazione, con conseguente risparmio di energia. Il metodo della respirazione è un sistema per stare più rilassati possibile durante la corsa. Esistono altri sistemi che ritengo comunque molto validi, ma che sono per me di difficile applicazione, come ad esempio il training autogeno.

10.7 Il flow

Attraverso la gestione di motivazione, goal setting, pensiero positivo, self talk, rilassamento, allenamento e alimentazione centrati sulle caratteristiche del runner, si ottiene il flow, ovvero uno "stato di grazia". Il flow

Allenamento mentale

rappresenta una situazione in cui tutto va bene, obiettivo che si raggiunge con l'allenamento inteso nella sua globalità. Per raggiungere il flow ci si può aiutare con i nove punti della *Flow state scale*. Abbiamo già toccato alcuni di questi punti nei paragrafi precedenti.

1) Equilibrio tra sfida e abilità. Non partecipare a una gara senza essere allenati.
2) Unione tra azione e coscienza. Fare allenamenti di prove ripetute in salita solo sapendo di non avere alcun problema cardiaco.
3) Mete chiare. Essere coscienti di avere il tempo e le capacità per potersi allenare allo scopo di raggiungere un determinato obiettivo.
4) Feedback immediato. Verificare frequentemente la propria condizione attraverso i test e i colloqui con l'allenatore.
5) Concentrazione sul compito. L'allenamento per ottenere il primato personale sulla maratona non può essere uguale a quello fatto per ottenere il primato personale su una 10 km una settimana prima.
6) Senso di controllo. Essere in grado in ogni momento di gestire il ritmo di corsa.
7) Perdita dell'autoconsapevolezza (gesti automatici). Non dover più concentrarsi sulla tecnica di corsa perché ormai è diventato un gesto automatico.
8) Destrutturazione del tempo. Quando ci si rende conto che il tempo vola via veloce, un allenamento fatto bene e con piacere sembra durare meno del tempo reale.
9) Finalità intrinseca (dà piacere solo perché la si sta vivendo). Desiderare che la vita sia sempre come quel giorno, quella settimana. Quando, al termine dei Training Holidays, i miei allievi mi dicono: «Come, è già finita?» significa che sono contenti, che si sono divertiti e hanno raggiunto, relativamente alla loro vacanza, il flow. Quando invece non vedono l'ora di ripartire significa che ho sbagliato qualcosa e che non sono riuscito a far loro raggiungere il flow.

Divertirsi a correre, ma anche vivere situazioni sopra la media, significa seguire i nove punti della *Flow state scale*, che permetteranno di raggiungere:
1) La peak experience. Una prestazione rara difficilmente riproducibile, facile da capire pensando a un atleta di alto livello che ottiene ad esempio un primato del mondo.

2) La peak performance. Una prestazione superiore alla media, più facile da riprodurre e più attinente al nostro mondo: ad esempio il primato personale sulla mezza maratona o nella gara del paese.

Noia, demotivazione, apatia, passività non vi faranno raggiungere il flow. Allenarsi per raggiungerlo è uno stimolo a correre per star bene.

10.8 La gestione dell'infortunio

L'aspetto più brutto del nostro sport è l'infortunio. Vediamo come gestirlo a livello psicologico. Noi podisti tendiamo a ignorarlo e sottovalutarlo, perché correre è un piacere del quale non vorremmo mai privarci.

L'infortunio provoca tristezza per vari motivi, vediamone ora alcuni.
1) Perché siamo costretti a sopportarne a lungo le conseguenze, ad esempio correndo fasciati o sottoponendoci a sedute dal fisioterapista.
2) Ci costringe all'inattività fisica e questo può creare una situazione di disagio anche mentale.
3) Il riposo forzato ci fa perdere il contatto con i compagni di squadra, non partecipiamo più agli allenamenti collettivi e non frequentiamo più le gare domenicali.
4) Diventiamo nervosi, subiamo una forma di stress emozionale da riposo forzato, non siamo allenati a non essere allenati! Tendiamo a litigare con tutti anche senza ragione, ci chiudiamo in noi stessi apparendo seri e un po' depressi.
5) Neghiamo l'infortunio, ripetendo che non è niente, che è solo un doloretto. Oppure, ancora peggio: «Ho un dolore, vado a correre tanto mi passa». Questo atteggiamento è spesso causa di infortuni a lungo termine.

Imparare a prevenirli è importante, e quindi: vigilare sul livello di stress e fatica; monitorare le sensazioni DOMS (delayed-onset muscle soreness), molto utile per valutare overtraining, stanchezza, esaurimento risorse energetiche.

Se nonostante tutte le precauzioni si arriva all'infortunio, dobbiamo imparare a perdere meno tempo possibile impegnandoci al massimo nella riabilitazione. In particolare, è importante:

Allenamento mentale

1) Comprendere l'infortunio, le cause che lo possono avere generato, le cure che vengono fatte, la diagnosi.
2) Monitorare i progressi.
3) Ridefinire gli obiettivi. Ad esempio, se la gara per la quale vi stavate allenando era prevista fra due settimane, iniziate a pensare ad un'altra gara in accordo con il medico e l'allenatore.
4) Il podista deve essere coinvolto nell'elaborazione del piano di recupero da decidere con il medico, il fisioterapista, l'allenatore.
5) Il runner deve dedicarsi alla pratica di tecniche di rilassamento per controllare lo stress generato dal riposo forzato.

Quindi se arriva l'infortunio è inutile arrabbiarsi, è meglio essere rapidi a risolverlo e per ottenere il risultato dobbiamo essere rilassati e avere il giusto atteggiamento mentale per ottimizzare il lavoro della struttura che vi sta seguendo. Non fatevi curare restando passivi, chiedete notizie su cosa vi stanno facendo. Più prendere coscienza del problema, più veloce sarà la guarigione.

10.9 Giochiamo con le mente

Ci sono delle tecniche molto divertenti e soprattutto utili per affrontare nel miglior modo possibile la gara o l'allenamento.

Dividi la gara
Molti podisti sono spaventati dal dovere correre per 42,195 km o per 21,097 km, o anche solo dall'idea di dover correre una 10 km. Se però imparate a porvi obiettivi parziali, tutto sarà più semplice. Ecco alcuni esempi.

Per la maratona consiglio tre sistemi:
1) Ponete un traguardo intermedio a ogni rifornimento, ovvero ogni 5 km;
2) Ponete un traguardo intermedio ogni 7 km;
3) Ponete un traguardo intermedio ogni 14 km.

Per la mezza maratona. Consiglio due sistemi:

1) Ponete un traguardo ogni 7 km;
2) Ponete un traguardo ogni 5 km.

Per le gare brevi il punto di riferimento intermedio è sempre metà gara.

Personalmente, sia per la maratona sia per la mezza maratona uso i sottomultipli di 21 e di 42 km, ma altri podisti preferiscono avere nel rifornimento il punto di riferimento intermedio.

Comunque il pensiero di dividere la distanza in tante distanze parziali vi farà affondare la gara con maggior tranquillità.

Canta una canzone
Se mentre state correndo continuate a guardare l'orologio, il vostro livello di stress salirà enormemente. Se invece vi distraete canticchiando mentalmente una canzoncina, il tempo vi sembrerà scorrere molto più velocemente permettendovi di correre con meno tensioni. Attenzione: correre con la musica nelle orecchie non è la stessa cosa. Questo esercizio è ottimo da usare soprattutto durante i lunghissimi. (→ U. Longoni, 2008)

Stai calmo
In teoria gli amatori dovrebbero essere calmissimi prima delle gara, ma non è sempre così. Molti "sentono" la gara, sono tesi. L'esecuzione di questa tecnica è molto semplice e consiste, poco prima dell'inizio, di fermarsi per 1-2 minuti, inspirare profondamente con il naso pensando di immettere dentro di voi aria azzurra carica di pensieri positivi utili per affrontare la gara, ed espirare con la bocca pensando di buttare fuori con l'espirazione tutti i pensieri negativi che saranno rappresentati da aria grigia. (→ U. Longoni, 2008)

Conclusione

L'idea di dover allenare la mente, oltre che il fisico, tra i podisti italiani non è ancora sufficientemente recepita. Non è così nei paesi anglosassoni, e in USA in particolare.

Come spero si intuisca da queste pagine io credo molto in questi aspetti, che rendono davvero completo l'allenamento per il running. A pensarci bene, soprattutto per noi amatori, correre è una forma di meditazione.

Capitolo 11
GLI INFORTUNI DEL PODISTA

Praticare lo sport più bello del mondo in modo regolare sottopone muscoli, tendini e articolazioni a infortuni di vario tipo. In questo capitolo analizzeremo le cause che li possono determinare, i loro effetti, i metodi di prevenzione e di cura.

Quando un podista si rivolge a me perché è infortunato cerco di capire l'entità e il tipo di infortunio, oltre alla causa che può averlo generato, dopodichè lo indirizzo verso medici specialisti del settore o fisioterapisti di mia fiducia, con i quali rimango in contatto fino a quando il runner non è in grado di riprendere ad allenarsi. Il lavoro in équipe dà sicuramente buoni risultati. Certo, i "miracoli" non li faccio, ma mi impegno al massimo per far riprendere gli allenamenti ai runner nel minor tempo possibile. Il mio obiettivo è quello di risolvere anche il disagio psicologico patito dal runner infortunato.

In alcuni paragrafi troverete i contributi di amici medici con i quali collaboro, oltre a quello di Fabio Ceccarelli, il mio fisioterapista di riferimento a Firenze. Fabio ha un grosso difetto: non è un runner, per ora!

11.1 Un po' di numeri

Uno studio[1], fatto su 1049 soggetti, illustra in percentuale dove sono localizzate la maggior parte delle patologie del podista:

---

[1] *Musculoskeletal pain is prevalent among recreational runners who are about to compete: an observational study of 1049 runners.* Alexandre Dias Lopes, Leonardo Oliveira Pena Costa, Bruno Tirotti Saragiotto, Tie Parma Yamato, Fernando Adami and Evert Verhagen, 2011.

ginocchio 28%; piede-caviglia 20%; spina dorsale 13%; anca 11%; gamba 11%; coscia 9%; altro 9%.

Questa prima classificazione degli infortuni mi trova solo parzialmente d'accordo perché l'esperienza, non confortata dai dati, mi permette di evidenziare ad esempio come il dolore alla schiena non sia fra le principali patologie del podista.

Di seguito quindi vi riporto una classificazione degli infortuni basata non su dati scientifici, ma sulla mia esperienza. Nei podisti gli infortuni avvengono in quest'ordine: tendine di Achille benderella ileotibiale, fascite plantare, tendine rotuleo, lesioni da stress al tibiale, lesioni muscolari ai posteriori della coscia e al polpaccio, metarsalgia, sindrome dell'adduttore (pubalgia), dolore femoro rotuleo, ristagno di sangue venoso che può essere causa di lesioni, trombosi al polpaccio.

Nei prossimi paragrafi analizzerò nello specifico gli infortuni più comuni.

11.2 Il DOMS *(Delayed Omset Muscle Soreness)*

Voglio iniziare da quello che in gergo podistico viene definito "il dolore del giorno dopo" perché, se trascurato, può essere causa di altri, più fastidiosi infortuni.

Capita molto spesso di rispondere a podisti infastiditi dalla comparsa di dolori alle gambe il giorno dopo la maratona, dopo aver corso qualche chilometro in più del solito, dopo aver affrontato tracciati con discese più o meno ripide, alla ripresa della corsa dopo un periodo di riposo. Il DOMS si manifesta soprattutto dopo la corsa in discesa, ma principalmente è causato da scarso adattamento a correre per lunghe distanze e a elevate velocità senza adeguato allenamento.

Molti sono convinti che sia l'accumulo di acido lattico a provocare il fastidio mentre, in questo caso, l'acido lattico non ha nessuna responsabilità: la corsa in discesa provoca più dolore alle gambe rispetto alla corsa in pianura e in salita. Durante la cosiddetta fase di contrazione eccentrica, che inizia nel momento in cui avviene l'impatto del piede a terra al termine della fase di volo, si verificano i presupposti affinché dopo

12-48 ore si verifichi il DOMS. Durante la fase in cui il muscolo permette "l'atterraggio" del corpo a terra, nella fibra muscolare, a livello delle bande di congiunzione delle strutture proteiche in parallelo, definite bande Z, avvengono delle vere e proprie rotture che, provocando la fuoriuscita di sostanze associate alla produzione di istamine e chinine, determinano la situazione di rigonfiamento e di dolore (→ Arcelli, 1998). Quando il lavoro muscolare eccentrico è eccessivo soprattutto in relazione al livello di allenamento del podista, all'interno del muscolo si attua un vero e proprio processo infiammatorio con conseguente aumento del numero dei leucociti. Il danno da DOMS non è irreparabile, infatti vengono anche prodotti i macrofagi (cellule del sistema immunitario) che all'inizio ripuliscono il muscolo dai "detriti" e successivamente scatenano la rigenerazione muscolare. Spero di non avervi spaventato: il DOMS è un dolore che se ne va anche da solo dopo pochi giorni, senza lasciare tracce. Voglio darvi alcune dritte pratiche per farvi avvertire il DOMS per meno tempo possibile.

Allenarsi con gradualità. Questo concetto è applicabile a tutti i runner, anche principianti. Chi è sedentario e vuole subito correre 30 minuti è destinato ad avere problemi alle gambe per diversi giorni. Stesso concetto vale per chi affronta le distanze lunghe senza aver proceduto per gradi e aver dato tempo all'organismo di adattarsi.

Attenuare l'impatto. Adottando una corretta tecnica di corsa.

Non avere i muscoli vuoti. Attenzione ai regimi alimentari a bassa percentuale di carboidrati soprattutto complessi (pane, pasta, riso). I glucidi sono importantissimi per l'attività fisica prolungata. Anche i sali minerali, in particolare potassio, sodio e magnesio, oltre all'acqua, sono fondamentali per mantenere un adeguato equilibrio idrico salino e servono anche ad attenuare il DOMS.

Il ghiaccio. Al termine dell'allenamento un bel massaggio con ghiaccio garantisce sollievo e costituisce una sorta di prevenzione nei confronti del DOMS.

Come porre rimedio

La bici. Da diversi anni suggerisco di non correre, ma andare in bici in pianura su percorso pianeggiante la settimana che segue la maratona. In alternativa va bene anche la cyclette. Come frequenza, in questa settimana suggerisco di "far girare" le gambe in bici i primi due giorni dopo la maratona, poi fare un giorno di riposo e proseguire a giorni alterni fino alla fine della settimana, quando potrete tranquillamente correre i vostri 50-60 minuti. I risultati sono ottimi e i tempi di recupero sono accorciati.

Le vitamine. Se si presenta il DOMS può essere d'aiuto mangiare più frutta e in particolare agrumi e kiwi, perché sono ricchi di vitamina C.

L'idromassaggio. Un leggero spruzzo di acqua calda a pressione, purché non elevata, può senza dubbio essere utile. Anche il bagno caldo è un ottimo rimedio.

Il massaggio. Fatto da mani esperte può essere molto utile.

Gli allunghi a fine lunghissimo. Quando stavo preparando la mia prima maratona, al termine dei lunghissimi chiedevo ai miei compagni di allenamento di accompagnarmi nell'eseguire 3-5-7 allunghi. All'inizio nessuno mi seguì, ma un po' alla volta diventò per tutti una sana abitudine.

Il Day After. Rappresenta un mezzo di allenamento nato dall'esigenza di reagire al DOMS.

Il nuoto. Nuotare in piscina, senza forzare, crea indubbi benefici, ottimi risultati si ottengono anche eseguendo stretching in acqua.

11.3 Il crampo

In questi anni di attività ho visto troppi podisti ben allenati veder sfumare la loro prestazione a causa dei crampi durante la gara. Generalmente si presentano verso la fine, ma talvolta compaiono dopo pochi chilometri. Il crampo muscolare è causato da una serie di contrazioni spasmodiche dolorose e involontarie del muscolo scheletrico che si verificano durante o dopo l'attività fisica (→ J.H. Willmre, D. Costill, 2005).

Le cause del crampo
1) **Mancanza di sali minerali e in particolare di sodio e potassio.** Chi suda molto tende a essere più soggetto ai crampi rispetto a chi suda meno.
2) **La mancanza di allenamento in generale.** Il problema è più diffuso tra i principianti che non seguono un programma di allenamento, ma corrono a caso.
3) **La mancanza di allenamento specifico a correre a un certo ritmo.** Esempio: chi ha una VR di 4'30" a km e corre i primi 3 km di una

gara breve a 4'10" al km rischia di avere i crampi prima del termine della gara. Chi parte per correre una maratona a un ritmo di 10-20 secondi più veloce rispetto a quello previsto rischia di avere i crampi già dopo essere transitato alla mezza maratona.

4) **La mancanza di allenamento a correre una determinata distanza.** Esempio: riferendoci alla maratona, affrontarla senza avere mai corso in allenamento o in gara più di 20-25 km può causare crampi nella parte finale.

5) **Correre in condizione di temperatura elevata senza adeguato adattamento o senza aver eseguito una pre-idratazione.** Esempio: una maggiore attivazione del "meccanismo di raffreddamento ad acqua" provoca un aumento della sudorazione con conseguente perdita di sali minerali e acqua. In alcune maratone la partenza avviene a 10-13°C e solo dopo 3-4 ore, quando il popolo degli amatori è nel pieno dello sforzo, passa a 18-20 °C. Questa è un'altra delle situazioni che favorisce l'insorgere del crampo.

6) **Alimentazione poco ricca di carboidrati complessi.** Quando la velocità di gara è troppo elevata e la distanza è troppo lunga rispetto alla disponibilità delle riserve di glicogeno muscolare è molto probabile avere dei crampi.

7) **Errata tecnica di corsa.** Chi corre in modo scorretto o troppo dispendioso può essere soggetto a crampi.

8) **Il ristagno di sangue venoso nei polpacci.** Questa patologia, di cui parleremo più avanti, può essere causa di crampi.

9) **Scarsa sensibilità propriocettiva.** Recenti studi affermano che il crampo è il risultato dell'attività degli alfa-moto-neuroni dovuta a un controllo errato a livello del midollo spinale. In particolare sembra che la fatica muscolare faccia aumentare l'attività dei fusi muscolari e faccia diminuire l'attività degli organi tendinei del Golgi. I fusi muscolari hanno la funzione di regolare la lunghezza del muscolo, mentre gli organi tendinei del Golgi regolano la tensione muscolare. In pratica, secondo gli studiosi, con l'arrivo della fatica il muscolo va un po' "in confusione" creando la situazione favorevole al verificarsi dei crampi. Pensiamo a quello che succede quando, dopo 30 km o più di corsa, vi trovate su lastre o sampietrini dove l'appoggio è molto diverso da quello sull'asfalto. La tensione muscolare

tende a diminuire perché la forza inizia a scarseggiare, quindi gli organuli del Golgi devono lavorare di più, mentre i fusi muscolari devono far fronte agli allungamenti che si verificano anche a causa del terreno sconnesso. Quindi per cercare di risolvere il problema dovremo far sì che il muscolo sia sempre flessibile.
10) **Scarpe errate o consumate.** Le scarpe influenzano la sensibilità propriocettiva, una calzatura non adatta alle caratteristiche di appoggio del podista o consumata può determinare il crampo.
11) **La mancanza di forza specifica.** I muscoli dei podisti non devono essere solo in grado di produrre resistenza organica, ma devono rimanere in grado di esprimere forza anche dopo distanze lunghe corse a velocità elevate.

La localizzazione del crampo
Nel runner i gruppi muscolari particolarmente interessati a questa patologia sono, in ordine di importanza: i muscoli posteriori della gamba, i muscoli posteriori della coscia, i muscoli della pianta del piede, i muscoli interni delle cosce e i muscoli anteriori delle cosce.

Prevenzione del crampo
Ecco una serie di consigli per evitare il verificarsi di questo spiacevole infortunio che "colpisce" soprattutto in gara:
1) **Idratazione.** Come bevanda è da preferire acqua con un residuo fisso elevato o medio e integratori idrico-salini a base di aspartati che servono a smaltire l'accumulo di ammoniaca che si verifica durante lo sforzo. Inoltre si consiglia di mangiare molta frutta e verdura.
2) **Mangiare.** Se soffrite di questo problema, specialmente nei 7-10 giorni che precedono una maratona prediligete i carboidrati a basso indice glicemico.
3) **Ginnastica propriocettiva.** Dedicate ogni giorno 10-15 minuti a esercizi di ginnastica propriocettiva. Nei giorni in cui non è previsto l'allenamento fate 10-15 minuti di propriocettiva al mattino e 10-15 minuti al pomeriggio o alla sera. Fate una decina di minuti anche lo stesso giorno in cui avete corso il lunghissimo, meglio se immediatamente dopo l'allenamento.
4) **Esercizi di tonificazione.** Il momento giusto per fare gli esercizi è al termine di allenamenti del lento, medio o progressivo.

5) **In palestra.** Eseguite gli esercizi del training in palestra. Sono un'alternativa a quelli di tonificazione o nei giorni in cui non è prevista la corsa.
6) **Gli esercizi di impulso.** Sono da eseguire da soli o alla fine dell'allenamento del lento, medio o progressivo.
7) **Le ripetute in salita breve.** Chi ne ha possibilità a termine del lungo, del medio o del progressivo potrà fare 8-10 ripetute di 80-100 metri in salita seguite da 5-10 allunghi.
8) **Corsa su saliscendi.** Di indubbia utilità ai fini della prevenzione del crampo, andrebbe fatta su tracciati con molte e brevi variazioni di pendenza.
9) **Corsa su terreno sconnesso.** Correre su lastre, sampietrini, terreni sterrati o fra le zolle costruisce un allenamento specifico per la prevenzione dei crampi.
10) **Lo stretching.** È fondamentale per avere il muscolo flessibile.

11.4 *Il ristagno di sangue venoso*

Il ristagno di sangue venoso a livello dei muscoli del polpaccio può essere causa di lesioni muscolo-tendinee e trombosi venosa. Per affrontare questo argomento mi sono avvalso della collaborazione del dott. Paolo Raugei[2], che oltre a essere un amico è anche un podista.

È da poco che si parla di questi problemi, che spesso vengono confusi con strappi o stiramenti ed è anche per questo che ho scelto di riservare loro particolare attenzione. Nel 2009, a fine estate, ho avuto il problema che sto per descrivervi. Un giorno molto caldo, in cui stavo correndo bevendo pochissimo, al termine di un giro di 20 km avvertii una forte fitta a un polpaccio. Convinto che fosse uno strappo lo curai come tale, ma dopo 20 giorni il dolore era uguale. Attraverso un'ecografia venne evidenziato che non c'era strappo, mentre l'esame doppler mostrò un piccolissimo danno vascolare.

Di cosa si tratta. Nei muscoli del polpaccio esiste una criticità di base relativa al ristagno di sangue venoso, soprattutto durante l'attività muscolare. Ristagno di sangue venoso poco ossigenato significa anche

---

[2] Responsabile Percorso Patologia Vascolare ASL 4 Prato.

accumulo di acido lattico, di tossine e radicali liberi che possono danneggiare il muscolo stesso fino alla lesione da stiramento-strappo e/o arrecare una flogosi del tendine d'Achille. Inoltre può succedere per lo stesso motivo che a causa dell'eventuale, concomitante disidratazione, questo ingorgo venoso possa dare luogo a una trombosi delle vene gemellari e/o soleali.

Qui di seguito la spiegazione più specifica del dott. Raugei:

«Serge Couzan (Angiologo e Medico sportivo) e Michael Prufer (Angiologo e Recordman di sci, medaglia d'oro olimpica ad Albertville nel 1992) sono partiti dall'osservazione che il sistema venoso del polpaccio degli sportivi sani, senza insufficienza venosa, si comporta come una vera e propria spugna che si dilata notevolmente durante lo sforzo, con carichi pressori elevati sia durante sia dopo l'esercizio fisico. Questa iperdistensione e ipertensione venosa si verifica esclusivamente a carico del polpaccio e non a livello della caviglia, del piede o del primo terzo inferiore di gamba, come avviene nella patologia venosa. Dunque, a differenza del paziente "venoso", lo sportivo sviluppa carichi ipertensivi massimali a livello del polpaccio e dovrà quindi "proteggere" le vene muscolari gemellari (così si chiamano le vene del polpaccio) con compressioni maggiori rispetto alla caviglia e al primo terzo inferiore di gamba. Grazie alla contenzione, migliora l'ossigenazione e la contrazione muscolare e la dilatazione delle vene del polpaccio viene ridotta; questa pressione venosa mirata rende possibile una più veloce eliminazione di acido lattico, radicali liberi e tossine. La facilitata eliminazione di sostanze tossiche e di sangue poco ossigenato che ristagna nei muscoli del polpaccio riduce anche il rischio di lesioni muscolari da strappo nella stessa sede e tendiniti soprattutto dell'achilleo.»

Per prevenire il problema deve essere data molta importanza all'idratazione ed è consigliato l'uso delle calze contenitive. In alcuni casi, soprattutto nel ciclismo più che nel podismo, possono essere praticati dei massaggi specifici per drenare il sangue del polpaccio. Ai podisti predisposti a questo tipo di problema viene inoltre consigliato di non esagerare con la corsa in salita o di farla comunque con la contenzione elastica.

11.5 Le lesioni muscolari

I podisti in genere non sono molto soggetti a questo tipo di problema, ma può comunque accadere e confondersi con altre patologie. I muscoli maggiormente interessati alle lesioni sono, in ordine di importanza: i gemelli, i muscoli posteriori della coscia, gli adduttori e il quadricipite femorale, molto più raramente.

Le lesioni muscolari si dividono in:
1) Lesioni di I grado. In questo tipo di lesione non c'è interruzione della fibra muscolare e compare solo un edema liquido;
2) Lesioni di II grado. Qui invece c'è la rottura di alcune fibre muscolari e si evidenza edema liquido e travaso di sangue;
3) Lesioni di III grado. Si è rotto un importante numero di fibre muscolari e si evidenzia edema liquido oltre che un maggiore travaso di sangue.

In genere questo tipo di traumi è causato da scatti improvvisi effettuati senza adeguato riscaldamento o partenze troppo veloci soprattutto durante la stagione fredda. Possono essere dovuti anche a una non perfetta idratazione. La corsa in discesa, durante la quale la muscolatura in contrazione eccentrica è sottoposta a un duro lavoro, può essere un'altra causa di questo tipo di lesioni.

Quando si avverte una fitta dolorosa in un muscolo la prima cosa da fare è mettere del ghiaccio e recarsi il prima possibile dal medico sportivo che, con ogni probabilità, vi consiglierà un'ecografia e poi di sottoporvi alle cure tradizionali. Il dott. Paolo Manetti[3], uno dei miei medici di riferimento per traumatologia del podista, in caso di lesioni suggerisce le seguenti terapie:
1) R.I.C.E. (riposo, ghiaccio, compressione, elevazione dell'arto leso).
2) Successiva riabilitazione alla forza con carichi crescenti e graduali, sotto soglia del fastidio riferito.

Ho chiesto il contributo al dott. Manetti per affrontare il problema delle lesioni muscolari in quanto sta usando uno strumento che dà ottimi risultati relativamente alla risoluzione veloce delle lesioni.

Ecco come il dott. Manetti descrive questo sistema:

---

[3] Specialista in Medicina dello Sport, PhD in Fisiopatologia Clinica e dell'Invecchiamento, Master in Malattie Metaboliche dell'Osso, Prof. a C. in Scienza e Tecnica dello Sport, Università di Firenze, Responsabile Sanitario ACF Fiorentina.

«Recentemente è stato proposto un approccio diverso che, già nella prima fase post infortunio, propone una riabilitazione alla forza con stimoli di tipo elettrico (attivatore neuro-muscolare), capaci di sfruttare l'eccitabilità delle cellule neuro-muscolari ancora integre e così determinare un iperstimolazione funzionale sui muscoli agonisti a quello leso. Il maggior apporto ematico che ne deriva determina un lavaggio dei detriti muscolari e un'azione di stimolo per i processi di migrazione delle cellule satelliti, che costituiscono il fulcro del processo riparativo della lesione muscolare.

Il controllo dell'equilibrio neuro-motorio con valutazione chinesiologica rappresenta inoltre un'ulteriore vantaggio atto a prevenire la comparsa di compensi posturali dannosi per la ripresa della gestualità sportiva.

I tempi del recupero così si riducono (ripresa dell'attività agonistica per una lesione di I grado dopo 7-10 giorni e dopo 2-3 settimane per una lesione distrattiva di II grado) e la guarigione funzionale, sotto controllo medico, evolve in assenza di fibrosi anelastiche o addirittura calcifiche.

Il rischio di recidive risulta inferiore al 2.5%. I podisti che si sono avvalsi di questo tipo di terapia hanno ottenuto ottimi risultati.

In assenza di questo innovativo metodo le terapie tradizionali prevedono Laserterapia (Nd-Yag), Ipertermia, Diatermia (associata al massaggio). Dopo 3-4 giorni è indicato il massaggio traverso. Per le lesioni di II e III grado viene usato anche il bendaggio funzionale.»

11.6 La sindrome delle benderella ileotibiale.

Si tratta di un infortunio molto fastidioso e caratteristico soprattutto dei podisti principianti. Per illustrarvi i problemi collegati alla sindrome della benderella ileotibiale ho chiesto il contributo a un altro amico, medico di riferimento per i podisti di tutta Italia e non solo: il dott. Sergio Migliorini[4]. Questo il suo contributo in merito all'infortunio che stiamo esaminando in questo paragrafo:

«La causa degli infortuni va ricercata prima di tutto negli errori di gestione del programma di allenamento e nella scorretta tecnica di corsa.

---

[4] Medico sportivo, fisiatra, presidente commissione medica federazione mondiale di Triathlon (ITU).

Gli infortuni del podista

In particolare la sindrome della benderella ileotibiale è il classico infortunio che interessa gli atleti ai primi approcci con la pratica della corsa di resistenza che per bruciare le tappe svolgono allenamenti con chilometraggi elevati e non imparano a correre in modo corretto. In alcuni casi abusano anche della corsa collinare o in montagna. Questa corsa ad "alto impatto" porterà a un esagerato sfregamento della benderella ileotibale contro il condilo femorale esterno quando il ginocchio è flesso di 30° causando un vivo dolore esterno al ginocchio. Tale tendinopatia molte volte è ribelle alle terapie conservative e richiede l'esecuzione dell'intervento chirurgico di tenotomia parziale della benderella ileotibiale.»

Concordo pianamente con quanto affermato dal dott. Migliorini, soprattutto in merito alla tecnica di corsa. Secondo la mia esperienza, le cause della sindrome della benderella possono anche essere: piede iperpronato, ginocchio varo, rotazione tibia, eccessiva tensione della benderella ileotibiale, corsa su superfici con bordi inclinati, piede ipersupinato, uso delle scarpe antipronazione in caso di appoggio neutro o in supinazione, non esecuzione degli esercizi di stretching.

Il problema è risolvibile spesso individuando ed eliminando le cause che lo possono avere determinato oltre a riposo, se il dolore è cosi forte da non permettere di correre, stretching, crioterapia e termoterapia (anche alternati), Kinesiotaping, diatermia, massaggio trasverso profondo, stretching, tutori.

Nel 2003, durante un'edizione della 100 km a tappe del Sahara, riuscii a far terminare la gara a un tedesco grazie a un giro di nastro da Taping intorno al ginocchio in corrispondenza della benderella. Un altro podista, quattro giorni prima della maratona di Firenze del 2011 era disperato perché dopo due settimane di cure non era in grado di correre. Gli ho fatto mettere un tutore intorno al ginocchio, gli ho corretto un po' la tecnica di corsa e il dolore è sparito. Il 27 novembre, con il tutore, ha corso la sua prima maratona in 3:46'. La morale quindi è: mai darsi per vinti e soprattutto correre bene e senza esagerare se volete evitare questo problema.

11.7 Borsiti

Le borse sono delle piccole sacche ripiene di liquido che hanno la funzione di ridurre l'attrito, distribuire il carico e proteggere le strutture sottostanti. I runner sono interessati dalla borsite del tendine di Achille (borsite retrocalcaneare) che può essere causata dallo sfregamento della calzatura o da una particolare conformazione del calcagno.

La terapia prevede: riposo per almeno due settimane oltre a crioterapia, farmaci antinfiammatori, eventuali infiltrazioni di anestetico e farmaci steroidei, bendaggio compressivo e kinesiotaping, diatermia, stretching, massaggio trasverso profondo.

11.8 Fratture da stress

Denominate anche fratture da fatica, si verificano a causa di carichi ripetuti sullo scheletro per un lungo periodo e sono probabilmente precedute da periostiti. Le principali cause, per un corridore, possono essere:
1) Correre molti chilometri con difetti di appoggio causati anche da scarpe non adatte o consumate.
2) Dismetria degli arti inferiori.
3) Piede cavo o piede piatto.
4) Età (più frequenti nei giovani).
5) Allenamento eccessivo, non adatto al livello del podista.
6) Sesso (più frequenti nelle donne).
7) Disturbi alimentari.
8) Alterazione del ciclo mestruale.
9) Assunzione di contraccettivi orali.

Fabio, il mio fisioterapista, mi suggerisce che esistono due teorie che giustificano il verificarsi delle fratture da stress:
1) **Teoria della fatica**: i muscoli stimolati oltre la loro resistenza non assorbono più l'impatto del piede a terra, che viene trasferito direttamente allo scheletro fino a sorpassare la sua soglia di tolleranza causando la frattura. È quello che accade alle graffette, che quando vengono piegate ripetutamente alla fine si rompono nonostante siano dure.
2) **Teoria del sovraccarico**: alcuni gruppi muscolari si contraggono in maniera tale da causare la flessione delle ossa in cui si inseriscono. Dopo ripetute contrazioni viene oltrepassata la resistenza intrinseca dell'osso che va incontro a lesione.

Sede di lesione delle fratture da stress:

1) Tibia (44-50%)
2) Tarso e Metatarsi (16-20%)
3) Perone (12-16%)
4) Femore (6-8%)
5) Scafoide, calcagno, bacino, osso sacro e colonna vertebrale (poco frequente)

Le fratture da stress si presentano con dolore durante la corsa, che aumenta all'aumentare dei chilometri per sparire a riposo e ricomparire talvolta la notte. Nella zona fratturata, le mani esperte di un medico o di un fisioterapista possono individuare un edema e un punto doloroso alla palpazione.

Il problema si risolve con riposo, biostimolazione (magnetoterapia e/o diatermia), bendaggio funzionale e/o ultrasuoni. In casi molto estremi si può ricorrere all'applicazione di un apparecchio gessato.

11.9 Sindrome dolorosa femoro-rotulea

Colpisce maggiormente soggetti tra 10 e 25 anni, ma i podisti che seguo hanno di solito un'età più avanzata, quindi io ne vedo pochi. Le donne sono più colpite degli uomini. Si evidenzia con dolore al ginocchio durante la corsa soprattutto in salita e discesa e durante il movimento di accosciata. Le cause più comuni possono essere:

a) Lesioni cartilaginee possono irritare la sinovia che delimita l'articolazione;
b) Traumi diretti possono danneggiare l'osso subcondrale o la cartilagine;
c) Iperpronazione del piede,
d) Valgismo del ginocchio;
e) Anomala rotazione delle tibie;
f) Lussazioni o sublussazioni lateralmente alla rotula;
g) Anomalie di allineamento/instabilità dell'articolazione del ginocchio.

Come risolvere il problema. Riposo dall'attività atletica, crioterapia, bendaggio funzionale tipo McConnel e/o kinesiotaping, diatermia, stretching, correzione delle anomalie di allineamento e/o posturali, potenziamento dei muscoli degli arti inferiori.

11.10 La fascite plantare

È un altro di quei traumi molto fastidiosi anche perché si sviluppa in un punto che è sempre in movimento.
Cos'è la fascite. È un'infiammazione che coinvolge tutta la fascia plantare, dalla punta delle dita fino al calcagno. Può presentarsi nella parte centrale del piede o vicino al calcagno.
Le cause della fascite possono essere:
1) Eccesso di pronazione;
2) Malattie dismetaboliche che creano gonfiore;
3) Eccesso di carico dovuto a molti anni di corsa;
4) Calzature non adatte al livello di allenamento o all'appoggio del podista.

Come risolvere il problema. Con il riposo completo, in alcuni casi è necessario stare anche senza camminare. Ghiaccio, stretching, ipertermia, onde d'urto, terapia con antinfiammatori: ottimo l'uso del taping kinesiologico. Sarà poi necessario valutare l'opportunità di inserire nelle scarpe un ortesi plantare. Moltissima attenzione dovrà essere messa nella scelta delle calzature.

11.11 La tendinite

I runner prima o poi la incontrano. Il tendine più soggetto a questa infiammazione è il tendine d'Achille e sarebbe quindi più corretto parlare di peritendite perché in questo caso l'infiammazione interessa la superficie della guaina che riveste questo tendine.
È causata quasi sempre da un eccesso di pronazione del piede e dall'uso di scarpe non adatte. Altre cause che possono determinare la tendinite sono: scarsa idratazione, alimentazione con pochi carboidrati complessi, assenza di stretching e di adeguato riscaldamento, ripresa troppo frettolosa dopo un infortunio. Il problema si risolve con riposo, l'applicazione di ghiaccio e poi ipertermia, stretching, potenziamento eccentrico dei gemelli, potenziamento del soleo. In casi estremi è da valutare l'opportunità di inserire nelle scarpe ortesi plantari.

11.12 Le vesciche

Sono un accumulo di liquido sotto la pelle dovuto allo sfregamento del piede o del calzino contro una superficie ruvida come la tomaia della scarpa. Il primo rimedio è quello di mettere i piedi nell'acqua calda e salata. Se il fastidio dovesse persistere conviene prendere un ago, renderlo incandescente e poi forare da parte a parte la vescica in modo da far drenare il liquido. Quando avete tolto tutto il liquido disinfettate, spruzzate un velo di cerotto spray e cercate di tenere il piede all'aria.

11.13 Le unghie nere

Buona norma per i runner è quella di non tagliare le unghie pochi giorni prima di una gara importante. Le unghie nere possono essere causare da una scarpa troppo stretta o, al contrario, troppo larga, che quindi permette al piede di muoversi troppo al suo interno.

11.14 Il mal di schiena

La credenza comune è che la corsa faccia venire mal di schiena. Non è del tutto vero, direi piuttosto che sono gli atteggiamenti posturali della vita lavorativa a creare questo tipo di problema.

Per un runner, le cause del mal di schiena possono essere: un'errata tecnica di corsa, scarpe non adatte o consumate, una mancanza di tono muscolare dei glutei e della zona lombare o una scarsa mobilità della colonna vertebrale. Per risolvere il problema ricorrete a farmaci antinfiammatori solo in casi estremi, meglio scegliere di curarsi da un buon osteopata.

11.15 Il dolore al fianco destro

Lo avvertono sia i principiati sia i podisti più evoluti. La credenza comune lo ritiene un dolore al fegato, ma non tutti sono d'accordo. Il dott. Tredici afferma che l'origine sia la cistifellea, una sorta di sacchetto che si trova sotto il fegato. La cistifellea si può distendere esattamente come un palloncino o contrarre in forma spastica. La contrazione può essere causata dal freddo o da variazioni della colecistochinina a causa dell'attività fisica. Il dolore tende a comparire a velocità elevata e a scomparire a velocità bassa. Con una delle mie podiste riesco a tenere sotto controllo il dolore praticando ogni giorno la respirazione diaframmatica, utile anche quando il problema si presenta durante l'allenamento o la gara. Il dott. Tredici consiglia una cura a base di acido ursodesossicolico in dosaggi individuati dal vostro medico curante.

11.16 Ricominciare a correre

Quando il podista si infortuna c'è la paura di non tornare a essere più quello di prima. In un vecchio articolo[5] in cui si affrontava la questione della perdita della forma fisica e del ritorno alla competizione, gli autori fanno una sorta di classifica (tab. 11.1) delle attività che possono simulare la corsa in caso di impossibilità a correre.

Tabella 11.1

Corsa in acqua	95%
Ciclismo	70%
Marcia	65%
Sci o canottaggio	65%
Nuoto	45%

Nessuna di queste attività, tuttavia, può sostituire completamente l'impegno muscolare della corsa. Per mantenere quindi un buon livello di efficienza cardiovascolare sarà necessario sostituire l'ora di corsa con 63 minuti di corsa in acqua, 78 minuti di ciclismo o 81 minuti di marcia.

Nella tabella 11.2 viene messa in evidenza la relazione fra periodo di non pratica della corsa, perdita dello stato di forma e il tempo minimo per il ritorno alla competizione.

[5] Pollok M.L., Willmore J.H e Fox S.M, in *Exercise in Healf and Disease*, W.B. Saunders Company, 1984.

Tabella 11.2

Periodo senza attività	Perdita di forma %	Tempo minimo per il ritorno alla competizione
Da 1 a 5 giorni	0-1%	0 giorni
7 giorni	10%	15 giorni
14 giorni	35%	30 giorni
21 giorni	60%	45 giorni
28 giorni	85%	60 giorni
35 giorni	100%	70 giorni
42 giorni	100%	80 giorni
50 o più giorni	100%	90 giorni

Dalla lettura della tabella 11.2 è facile intuire come lo stato di forma raggiunto spesso con tanta fatica sia facile da perdere e abbastanza difficile da recuperare. Attenzione quindi a non forzare mai i tempi della ripresa dopo un infortunio, sia esso muscolare, tendineo o organico come una semplice influenza. Ascoltate bene i consigli del vostro medico, fisioterapista e allenatore prima di riprendere l'attività; fare i "duri" non serve. Una ricaduta da un'influenza o ricominciare a correre senza essere completamente guariti da qualche guaio muscolare o tendineo può voler dire compromettere una maratona o un'intera stagione agonistica.

Nello stesso modo, se riprendete a correre dopo tanti anni dovete purtroppo dimenticarvi di essere stati "grandi" o semplicemente di essere stati atleti. Sarà necessario ricominciare quasi da zero, ma vi accorgerete di riprendere molto più in fretta rispetto a un sedentario o a uno che inizia senza mai aver fatto sport.

11.17 Laserterapia ad alta energia di ultima generazione

Molto gradito il contributo del dott. Luca Magni[6], anche lui un podista, che ci presenta questo nuovo laser provato con successo anche da alcuni miei atleti.

[6] Specialista in medicina dello Sport, membro della Commissione scientifica della IALT (International association laserterapy).

«Il fatto che la luce abbia effetti terapeutici quando interagisce con i tessuti biologici è risaputo fin dall'antichità, basta pensare ai bagni solari degli egizi o all'elioterapia degli antichi greci. Da quei tempi remoti chiaramente la scienza ha fatto passi da gigante e la luce in quanto fonte di energia radiante è stata utilizzata sotto varie forme. L'applicazione della luce che interessa maggiormente gli sportivi è sicuramente la laserterapia.

La ricerca naturalmente non si è fermata e oggi disponiamo di un laser multifrequenza di altissimo livello, l'Fp3 system, che peraltro non rappresenta che una tappa nel percorso di studi nell'ambito della laserterapia.

Il laser Fp3 è un laser multifrequenza, cioè caratterizzato da un fascio di luce laser in uscita con 3 lunghezze d'onda che sono in grado di dare una maggiore biostimolazione al tessuto in trattamento e, avendo un basso coefficiente medio di assorbimento verso l'acqua, dà un impatto termico (riscaldamento cutaneo) nettamente inferiore. I tre fasci laser presenti (780 nm, 810 nm, 980 nm) permettono di avere tre laser in uno ad alta potenza e sono in grado di garantire rispettivamente un effetto antinfiammatorio, un effetto biostimolante di superficie e un effetto biostimolante di profondità a livello dei tessuti biologici. L'alta energia che si riesce a trasferire in profondità, con questa metodica, abbrevia la durata delle sedute e riduce i tempi di recupero.

Quindi, l'Fp3 system ha:
1) Effetto antalgico più efficace e rapido;
2) Risoluzione dei processi infiammatori;
3) Riassorbimento di edemi;
4) Assenza di rischio ustione;
5) Non operatore dipendente perché il protocollo di trasferimento di energia è gestito in automatico via software.

Dal punto di vista metodologico la principale differenza rispetto ai laser preesistenti è l'utilizzo della tecnica delle microsedute, cioè microtrasferimenti di energia con particolari sequenze temporali. Il trattamento medico ha un risultato immediato con benefici apprezzabili già alla prima seduta e il numero di sedute è in genere inferiore a dieci.

Le indicazioni della laserterapia Fp3 sono molto ampie, ma il fiore all'occhiello di questa tecnica sono le patologie del rachide lombosacrale e cervicale e in particolare le ernie discali e le discopatie in senso lato.

Le controindicazioni sono quelle tipiche di ogni terapia laser e cioè non è indicata in caso di stati infettivi, presenza o anche sospetto di lesione tumorale in atto, pazienti in chemioterapia, stati epilettici, gravidanza.»

11.18 Agopuntura e sport

Non poteva mancare un cenno su questo tipo di terapia, che sembra essere sempre più in uso. Il contributo questa volta arriva dal dott. Pietro Siragusa[7], podista di buon livello.

«L'agopuntura affonda le sue origini nella notte dei tempi, oltre 4000 anni fa. Nonostante seri studi scientifici che dimostrano i meccanismi d'azione di questa antica tecnica terapeutica, alcuni vorrebbero limitare le sue applicazioni alle sole patologie funzionali e a quelle legate ad alterazioni del sistema neurovegetativo: tale limitazione è senza dubbio sproporzionata alle reali potenzialità terapeutiche. Oggi l'applicazione più utilizzata è nella terapia del dolore. La sua azione non è però limitata all'effetto antidolorifico, ma ha anche un notevole effetto antinfiammatorio e decontratturante, di regolazione del microcircolo e di modulazione del sistema endocrino. Molto interessanti sono pertanto le applicazioni nello sport, è infatti possibile trattare con successo strappi, stiramenti, distorsioni, tendiniti, metatarsalgie in particolare nelle forme acute più recenti. È possibile riequilibrare l'organismo, attraverso una modulazione endocrina, al fine di recuperare stati di affaticamento sistemici ad esempio dopo ultramaratone o, più semplicemente, per facilitare i recuperi stimolando le capacità reattive dell'organismo.

Il dolore della zona lombare spesso si diffonde anche al gluteo e alla parte posteriore della coscia: in questo caso si parla di lombo sciatalgia. Un'altra esigenza particolarmente frequente nei podisti è il trattamento proprio delle ernie discali e quindi delle lombo sciatalgie. In questi casi l'agopuntura sembra influire non solo sull'aspetto doloroso e sulla contrattura muscolare, ma anche sulle strutture faccettali e sui legamenti causa di instabilità articolare. Tale instabilità provocherebbe un eccessivo stress sulla struttura intervertebrale favorendo la patologia discale. Mediante terapia con agopuntura si verrebbe così a migliorare il microcircolo loco-regionale e di conseguenza ridurre l'edema radicolare

---

[7] Specialista in neurochirurgia, esperto in agopuntura, omeopatia, medicina funzionale e nutrizione.

con miglioramento o risoluzione del conflitto disco-radice responsabile della sofferenza nervosa e quindi della sintomatologia.»

11.19 Le onde d'urto

Negli ultimi anni molti infortuni dei runner vengono curati con le applicazioni di onde d'urto. Il contributo del dott. Giovanni Serni[8], amico da quando eravamo giovanissimi e ancora non podista, serve a fare chiarezza su questo argomento talvolta messo in discussione.

«Le onde d'urto, da un punto di vista fisico sono definite come onde acustiche ad alta energia. Sono impulsi pressori con tempi brevissimi di salita del fronte (10 miliardesimi di secondo) e di durata (dell'ordine di 2-5 milionesimi di secondo) che generano una forza meccanica diretta con l'obiettivo principale di trasferire energia sui tessuti corporei, per stimolarne i processi riparativi.

Il Meccanismo d'azione
1) Effetto diretto dell'impulso sul tessuto nella zona bersaglio.
2) Effetto indiretto di "cavitazione" provocato dalla depressione susseguente l'impulso.

La conseguenza di questi due effetti è un aumento della vascolarizzazione nella zona colpita per la stimolazione da parte degli impulsi sulle fibre simpatiche. Tutto ciò porta a una rimozione dei fattori infiammatori con il rilascio di sostanze che stimolano la formazione di nuovi vasi (capillarizzazione). A livello del tessuto osseo, in caso di fratture recenti si produce un effetto simile con aumento della vascolarizzazione e conseguente stimolazione osteogenica (formazione di tessuto osseo).

Effetti delle onde d'urto
Oltre all'effetto antiflogisitico legato alla rimozione dei metaboliti dell'infiammazione, le onde d'urto inducono una riduzione del dolore mediante inibizione dei recettori specifici, che quindi non possono trasmettere

---

[8] Specializzato in Medicina dello sport, Traumatologia sportiva, operatore di onde d'urto.

l'impulso doloroso e mediante il rilascio locale di endorfine, particolari sostanze prodotte dal nostro organismo, in grado di ridurre la sensibilità dolorifica.

Un altro effetto importante delle onde d'urto è quello di provocare la scomparsa delle calcificazioni muscolari prodotte da traumi muscolari. Il meccanismo d'azione è legato alla frammentazione e alla cavitazione all'interno della calcificazione stessa che porta alla sua disorganizzazione e frammentazione. In seguito la scomparsa dei detriti è legata al passaggio nei vasi neoformati.

Le indicazioni terapeutiche sull'apparato muscolo-scheletrico
La metodica con onde d'urto è il trattamento d'elezione nelle tendinopatie inserzionali croniche, caratterizzate da una scarsa vascolarizzazione della giunzione osteotendinea.

Di seguito vengono riportate le principali patologie su cui sono applicate le onde d'urto:

Gomito	epicondilite, epitrocleite
Spalla	tendinopatie inserzionali, impingement
Ginocchio	tendinopatie del rotuleo e della zampa d'oca
Pube	tendinopatie degli adduttori
Caviglia	tendinopatie dell'Achilleo, apofisiti calcaneari

In tali patologie il trattamento fisioterapico o con infiltrazioni locali è talvolta inefficace e il trattamento chirurgico con scarificazione e perforazione della giunzione osteo-tendinea costituisce spesso l'ultima risorsa terapeutica. Come detto, l'effetto delle onde d'urto è proprio quello di rivascolarizzare la giunzione osteotendinea in maniera assolutamente incruenta (ovvero senza doversi sottoporre a intervento chirurgico).

Le onde d'urto non possono essere utilizzate in caso di malattie della coagulazione del sangue, gravidanza e pazienti con pacemaker.»

11.20 I disturbi intestinali

Diversi podisti durante le gare soprattutto di lunga durata tendono ad avere dissenteria. Il problema può essere causato:

1) Dall'ultimo pasto prima di correre, troppo ricco di carboidrati semplici (miele, marmellata).
2) Dall'aver usato durante la corsa integratori di carboidrati ai quali l'organismo non è abituato.
3) Dall'aver assunto durante la corsa integratori di carboidrati in dosaggi eccessivi.

L'assunzione di antinfiammatori, di cui molti podisti, secondo me sbagliando, fanno uso, può essere un'altra delle cause di questo problema.

Chi tende a soffrire di dissenteria dovrà quindi escludere dalla propria dieta i cibi ricchi di fibre (integrali) con l'approssimarsi della gara. Inoltre tutti i carboidrati da prendere in gara dovranno essere collaudati in allenamento. L'acqua dovrà essere bevuta a piccoli sorsi e specialmente se è fredda dovrà essere prima riscaldata in bocca e poi ingoiata a piccoli sorsi. La colazione pre-gara dovrà essere provata prima in allenamento.

Conclusioni

Una corretta alimentazione insieme a una giusta idratazione e gestione dello stress sono sicuramente ottimi metodi di prevenzione dei traumi. Il runner deve imparare ad ascoltare i messaggi del corpo e non temere di andare dal medico di fiducia appena avverte qualche forma di disagio. La cura della tecnica di corsa, delle calzature, la consapevolezza che il riposo sia un mezzo per migliorare la prestazione e non per peggiorarla sono accorgimenti utili a evitare gli infortuni. Inoltre i podisti devono iniziare a curare maggiormente i propri piedi e le strutture osteo muscolari tendinee che li costituiscono. Gli esercizi propriocettivi, di tonificazione e di stretching per i piedi dovranno diventare un impegno quotidiano. Come prevenzione degli infortuni ribadisco l'importanza degli allenamenti in acqua (non solo il nuoto, ma anche la corsa e la bici) per lavorare con basso impegno organico. Con alcune semplici precauzioni potranno essere tenuti sotto controllo anche la dissenteria e il dolore al fianco destro.

Capitolo 12

I RAGAZZI E LA CORSA

Il titolo di questo capitolo è lo stesso di un libro che ho scritto nel 1995 quando ancora insegnavo alle scuole medie e all'ISEF di Firenze. Mi capita spesso di incontrare miei ex allievi che mi fermano e mi dicono: «Professore hai visto? Ho corso la maratona!» e mi raccontano cosa hanno fatto in questi anni. Bello! Avendo fatto l'insegnante per molti anni, dal 1978 al 1999, di ragazzi ne ho visti tanti e scoprire che sono riuscito a trasmettere, almeno a qualcuno di loro, la voglia di correre mi fa molto piacere. Il massimo della soddisfazione è stato nell'aprile del 2011: ero in aereo, di ritorno dalla maratona di Parigi, quando mi sento chiamare da un individuo che non riuscivo proprio a riconoscere. Ci siamo scambiati due battute e mi sono bastate per capire chi fosse: era proprio quello studente di tanti anni prima, goffo, completamente "allergico" alla corsa. Bene, per farla breve, quell'ex cicciotello oggi è un affermato avvocato che ha già corso due volte la maratona di New York e una quella di Parigi.

In questo capitolo troverete un po' delle esperienze fatte in quegli anni, quando cercavo il modo di far capire ai miei alunni che anche la corsa può essere divertente.

12.1 Il genitore allenatore

Era il 1994, insegnavo educazione fisica presso la scuola media di Fiesole e durante i colloqui si presentò un genitore assai disperato perché non riusciva a capire come mai sua figlia si sentisse sempre stanca e non avesse voglia di correre. Iniziammo a parlare e a un certo punto, candidamente, l'uomo affermò che lui, almeno un paio di volte alla settimana, faceva allenare sua figlia facendole ripetere 3-4 volte il tratto di circa 800 metri di salita che separava la loro casa dalla strada principale. Non vi nascondo che con fatica, e solo per educazione, mi sono trattenuto dal dirgli: «Ma si rende conto di cosa sta facendo?». Reagii in modo molto pacato cercando di spiegargli alcuni semplici modi per potersi divertire ad allenare sua figlia senza "distruggerla". Rimanemmo in contatto e seppi poi che la ragazza praticava l'atletica ed era felice. L'episodio fece scattare in me la voglia di scrivere un libro per dare alcune indicazioni ai genitori su quale avrebbe dovuto essere il giusto approccio per tentare di allenare il proprio figlio.

12.2 Niente paura

Il mondo dell'avviamento alla corsa mi ha sempre affascinato, come tutto ciò che è collegato alla pratica di questo sport. Spinto da questo interesse nel 1989, insieme all'allora direttore prof. Marcello Marchioni, organizzai presso l'ISEF di Firenze un convegno internazionale sul tema "L'allenamento della capacità condizionale resistenza in età giovanile". Gli illustri relatori presenti convennero nell'affermare un dato di fatto, valido ancora oggi: non ci sono controindicazioni sul piano fisiologico che impediscano a un bambino la pratica di uno sport di resistenza. Chiaramente chi corre a 9 anni una maratona tutta sull'asfalto potrebbe poi avere problemi alle ossa. Sul piano cardiocircolatorio la reazione del bambino all'attività di resistenza è identica a quella dell'adulto. Allora, mi direte voi: «Come mai mio figlio di correre non ne vuol proprio sapere?» I problemi di vostro figlio sono di tipo motivazionale, non fisiologico.

Per il bambino, correre vuol dire, istintivamente, muoversi velocemente. Il concetto di organizzazione delle energie fisiche e psichiche per fare un'attività fisica prolungata viene acquisito in età adulta: sono infatti pochi i giovani che praticano podismo, mentre sono molti gli over 30. Per meglio comprendere questo concetto provate a dire a vostro figlio di fare una corsa di 300-400 metri e osservate come si comporterà. Partirà "a palla" per i primi 50 metri, poi rallenterà, si fermerà, ripartirà, ma arriverà al traguardo senza essere sconvolto dalla fatica. Altro esempio: date una palla e un cortile a un gruppo di bambini e fate una gara per vedere se vi stancate prima voi a guardarli giocare o loro a giocare. Vedrete! Voi avrete voglia di prendere un caffè, di fare un giretto, mentre loro saranno sempre lì a tirare calci alla palla, a correre, a fermarsi, a ripartire.

Le principali motivazioni del bambino e del ragazzo sono il gioco e l'agonismo. Attraverso il gioco il giovane entra in relazione con il mondo esterno fatto di ambiente, ma anche di coetanei con i quali ha bisogno di confrontarsi. Il bambino non concepisce di dover sopportare la fatica, ma vuole divertirsi. Il compito del genitore che vorrà far conoscere al proprio figlio i benefici della corsa di endurance sarà quello di far capire a cosa serve correre per tanto tempo e, soprattutto, che a correre per tanto tempo, razionalizzando il metodo, non si fa tanta fatica. Grate Waitz, grandissima maratoneta degli anni Ottanta, faceva notare come un ambiente familiare dove si "respiri" una sana abitudine all'attività fisica sia di fondamentale importanza per la nascita e la crescita del giusto approccio alla corsa e per il raggiungimento dell'equilibrio psicofisico dei giovani. Non dovrà mai accadere che un ragazzo venga incitato durante una gara dai genitori, così come si vede fare nel calcio. L'atletica è diversa, è un altro sport.

12.3 La distanza ideale

Molto spesso mi viene chiesto quanto far correre i propri figli. Ecco, nella tabella 12.1, alcune indicazioni sulle distanze di gara. Questo vuole essere un contributo anche per gli organizzatori di manifestazioni.

Tabella 12.1

DISTANZA	ETÀ
600-700 metri	6-8 anni
800-1000 metri	9-10 anni
1000-1200 metri	11-12 anni
1200-1500 metri	13-14 anni

In allenamento potranno essere coperte anche distanze superiori, magari intervallando tratti di corsa a tratti di cammino.

Il terreno. Il bambino dovrebbe correre su un terreno morbido cercando di evitare il più possibile l'asfalto. Il contatto prolungato con superfici dure potrebbe infatti creare problemi ai processi di ossificazione in pieno svolgimento.

Le scarpe. Il bambino dovrebbe stare scalzo per più tempo possibile abituandosi anche a correre, naturalmente su terreni adeguatamente morbidi, senza scarpe e senza calzini. Quando il bambino corre su terreni duri o sull'asfalto sarà bene che calzi scarpe che consentano al piede di estrinsecare le proprie potenzialità propriocettive. Scarpe troppo protettive non sono adatte ai giovani, che devono fare tutto il possibile per essere flessibili come una palla.

12.4 L'età ideale

La resistenza generale è sviluppabile anche a 6-7 anni. Per iniziare la sistematica pratica agonistica della corsa il mio consiglio è quello di attendere la fine della pubertà. Le passeggiate a piedi e in bici, il nuoto, lo sci di fondo o i giochi di squadra tendono comunque a fare diventare il futuro adulto resistente. L'esasperazione di allenamenti mirati all'ottenimento del risultato agonistico potrebbero invece allontanare precocemente il bambino dalla pratica della corsa. Il giovane non percepisce il concetto di "correre per stare bene", per lui correre significa arrivare al traguardo il prima possibile, ma se ciò costituisce un impegno fisico e mentale troppo elevato si potrebbe scoraggiare. Il giovane deve fare varie esperienze motorie, quindi fatelo correre, ma senza precludergli altre attività sportive.

12.5 Divertitevi con vostro figlio

Un metodo che garantisce il successo permettendovi di vedere che vostro figlio in poco tempo impara a correre è quello di correre con regolarità. È di facile applicazione, io ho usato il sistema che sto per proporvi anche quando insegnavo alle scuole elementari, quindi è supergarantito. Potete far correre i vostri figli dove volete, bisogna però misurare il perimetro del percorso. Lo spazio all'inizio deve essere circoscritto per permettere a voi genitori, in modo "passivo", di partecipare alla corsa. Una volta eseguita la misurazione del perimetro scegliete un'andatura che secon-

I ragazzi e la corsa

do voi potrà essere sopportata per almeno 2-3 minuti: durante questo tempo il respiro dovrà essere facile e i ragazzi dovranno essere in grado di parlare con facilità. Nella tabella 12.2 sono indicate le frazioni di 100 metri relative alle andature in minuti al chilometro come si usano nel mondo del podismo.

Tabella 12.2

18	secondi	x 100	metri	=	3.00	minuti	x 1000	metri
19	secondi	x 100	metri	=	3.10	minuti	x 1000	metri
20	secondi	x 100	metri	=	3.20	minuti	x 1000	metri
21	secondi	x 100	metri	=	3.30	minuti	x 1000	metri
22	secondi	x 100	metri	=	3.40	minuti	x 1000	metri
23	secondi	x 100	metri	=	3.50	minuti	x 1000	metri
24	secondi	x 100	metri	=	4.00	minuti	x 1000	metri
25	secondi	x 100	metri	=	4.10	minuti	x 1000	metri
26	secondi	x 100	metri	=	4.20	minuti	x 1000	metri
27	secondi	x 100	metri	=	4.30	minuti	x 1000	metri
28	secondi	x 100	metri	=	4.40	minuti	x 1000	metri
29	secondi	x 100	metri	=	4.50	minuti	x 1000	metri
30	secondi	x 100	metri	=	5.00	minuti	x 1000	metri
31	secondi	x 100	metri	=	5.10	minuti	x 1000	metri
32	secondi	x 100	metri	=	5.20	minuti	x 1000	metri
33	secondi	x 100	metri	=	5.30	minuti	x 1000	metri
34	secondi	x 100	metri	=	5.40	minuti	x 1000	metri
35	secondi	x 100	metri	=	5.50	minuti	x 1000	metri
36	secondi	x 100	metri	=	6.00	minuti	x 1000	metri
37	secondi	x 100	metri	=	6.10	minuti	x 1000	metri
38	secondi	x 100	metri	=	6.20	minuti	x 1000	metri
39	secondi	x 100	metri	=	6.30	minuti	x 1000	metri
40	secondi	x 100	metri	=	6.40	minuti	x 1000	metri
41	secondi	x 100	metri	=	6.50	minuti	x 1000	metri
42	secondi	x 100	metri	=	7.00	minuti	x 1000	metri
43	secondi	x 100	metri	=	7.10	minuti	x 1000	metri

44	secondi	x 100	metri	=	7.20	minuti	x 1000	metri
45	secondi	x 100	metri	=	7.30	minuti	x 1000	metri
46	secondi	x 100	metri	=	7.40	minuti	x 1000	metri
47	secondi	x 100	metri	=	7.50	minuti	x 1000	metri
48	secondi	x 100	metri	=	8.00	minuti	x 1000	metri
49	secondi	x 100	metri	=	8.10	minuti	x 1000	metri
50	secondi	x 100	metri	=	8.20	minuti	x 1000	metri
51	secondi	x 100	metri	=	8.30	minuti	x 1000	metri
52	secondi	x 100	metri	=	8.40	minuti	x 1000	metri
53	secondi	x 100	metri	=	8.50	minuti	x 1000	metri
54	secondi	x 100	metri	=	9.00	minuti	x 1000	metri
55	secondi	x 100	metri	=	9.10	minuti	x 1000	metri
56	secondi	x 100	metri	=	9.20	minuti	x 1000	metri
57	secondi	x 100	metri	=	9.30	minuti	x 1000	metri
58	secondi	x 100	metri	=	9.40	minuti	x 1000	metri
59	secondi	x 100	metri	=	9.50	minuti	x 1000	metri
60	secondi	x 100	metri	=	10.00	minuti	x 1000	metri

Vi dirò di più: se vostro figlio dovesse essere in sovrappeso, potete anche semplicemente farlo camminare e poi, piano piano, iniziare a farlo correre.

Per aiutarvi posso dirvi che con i bambini di quarta e quinta elementare iniziavo da due minuti al ritmo di 8'30"-7'00" al km. In prima media li facevo correre tre minuti a una velocità che poteva essere anche di 5'30"- 6'00 al km. Fra la prima e la seconda media la differenza di andatura e di minuti di corsa per iniziare era minima. In terza media, pur mantenendo i tre minuti consecutivi, con qualche ragazzo iniziavo anche da cinque minuti al km. Chiaramente a scuola la corsa di regolarità veniva fatta per gruppi di livello.

Il compito di voi genitori sarà quello, una volta individuato il percorso e l'andatura, di eseguire una semplice operazione matematica tale da consentirvi di stabilire in quanto tempo dovrà essere percorso un giro del vostro tracciato correndo alla velocità che voi avete stabilito.

$$100 : r = 1 : T$$

La proporzione sarà impostata considerando che 100 è il tempo ogni 100 metri, "r" rappresenta il ritmo corrispondente ai 100 metri, "l" rappresenta la lunghezza del giro e "T" il risultato che vogliamo ottenere, ovvero il tempo al quale compiere ogni giro correndo a una determinata andatura. Facciamo un esempio. Supponiamo che vogliate far correre vostro figlio in un perimetro di 84 metri al ritmo di 6'30" al km, che corrisponde a 39 secondi ogni 100 metri. Il risultato dell'operazione sarà 32"76, che arrotonderemo a 32"8. Quindi in questo caso vostro figlio dovrà impiegare 32"8 a compiere il giro del tracciato da voi stabilito. Per comodità potrete anche arrotondare a tempi più semplici da calcolare. Quindi in questo caso vostro figlio ogni 32"8 dovrà essere nello stesso punto da cui è partito. Voi ogni 32"8 farete un segnale, va benissimo un fischio. Se vostro figlio sarà più avanti del punto di partenza dovrà rallentare, se invece sarà più indietro dovrà aumentare l'andatura fino a quando non riuscirà a passare dal punto di partenza in corrispondenza del vostro fischio. All'inizio non ci riuscirà, partirà sicuramente più forte, ma dopo un po' di tempo andrà benissimo e vedrete che si divertirà e prenderà dimestichezza con la gestione del tempo in rapporto alla sua andatura di corsa. Scoprirà, e sarà bellissimo, che correre non è faticoso.

Con il passare del tempo, quando il futuro podista imparerà a "sentire" il ritmo, potete inserire dei giochi di velocità facendogli fare ad esempio tre giri a un ritmo e tre giri a un altro. Sarà un esercizio molto formativo per affinare la coordinazione spazio temporale. Con il passare del tempo non sarà più necessario seguire un percorso circoscritto perché il giovane avrà ormai imparato a gestire il ritmo e potrà correre anche in natura senza sbagliare. Un gioco da ragazzi, vero? Lo so, ma non perdete tempo, munitevi di cronometro, rintracciate vostro figlio e iniziate.

12.6 Il grafico di Chanon

Una volta che i vostri figli avranno preso confidenza con la corsa per stimolarne la curiosità potete far capire loro come funziona il cuore quando corre. Le prime volte che corrono insegnate a sentire la frequenza cardiaca: prima di iniziare e subito dopo l'arrivo, fate mettere la mano destra sulla parte sinistra del petto e fate notare che a riposo il cuore batte lentamente, dopo e durante la corsa invece batte velocemente. Il secondo passo è insegnare loro a misurare la frequenza cardiaca: fate premere leggermente il dito indice o il medio sul collo, sotto l'angolo della mandibola. Avvertiranno i battiti del cuore. Fateli divertire a misurare la frequenza cardiaca in vari momenti, anche mentre stanno correndo.

A questo punto siete pronti per costruire il grafico di Chanon. Visto che siamo nel terzo millennio usate il cardiofrequenzimetro. Individuate un luogo per correre dove si possano fare dei giri: va benissimo un prato, la palestra, il giro del palazzo. Per costruire il grafico di Chanon l'andatura dovrà essere costante, quindi vi consiglio di usare il metodo delle corse di regolarità per stabilire il ritmo in base alle caratteristiche dei vostri figli. La distanza sarà stabilita in base all'età. Io facevo correre per 6-8-10 minuti rispettivamente i ragazzi di prima, seconda e terza media. Appena è tutto pronto, prendete nota della FC prima di partire. Mentre il ragazzo corre, controllate solo che mantenga sempre la stessa andatura. Al termine della prova riportate la FC rilevata immediatamente dopo l'arrivo e, per i successivi cinque minuti, rilevatela ogni minuto. A casa poi, con calma, mettendo in ascisse la FC e in ordinata i minuti del recupero, costruirete il grafico di Chanon.

Ripetendo periodicamente, circa ogni mese, la stessa prova, correndo per lo stesso numero di minuti alla stessa andatura, vedrete come il cuore si adatta all'allenamento. Il calcolo è ancora più semplice per chi utilizza un cardiofrequenzimetro con la possibilità di elaborare i dati inserendoli direttamente nel pc, perché potrà evitare tutta la procedura appena descritta. Unico accorgimento è quello di premere un lap al momento della partenza, all'arrivo e ogni minuto per i successivi cinque.

12.7 I brevetti di Chanon

I ragazzi amano il confronto, la competizione. Se siete riusciti a farli divertire a correre ora dovrete creare per loro ulteriori stimoli. I brevetti di Chanon possono servire a questo scopo: oltre a un diploma, decidete voi se dare o meno una gratificazione o un regalo a mano a mano che cresceranno di livello. Nella tabella 12.4 troverete i minuti di corsa richiesti per raggiungere i vari livelli in relazione all'età.

Tabella 12.4

	6 anni	7 anni	8 anni	9 anni	10 anni	11 anni	12 anni	13 anni	14 anni
I livello	1'00"	1'30"	3'00"	3'30"	4'30"	6'00"	7'00"	10'00"	12'00"
II livello		2'00"	3'00"	4'00"	4'30"	6'00"	7'00"	8'00"	12'00"	15'00"
III livello		3'00"	4'00"	5'00"	6'00"	7'00"	8'00	12'00"	15'00"	20'00"

Il numero dei minuti richiesti per ottenere i vari livelli non corrisponde perfettamente con quelli proposti da Chanon, sono più che altro il frutto della mia esperienza di insegnante di educazione fisica.

12.8 Gare sì-gare no?

Durante gli anni della scuola i ragazzi saranno probabilmente stimolati dai propri insegnati di educazione fisica a partecipare a gare e competizioni. Ecco il mio consiglio in proposito:

1) Se il profe (così mi chiamavano) seleziona vostro figlio per partecipare a qualche gara dategli il permesso, vedrete che sarà una bella esperienza e può darsi che sia il primo passo per farlo diventare un runner o un atleta.
2) Se da una società sportiva vi arrivasse l'invito a farlo partecipare a qualche manifestazione, non esitate, accompagnatelo.
3) Se volete divertirvi a provare ad allenare vostro figlio per una di queste gare seguite le indicazioni che sto per darvi, con la promessa che poi lo affiderete anche nelle mani di un allenatore esperto e preparato. Il vostro ruolo potrà essere solo di supporto a quello dell'allenatore, a cui non dovrete in alcun modo sostituirvi.

12.9 Allena i figli alla gara scolastica

Prima di tutto, mostrate il programma di allenamento che volete far seguire a vostro figlio al suo insegnate di educazione fisica, che dovrà approvarlo.
Per iniziare, provate a far correre al ragazzo la stessa distanza di

gara, organizzando proprio una specie di gara a cui potete partecipare anche voi. Sarà il test che servirà per impostare il ritmo di allenamento. Attenzione, se ne uscite sconfitti, preparatevi ad accettare in silenzio le inevitabili prese di giro!

Supponiamo che vostro figlio una volta alla settimana partecipi alla lezione di educazione fisica scolastica e che altre due volte (spero) pratichi un'attività sportiva extrascolastica. Se già viene allenato a correre con il metodo della corsa di regolarità, il vostro compito sarà quello di programmargli una volta alla settimana un allenamento che gli permetterà di lavorare sulla velocità: le prove ripetute. Supponiamo che la gara si debba svolgere su 1000 metri. Dopo aver rilevato il tempo ottenuto a correre facciamo un po' di calcoli per stabilire a quale velocità dovrà correre le prove ripetute per prepararsi alla gara. I 600 metri andranno corsi al 2% più veloci rispetto alla velocità dei 1000, i 500 metri il 3% più veloci, i 400 metri il 5% più veloci, i 300 metri il 6% più veloci e i 200 metri il 7% più veloci. Il recupero fra le prove a questa età non dovrà essere inferiore ai cinque minuti e dovrà essere eseguito camminando. I riferimenti sono relativi a un bambino di 11 anni.

Crescendo, il ragazzo potrà aumentare le velocità di percorrenza di un punto percentuale ogni anno. Il ritmo della corsa lenta dovrà essere tale da poter parlare facilmente. Ecco tre esempi di come potrebbe essere impostato un allenamento di corsa lenta per vostro figlio: ogni allenamento dovrà essere fatto dopo un riscaldamento seguendo uno schema che sicuramente il ragazzo avrà già appreso dal suo insegnate di educazione fisica.

1) 1 x 200 metri recupero 5 minuti; 1 x 500 metri recupero 5 minuti; 1 x 300 metri.
2) 1 x 200 metri recupero 5 minuti; 1 x 600 metri.
3) 1 x 300 metri recupero 5 minuti; 1 x 400 metri recupero 5 minuti; 1 x 200 metri.

Conclusioni

I ragazzi dovrebbero essere messi in condizione di vivere in un ambiente dove si percepisce un modo "sano" di praticare sport e il genitore può essere di forte stimolo per avviarli nel modo giusto. Lo sport contribuisce alla formazione psicofisica e sociale degli uomini e delle donne di domani. Chi si prenderà cura dei vostri figli dovrà essere un professionista, laureato in scienze motorie, allenatore di professione e non un dopolavorista che per arrotondare lo stipendio allena le future generazioni. Sarà quindi vostro compito, pur continuando a tenere vivo l'interesse nei confronti del running nei vostri figli, affidarli in mani competenti.

Frequentando ancora i campi di atletica posso dire che la formazione psicopedagogica degli allenatori laureati in scienze motorie è di buon livello e questa caratteristica, a mio avviso, è preponderante rispetto agli aspetti puramente tecnici relativi, nel nostro caso, all'atletica.

Capitolo 13

LA DONNA E LA CORSA

In passato la corsa di endurance non era ritenuta adatta alle donne. È curiosa la storia di Kathrine Switzer che, non potendo partecipare ufficialmente alla maratona di Boston del 1967, si iscrisse alla gara cambiando il suo nome e si recò alla partenza mascherata da uomo e con il capo coperto da un cappuccio. Dopo la partenza, quando gli organizzatori se ne accorsero cercarono di fermarla, ma grazie all'intervento del suo fidanzato, giocatore di football americano, e di altri partecipanti alla maratona non ci riuscirono. Kathrine concluse la maratona in 4:30', ma la sua presenza in gara fu soprattutto una grande conquista per il sesso femminile e un messaggio forte per gli organizzatori.

Sono stati fatti innumerevoli passi avanti e ormai le donne sono accettate a pieno titolo nel mondo della corsa. Fra il 2009 e il 2010 l'incremento delle maratonete è stato del 11%, come testimonia il dato che l'amico Daniele Menarini ha riportato nella maxi classifica dalla rivista "Correre" del 2010. In questo capitolo ci occupiamo di alcuni aspetti particolari della pratica del running da parte delle donne.

13.1 Le caratteristiche delle donne

Le donne, dovendo svolgere funzioni vitali diverse rispetto a quelle degli uomini presentano differenze, definite "differenze di genere" (→ A. Gianfelici-M. Faina, 2008):
1) Pesano meno e sono più basse.
2) Trattengono una maggior quantità di acqua.
3) Hanno ossa meno dense e maggior lassità del tessuto connettivo.

4) Tendono ad avere un'altezza del baricentro più bassa di 1-2 cm.
5) Hanno una minor quantità di emoglobina e di globuli rossi.
6) Il massimo consumo di ossigeno (vo2 max) è più basso.
7) Usano una maggior quantità di grassi per ricostruire l'energia.
8) Non hanno grande possibilità di sfruttare la capacità anaerobica e quindi di usare i carboidrati a fini energetici.
9) Sono più soggette agli sbalzi termici.

Vediamo ora l'influenza delle caratteristiche ai fini della pratica del running:
1) Hanno maggior mobilità articolare, talvolta eccessiva ai fini del podismo. Chi proviene da un altro sport, tipo ginnastica artistica o danza, può essere soggetto a frequenti slogature o distorsioni.
2) La differenza di forza negli arti inferiori fra uomini e donne non è molto grande, mentre lo è per gli arti superiori. Le donne hanno braccia molto meno forti rispetto agli uomini.
3) Le capacità di endurance, sia aerobica sia anaerobica, sono inferiori nella donna rispetto all'uomo, quindi la donna con l'allenamento potrà avvicinarsi ai risultati dell'uomo, pur senza mai raggiungerli.

La coordinazione fine, relativamente ad azioni di mobilità, è superiore nella donna rispetto all'uomo. Di conseguenza la donna ha maggiore sensibilità nell'imparare a correre in modo corretto.

Anche se non strettamente correlate al nostro mondo, è giusto sapere che:
1) Come conseguenza di una minor massa muscolare la donna ha minor forza massima e forza rapida rispetto all'uomo. Se fra chi legge c'é qualche ragazza che vuole dedicarsi alle specialità di sprint e di salto, deve sapere che la lunghezza del passo ha una limitazione dovuta a questo fattore.
2) Non esiste differenza fra le fibre muscolari dell'uomo e della donna.

Più avanti vedremo come alcuni dei fattori analizzati in questo paragrafo possono influenzare l'allenamento.

13.2 Allenamento e ciclo mestruale

Il ciclo ormonale, oltre che influenzare la vita di relazione delle runner, influenza anche l'allenamento. Le tre diverse fasi del ciclo rappresentano tre diversi momenti per poter impostare l'allenamento.

Ciclo mestruale. Ha una durata di circa 4-5 giorni. Le donne che alleno hanno sempre dato risposte piuttosto personalizzate. Alcune di loro già il primo giorno del ciclo sono in grado di offrire prestazioni di buon livello sia in gara sia in allenamento. Altre necessitano di 2-3 giorni per essere in grado di esprimersi al meglio. Alcune ragazze invece durante il primo giorno sono in crisi totale, se gareggiano sappiamo che non otterranno una buona prestazione e se si allenano lo fanno in modo molto blando. Verso la fine del ciclo o addirittura a ciclo finito, tutto si normalizza.

Fase proliferativa. Ha una durata di circa 10 giorni ed è caratterizzata da una grande produzione di estrogeni. È il periodo migliore per impostare allenamenti di durata e di intensità senza problemi. Questo, in genere, è il periodo in cui chi gareggia ottiene buoni risultati.

Fase luteinica. Ha una durata di 10-14 giorni, è caratterizzata da grande produzione di progesterone. Questa è la fase più critica per molte runner: alcune ragazze stanno bene fino all'inizio delle mestruazioni, altre invece con il trascorrere dei giorni della fase luteinica accusano vari disturbi che spaziano da una convulsiva voglia di mangiare dolci, a pancia gonfia, fino a cambiamenti dell'umore. In questo periodo può essere difficile ricercare delle buone prestazioni dalle atlete.

Un buon programma di allenamento non può ignorare la fase in cui si trova la donna. Quando le runner mi permettono di conoscere l'andamento del loro ciclo ormonale cerco di programmare allenamenti più importanti nel periodo post-mestruale, per poi diminuirli nella parte critica pre-mestruale. Ho notato che le sofferenze legate alla sindrome pre-mestruale con la regolare pratica del running diminuiscono.

Spesso accade che le ragazze facciano fatica ad accettare il periodo critico mensile, ma è proprio in quel momento, superata la timidezza, che si rinforza il rapporto di fiducia fra allenatore e atleta. La ragazza non ha più motivo di tenere nascosto il suo problema, permettendo l'elaborazione del programma di allenamento in modo più personalizzato. Durante il primo giorno di mestruazione ad alcune ragazze, in casi estremi, consiglio di camminare e non di correre, ma mai di stare ferme: sarebbe ancora peggio. L'esperienza mi permette di affermare che nessuna runner ha visto peggiorare il suo rapporto con il ciclo, mentre tutte in misura minore o maggiore lo hanno visto migliorare.

13.3 Correre in gravidanza

Ero a Chicago ad accompagnare alla maratona un gruppo di podisti quando è giunta la voce che una ragazza aveva partorito dopo aver partecipato e portato a termine la competizione. Amber Miller, ventisettenne, ha corso la maratona in 6:25' e dopo sette ore ha dato alla luce June, una bella bambina di tre chili e mezzo. La giovane mamma era stata autorizzata dal suo medico, quindi era tranquillissima.

L'esperienza di Amber testimonia che i tempi sono davvero cambiati: fino a qualche anno fa era impensabile che un medico autorizzasse una donna a correre una maratona dopo 39 settimane di gravidanza mentre adesso capita sempre più spesso, nei luoghi di allenamento frequentati da runner, di vedere gestanti.

Ecco quindi una serie di consigli per le donne in stato interessante:
1) Concordate con il vostro medico e il vostro allenatore il programma di allenamento da svolgere.
2) Preferite il nuoto e la camminata, se il medico è d'accordo correte pure, ma non a intensità elevata.
3) Evitate di fare attività fisica nelle ore calde, in ambiente assolato o indossando troppi vestiti.
4) Evitate di fare immersioni.
5) Evitate sport che prevedano il rischio di caduta.
6) Aumentate l'apporto di carboidrati fino a 300 kcal al giorno.
7) Mantenete un buon livello di idratazione.
8) Non fate attività fisica in caso di stanchezza.
9) Dedicate il giusto tempo al sonno.
10) Ascoltate sempre i messaggi del corpo.

La gravidanza non deve essere vissuta come una malattia, ma come un bellissimo momento della vita che va però monitorato da specialisti di vostra fiducia.

13.4 Dopo il parto

Prima di tutto la donna deve capire che dopo aver partorito può tornare più in forma e più forte di prima: sono molti gli esempi di mamme che hanno ottenuto i propri primati personali. La ripresa deve avvenire in modo graduale e senza voler affrettare i tempi, considerando che durante il periodo dell'allattamento la donna deve alimentare anche il bambino e la ricerca di un rapido dimagrimento post parto può essere poco indicata. Oggi ci sono dei passeggini che permettono di correre con il bambino, ottimi strumenti per riprendere a camminare e poi a correre. In alcune città vengono anche organizzati corsi per la ripresa dell'attività fisica dedicati alle neo mamme. Per mia esperienza, la difficoltà maggiore per una donna è quella di accettare che la perdita del grasso accumulato durante la gravidanza avverrà in tempi ragionevoli e diversi da donna a donna. La costante pratica dell'attività aerobica aiuta molto a riprendere un livello di equilibrio psicofisico che può essere uguale, e molto spesso anche migliore, a quello del periodo che ha preceduto la gravidanza.

13.5 La menopausa

Le donne che corrono in questa delicata fase della loro vita sono tantissime. Oltre alle "vampate" causate dalla tempesta ormonale che si scatena, aumenta la facilità di depositare grasso nei punti non desiderati, diminuisce la protezione contro le malattie vascolari e di conseguenza aumenta il rischio di andare incontro all'infarto. Inoltre a causa dell'osteoporosi può aumentare da due a cinque volte il rischio di subire fratture. Sono tutti fattori che devono stimolare la donna a praticare regolarmente attività fisica e coloro che non hanno mai corso potranno iniziare a camminare per poi magari trasformarsi in runner. Importanti sono gli esercizi di tonificazione in palestra con pesi leggeri o a carico naturale, il nuoto o l'attività in acqua. È consigliabile anche una dieta che preveda l'assunzione di buone quantità di calcio anche bevendo particolari acque minerali.

Nel 1978 avevo organizzato presso la palestra della scuola media di Fiesole il primo corso di ginnastica per adulti: si presentarono due persone. La tristezza di quel tardo pomeriggio fu ben presto dimenticata: dopo poche lezioni i corsi cominciarono a essere frequentati da decine di donne desiderose di fare attività fisica. Oggi per fortuna le cose sono cambiate, le donne sono molto più attente e si prendono cura del loro corpo anche durante la menopausa.

13.6 La carenza di ferro

Problema comune a moltissime runner, è dovuto alla perdita di sangue attraverso le mestruazioni, al sudore, a regimi alimentati che non prevedono il consumo di carne rossa. Il ferro serve a sintetizzare i globuli rossi, l'emoglobina e la mioglobina, sostanze senza le quali l'ossigeno non può raggiungere i muscoli per produrre energia all'interno dei mitocondri. In caso di carenza di ferro, sarà necessario ridurre l'allenamento sia in quantità che in qualità, arricchire l'alimentazione di carne di manzo e di vegetali. Il reintegro del ferro deve avvenire sotto la guida del vostro medico di fiducia e solo dopo che è stata accertata un'autentica carenza.

13.7 La triade della donna atleta

Le runner amatoriali in genere non soffrono di questa sindrome, che interessa maggiormente le giovani atlete.

Messa in evidenza dell'ACSM (American College of Sport Medicine) è caratterizzata da: disturbi alimentari, amenorrea secondaria e osteoporosi che si verificano in atlete alla ricerca per fini sportivi di un eccesso di magrezza.

I disturbi alimentari. Nascono dalla paura di essere grasse, di non piacere, di non riuscire a ottenere risultati soddisfacenti. Si verifica allora l'anoressia, ovvero il rifiuto del cibo. Si possono verificare anche problemi di bulimia, ovvero di vomito auto-indotto, oltre alla ricerca di lassativi e diuretici per eliminare ciò che è stato mangiato. Quando si evidenzia questo problema la donna:
- Dimagrisce in modo eccessivo.
- Tende a fare più attività fisica rispetto a quella prevista per l'allenamento.
- Si ammala spesso.

- Subisce fratture da stress.
- Ha un colore anemico delle pelle.
- Si affatica frequentemente.

L'amenorrea secondaria. Rappresenta la perdita del ciclo mestruale per tre mesi e oltre. Può essere collegata a un eccessiva perdita di grasso causata da un apporto alimentare non adeguato o da un eccesso di attività fisica. Può presentarsi indipendentemente alla triade della donna atleta, può interessare anche donne che raggiungono un livello di massa grassa inferiore al 9-10%.

L'osteoporosi. È la diminuzione della densità ossea con alterazione della microarchitettura ossea, determinata dall'interruzione delle mestruazioni. Se si presenta questo problema in una donna di 20 anni le sue ossa diventano come quella di una settantenne (→ M. Gulinelli, 2007).

I tre problemi sono strettamente collegati fra loro ed evidenziano un grave disagio da parte dell'atleta che richiede, per la sua risoluzione, anche l'intervento psicoterapeutico, oltre a particolare attenzione da parte di medici, genitori e allenatori.

Conclusioni

Dal punto di vista dell'allenamento non esiste differenza fra uomo e donna: i mezzi sono gli stessi e deve essere mantenuto sempre un buon livello di forza sia specifica sia generale. Soprattutto nelle giovani donne o in coloro che hanno velleità agonistiche dovrà essere tenuta sotto controllo l'alimentazione per evitare che si ammalino della triade o di amenorrea. In una situazione di equilibrio tra attività lavorativa, rapporti familiari e riposo, il running permetterà un reale miglioramento dello stato psicofisico.

Capitolo 14

IL RUNNER DAI CAPELLI GRIGI

Non voglio fare retorica, ma il concetto di "anziano" è molto cambiato da quando avevo 20 anni. Avere più di 50-60 anni negli anni Settanta significava passare il tempo non dedicato al lavoro in casa, a guardare la TV, in un bar a fumare sigarette o giocare a carte. La cultura dello sport nell'età adulta e avanzata non esisteva, erano pochissimi coloro che cercavano di fare sport, di camminare e correre. Lo sport era vissuto da spettatore: l'anziano doveva riposarsi, risparmiare energie. Raggiunta la pensione la maggior parte delle persone si lasciava letteralmente andare e questo comportamento, diventando terreno fertile per le malattie da inattività. Ma fu proprio negli anni Settanta che ci fu la scossa generata da un cambiamento di cultura favorito forse dall'austerity che costrinse tutti a non usare mezzi a motore per qualche domenica. Anche coloro che avevano i capelli grigi riscoprirono il movimento, la gioia di fare attività fisica.

Chi l'avrebbe detto che nel 2000 molte persone avrebbero atteso la pensione per potersi finalmente dedicare con tranquillità al podismo? Eppure sono davvero tanti coloro che praticano il nostro sport e hanno più di 50-60 anni. Ops, ora che ci penso ho anch'io questa età. Sto correndo da tutta la vita e a volte mi dimentico di avere ormai quasi 60 anni: sarà un buon segno? Speriamo!

In questo capitolo analizzeremo il significato di correre in età avanzata e vi darò suggerimenti pratici per potervi divertire e correre senza rischi.

14.1 Stiamo con i piedi per terra

La nostra è l'età della maturità, abbiamo ormai vissuto una serie di esperienze e ci sentiamo protagonisti del nostro tempo. Si possono però commettere due errori: piangersi addosso pensando a come potrà essere la vecchiaia o, al contrario, pensare di essere dei ventenni in grado di poter fare qualsiasi cosa.

Equilibrio è la parola d'ordine del runner maturo ed è importante dimostrare a noi stessi che ci vogliamo bene. Prima di tutto organizzatevi per stare in contatto con un medico sportivo che un paio di volte all'anno esegua dei controlli: analisi del sangue, visita cardiologica e altro a sua discrezione. Questo vi permetterà di essere più tranquilli perché, diciamocelo chiaramente, dopo i 50 anni è più facile avere problemi a cui neppure pensavamo quando eravamo giovani. Quindi, prevenzione prima di tutto. Nei successivi paragrafi vedremo in modo più particolareggiato cosa cambia nell'organismo del runner con il trascorrere degli anni.

14.2 Il recupero degli allenamenti e delle gare

Chi corre da diversi anni si sarà accorto che i tempi di recupero tendono a dilatarsi. Uno dei podisti più forti che ho allenato per 15 anni, quando aveva 30 anni sopportava tranquillamente dei microcicli di allenamento che prevedevano prove ripetute brevi, dopo due giorni prove ripetute lunghe e dopo due o tre giorni un medio o un lunghissimo. Alla fine della sua attività podistica, quando ormai di anni ne aveva circa 45, il suo microciclo settimanale era organizzato su due allenamenti di qualità e cinque di recupero. Per esempio: il mercoledì era il giorno dedicato alle prove ripetute, poi faceva corsa lenta il giovedì, il venerdì e il sabato per poi tornare a fare un medio, un progressivo o un lunghissimo in caso di allenamento per la maratona, la domenica. Non solo, ma i primi anni il mesociclo era impostato su tre settimane di carico e una di scarico. A 40 anni e anche dopo, venivano fatte due settimane di carico e una di scarico. Questo oculato adattamento dell'impostazione del programma di allenamento in relazione al passare degli anni è stato forse il motivo che ha permesso a questo podista di avere pochissimi infortuni. Fra gli amatori maturi, il recupero potrà essere gestito anche facendo, dopo ogni allenamento intenso, attività diverse da quelle della corsa, che permettono di impegnare l'organismo con attività blande che non gravano sull'apparato muscolare e tendineo. Il sonno, poi, diventa fondamentale per recuperare l'energia usata durante l'allenamento: con il passare degli anni tendono infatti a diminuire nei muscoli le riserve di glicogeno e il podista deve dare il tempo all'organismo di ricreare le condizioni ideali per poter svolgere poi un allenamento impegnativo.

14.3 La gestione dello stress

Anche il podista maturo può partecipare alle gare perché sono un importante stimolo: allenarsi senza un obiettivo preciso non è la stessa cosa. La programmazione di un evento, per tutti i podisti ma per i maturi in particolare, deve essere fatta in modo accurato senza lasciarsi prendere dalla bramosia di voler gareggiare di continuo. Sono pochissimi, anzi credo proprio che non esistano, coloro che presentandosi alla partenza di una qualsiasi manifestazione podistica riescono a viverla in modo distaccato senza farsi prendere almeno un po' dall'agonismo. Essere stressati significa avere la voglia di andare a gareggiare o di fare le ripetute o comunque un allenamento intenso. Se avvertite queste sensazioni calmatevi, rilassatevi, lasciate perdere allenamenti impegnativi e andate a correre, se possibile, in compagnia e senza pensare al cronometro o al cardiofrequenzimetro. Il maturo deve sapere che in caso di infortunio il recupero sarà più lungo; voler forzare i tempi per tornare subito a correre è un grave errore che può provocare ricadute. Seguite i consigli del vostro medico, allenatore o fisioterapista e vedrete che vi troverete benissimo.

14.4 Il cuore e la circolazione

Ogni anno la frequenza cardiaca massima diminuisce di un battito al minuto indipendentemente dall'allenamento. Se avete iniziato a correre in età matura i primi tempi vedrete i valori della vostra FC che scendono rapidamente: non vi preoccupate, è normale, è giusto mantenere il cuore efficiente attraverso allenamenti di prove ripetute, ma senza andare mai a cercare le pulsazioni massime con allenamenti troppo intensi. Un allenamento ideale è il fartlek da fare su saliscendi.

La pressione arteriosa tende a salire con l'età a causa della perdita di elasticità dei vasi sanguigni con relativo aumento delle resistenze periferiche, ecco perché vi consiglio un controllo dal medico sportivo due volte all'anno. Se soffrite di pressione alta sarà il vostro medico a decidere il tipo di farmaco da farvi eventualmente prendere. Gli allenamenti dovranno essere però mirati alla capillarizzazione, a un iperteso è più indicata una maratona invece di una gara di 10 km.

14.5 Le microfratture

Con gli anni le ossa diventano meno dense, si creano le condizioni per la osteopenia, perdita di massa ossea, e per la osteoporosi, fenomeni del quale soffrono in particolare le signore con i capelli bianchi e che consiste nella perdita di massa ossea associata a deterioramento della microarchitettura dell'osso. Questo tipo di infortunio può allontanare dalla corsa anche per uno o più mesi, ma una corretta alimentazione, abbinata a un adeguato programma di tonificazione muscolare, contribuiranno a prevenire il problema.

14.6 La forza

Il runner a questa età va incontro a un problema che non è una malattia, ma un fenomeno naturale legato all'età. La sarcopenia rappresenta infatti la perdita di dimensione della fibra muscolare e una generale perdita di massa muscolare (→ V.M.Zatsiorsky-W.J.kramer, 2008) e quindi una perdita di forza.

Esiste un solo sistema per ridurre gli effetti di questo problema: allenare la forza. Il podista maturo dovrà seguire i miei consigli e dedicarsi al sistematico allenamento della forza generale.

14.7 Il caldo

Il runner dai capelli grigi fa più fatica a svolgere attività fisica al caldo rispetto a un giovane, quindi in estate dovrà uscire a correre prevalentemente la mattina presto quando l'aria è più fresca. In alternativa va bene anche la sera tardi, ma in questo caso sarebbe meglio attendere il calare della notte.

14.8 Come si cambia

Con il passare degli anni la massa muscolare tende a diminuire, il grasso tende ad aumentare e la statura si abbassa, in poche parole si diventa più brutti. L'importante sarà continuare a piacersi.

Altro fenomeno dell'età matura interessa le fibre muscolari: si perdono quelle veloci e aumentano quelle lente. In pratica non si perde la capacità di endurance ma la velocità sì.

Il calo della prestazione è ritenuto essere mediamente dell'1% all'anno.

L'anziano ha più bisogno di essere idratato rispetto al giovane sebbene solitamente abbia meno sete. È quindi importante che si abitui a bere il più possibile soprattutto nel pomeriggio e lontano dai pasti.

Conclusioni

Il podista dai capelli grigi deve avere un regime alimentare corretto, deve idratarsi bene e soprattutto deve allenarsi con regolarità con i mezzi relativi alla corsa di intensità medio bassa e deve mantenere un buon tono muscolare. Dovrà però allenarsi meno in modo da dare all'organismo i necessari tempi di recupero. Sarà molto importante gestire lo stress senza esagerare con la partecipazione alle gare.

Questa condotta gli permetterà di rallentare il peggioramento delle prestazioni e di invecchiare divertendosi.

Capitolo 15
PRIMA DI TUTTO: LA SALUTE

Il runner si allena per ottenere il bene più prezioso della vita: la salute.

Vediamo come la corsa può essere un valido aiuto anche per coloro che soffrono di malattie subdole. La cultura del movimento si sta diffondendo sempre di più anche fra i medici e sempre più spesso non vengono prescritti farmaci, ma attività fisica. Ormai è universalmente riconosciuto che correre, camminare, nuotate, fare sci di fondo, trekking o qualsiasi altra attività aerobica sia importantissimo ai fini del raggiungimento dell'equilibrio psico-fisico di uomini e donne di tutte le età. Come sempre parlerò delle mie esperienze, che sono state e continuano a essere molto soddisfacenti. Il lavoro con chi non è in salute deve essere fatto in équipe, in collaborazione con specialisti di diversi settori. Il primo obiettivo che deve porsi chi lavora con una persona che non sta bene o è in fase di convalescenza è quello di ricostruirne la fiducia. Chi ha o ha avuto problemi deve sentirsi protetto, seguito, solo così si impegnerà nelle attività proposte e otterrà risultati. Al tempo stesso, è importante essere molto vigili nei confronti di coloro che vogliono affrettare i tempi per ritornare a essere quelli di prima: qualsiasi progresso richiede tempo e pazienza.

Le persone che non sono in salute, nella maggior parte dei casi arrivano da me indirizzate dai medici, quindi già con indicazioni piuttosto precise sul loro problema. Anche a loro faccio compilare una scheda informativa dove devono indicare il loro passato sportivo, il loro presente e anche i loro obiettivi. Inoltre nella scheda si chiede il tipo di allenamento che è stato fatto fino al momento dell'incontro, le abitudini alimentari e eventuali infortuni che possano pregiudicare l'attività fisica. Dopo questo primo colloquio, e seguendo le indicazioni del medico, si stabilisce l'attività fisica da svolgere. Non è detto che il soggetto possa correre, o che possa farlo fin da subito; molto spesso nella prima fase consiglio di camminare o di usare la bici, di andare in palestra, di alternare i vari tipi di attività fisica. Si analizza quindi la tecnica delle varie attività proposte, dopodiché la persona viene invitata a seguire un programma di allenamento monitorato a cadenza settimanale. Nelle fasi successive viene presa in considerazione l'eventualità di fare dei test.

Praticando il mio lavoro mi è capitato di lavorare con persone ipertese, obese, cardiopatiche, diabetiche, con colesterolo e trigliceridi alti.

15.1 L'ipertensione

Il problema di questa malattia è che non dà segni evidenti: ci si accorge di avere la pressione alta solo quando ci viene misurata. La visita di idoneità sportiva serve anche a svelare questo tipo di problema.

Tabella 15.1   I valori della pressione del sangue negli adulti.

TIPO	SISTOLICA (MASSIMA)	DIASTOLICA (MINIMA)
Buona	120	80
Normale	MENO DI 130	MENO DI 85
Border line	140	90
Alta	150	95
Molto alta	160	100

Quando la pressione è alta il cuore trova più resistenza a far uscire il sangue dal ventricolo sinistro e con il passare degli anni le arterie possono perdere elasticità e indurirsi. Le pareti del cuore si ipertrofizzano e al pari di ogni altro muscolo consumano più ossigeno mentre i vasi, le coronarie, non aumentano la capacità di trasportarlo. Questi danni potranno essere in futuro causa di infarto, blocco renale, ictus.

Appena la pressione supera i livelli di normalità sarà il medico a consigliare all'allenatore il tipo di attività da fare. In linea di massima comunque le attività da evitare sono (→ P.M. Casali, L. Marin, M. Vandoni, 2008):
1) Il lavoro in isometria usato per gli esercizi di core stability, che vanno eseguiti in forma dinamica, non statica.

2) Esercizi per addominali, braccia e quadricipiti.
3) Stretching in forma statica.
4) Attività che richiedono apnea.

Le attività dipendono dal livello di allenamento e dal livello di eventuale obesità, il programma deve quindi necessariamente essere personalizzato.

Vediamo le attività per le quali non ci sono controindicazioni e che l'iperteso deve praticare per guarire dal suo problema o almeno per evitare di peggiorare:
1) Camminare. Chi ha problemi di peso all'inizio è preferibile che cammini solo in pianura, poi può fare tutto.
2) Correre. Sembra proprio che sia lo sport ideale per l'iperteso, specialmente se la corsa viene fatta in pianura. Il ritmo respiratorio deve essere di CRF o al massimo CRLI, la percezione dello sforzo di livello 2-3. Se il medico è d'accordo possono essere usati anche percorsi in saliscendi. Il ritmo di corsa può spingersi fino a quello della fascia 2-3 e possono essere corsi medi, progressivi e ripetute per lo sviluppo della soglia del lattato.
3) Bici in pianura e con rapporto molto agile, facendo meno forza possibile con le braccia contro il manubrio.
4) La ginnastica respiratoria. Essendo collegata con il rilassamento si rivela molto utile per contribuire ad abbassare i livelli di pressione arteriosa.

Un regime alimentare ricco di frutta, verdura, fibre, cereali e con minimo apporto di grassi animali, scarso uso di sodio e una corretta idratazione con acque povere di sodio, sono un valido supporto ai soggetti ipertesi. La perdita di grasso corporeo contribuisce inoltre ad abbassare i livelli di pressione arteriosa.

15.2 L'obesità

Ancora oggi, soprattutto le persone anziane, usano frasi del tipo: «Ti vedo bene, sei bello grassottello!». Oppure, al contrario: «Sei magro, ma stai bene?». Ovviamente queste idee avevano un senso nei tempi in cui procurarsi da mangiare anche solo per sopravvivenza era un problema, ma non certo al giorno d'oggi. Stare bene, essere in salute, significa essere belli magri e non belli grassi! Il sovrappeso e l'obesità sono condizioni che determinano malattie al cuore e alla circolazione e che devono essere curate con la ricerca del giusto rapporto fra corretta alimentazione e adeguata attività fisica.

Si considera obesa una donna che ha una percentuale di grasso del 35% e un uomo che ne ha il 25%. Il "Corriere della Sera" del 13 novembre 2011 riportava una ricerca presentata al Canadian Cardiovascular Congress del 2011 (Schneider et al., *Clinical Endocrilogy and Metabolism*, 2010) che dimostra come con buona approssimazione sia possibile mettere in relazione la misura del girovita con il grasso viscerale più pericoloso. Secondo gli autori il girovita dell'uomo dovrebbe essere sempre sotto i 102 cm e quello della donna sotto gli 88 cm. Il rapporto ideale fra girovita e altezza non dovrebbe superare nella donna 0,49 e nell'uomo 0,54. Ritengo il sistema proposto dagli autori canadesi valido e di semplice applicazione. Chi vorrà potrà riferirsi anche al BMI (Body max index): Peso diviso altezza espressa in metri al quadrato.

Normali: 18.50-24.99
Sovrappeso: 25-29.99
Obeso 1: 30-34.99
Obeso 2: 35-39.99
Obeso grave: oltre 40

Alle persone in sovrappeso bisogna per prima cosa consigliare una alimentazione che preveda la riduzione della quantità di grassi e di zuccheri. L'obeso ha poca acqua e ne deve assumere sempre di più, a mano a mano che dimagrisce, anche attraverso verdura e frutta. Un obiettivo importante per la persona in sovrappeso deve essere quello di aumentare il metabolismo e quindi la massa muscolare e diminuire il grasso con attività che permettano di ossidarlo, come ad esempio:

1) Esercizi di tonificazione muscolare, a carico naturale o con le macchine da palestra, core stability.
2) Attività aerobica che varia in relazione al livello di obesità o sovrappeso. Un soggetto molto pesante non può correre almeno fino a quando non ha raggiunto un peso sopportabile dalle sue strutture tendinee e articolari senza danno. In una prima fase è consigliato il cammino, la bici, la cyclette.

Chi pensa che determinati tipi di allenamento possano far dimagrire in settori localizzati sbaglia: il dimagrimento avviene in generale.

15.3 Il diabete

Malattia molto fastidiosa e comune, consiste in un disturbo del metabolismo dei carboidrati nel sangue e nelle urine: è causato da una scarsa o inadeguata produzione di insulina da parte del pancreas. Si distingue in diabete di tipo 1 e diabete di tipo 2. Il diabete di tipo 1 è causato da una carenza di cellule beta nel pancreas tale da non permettere una sufficiente produzione di insulina. Si manifesta prevalentemente in età giovanile. Il diabete di tipo 2 è invece causato da un'inadeguata attività dell'insulina che non permette il trasporto del glucosio alle cellule. Insorge in età avanzata, viene definito "da usura" e interessa maggiormente i podisti.

Oggi si sente molto parlare di resistenza all'insulina, la richiesta di una maggior quantità di insulina per far fronte a una richiesta di glucosio alle cellule. In questo caso sarebbe come se l'insulina non funzionasse. Quando invece l'insulina riesce a svolgere il proprio compito si parla di "sensibilità all'insulina", ovvero l'insulina funziona. L'obesità, associata a vita sedentaria e a un tipo di alimentazione ricco di grassi e zuccheri semplici contribuiscono allo svilupparsi del diabete di tipo 2.

Anche questa è una malattia subdola che non dà sintomi particolarmente evidenti, ma solo alcuni segnali. Attenzione quindi a questi sintomi che possono indicare la presenza di diabete: sete eccessiva; frequente voglia di urinare; problemi alla vista; frequente senso di fame; facilità ad avere infezioni; pelle secca; ferite che si rimarginano con difficoltà; stanchezza eccessiva e ingiustificata; insensibilità e formicolio delle mani e dei piedi.

La presenza del diabete è spesso causa di altre malattie come ipertensione, ictus, problemi ai reni e alla vista. Bisogna prestare molta attenzione ai segnali di questa malattia che deve essere tenuta sotto controllo con un'adeguata ed equilibrata alimentazione e una corretta pratica sportiva.

La scelta del tipo di attività fisica da praticare dipende da soggetto a soggetto in relazione alle caratteristiche individuali. L'ideale per i diabetici sarebbe allenarsi ogni giorno ai fini di contribuire alla ricerca dell'equilibrio fra glucosio e produzione di insulina. La corsa di endurance ben si presta a essere praticata da chi ha il diabete di tipo 1 e di tipo 2. Chi ha il diabete di tipo 1 dovrà osservare alcune precauzioni come:
1) Non correre la sera tardi.
2) Ridurre l'apporto di insulina il giorno dedicato alla corsa.

Prima di tutto: la salute

3) Misurare la glicemia anche durante la corsa.
4) Avere a disposizione caramelle di gelatina da assumere in caso di crisi ipoglicemica.
5) Non correre a intensità più elevata dell'80% della FC.

Volutamente accenno soltanto al tipo di precauzioni da prendere da parte del podista affetto da diabete di tipo 1 perchè voglio stimolare il contatto costante fra medico e allenatore, che dovranno stabilire la strategia adatta da far seguire al runner che vorrà dedicarsi alla corsa di endurance senza correre rischi per la salute.

Chi ha il diabete di tipo 2 può allenarsi tranquillamente perché pare che l'esercizio intenso aumenti la sensibilità all'insulina diminuendone la resistenza. Mi capita spesso di lavorare con questa categoria di podisti: a loro faccio eseguire tutti i tipi di allenamento cercando però di non esagerare, non ritengo infatti utile un'intensità eccessiva.

La pratica del running per il diabetico è anche di grande supporto psicologico e contribuisce a far convivere meglio con la malattia che, pur non essendo invalidante, è comunque fastidiosa.

Conclusioni

Ogni tanto qualcuno "grida" che correre fa male, che accorcia la vita. Inutile negare che, anche se molto raramente, qualcuno perda la vita durante la corsa: nonostante tutti i controlli può accadere che si verifichi la morte improvvisa mentre un podista è a correre, ma sarebbe potuto succedere in qualsiasi altro momento.

I benefici della corsa sul prolungamento della vita e sul miglioramento della salute sono universalmente riconosciuti, quindi non bisogna essere spaventati da qualche sporadico incidente non statisticamente significativo. Ribadisco che l'attività fisica soprattutto nei non sani deve essere svolta sotto controllo del medico e del preparatore in modo estremamente personalizzato. Questo il motivo per cui non ho inserito tabelle di allenamento e ho dato indicazioni di tipo generale. Voglio che i lettori si sottopongano periodicamente a controlli del proprio stato di salute e imparino a vedere il medico e l'allenatore come i propri angeli custodi.

Capitolo 16
GLI ACCESSORI DEI CORRIDORI

Il problema che mi posi quando, nel 1976, iniziai a fare questo lavoro, fu quello di individuare il punto migliore per rilevare le pulsazioni cardiache, ritenute un valido sistema per impostare l'allenamento e costatarne gli effetti. Eseguivo le rilevazioni manualmente e non posso certo dire che fossero precise. Con l'inizio degli anni Ottanta è iniziata una vera e propria rivoluzione tecnologica, coincisa con l'avvicinarsi al mondo del podismo di un gran numero di persone.

Oggi anche gli strumenti che si trovano in commercio, come i lettori mp3, sono pensati a misura di runner: leggeri, esteticamente gradevoli e facilissimi da utilizzare. Negli ultimi anni si sono poi diffusi i satellitari, strumenti che hanno reso reale il sogno di ogni podista: conoscere la distanza percorsa e il tempo impiegato, oltre a tutta una serie di importanti parametri di valutazione del livello di allenamento e dello stato di benessere dei soggetti. L'aumento del numero di coloro che praticano il podismo in tutto il mondo ha portato le aziende a scatenarsi nell'inventare accessori per rendere più piacevole la pratica di questo meraviglioso sport. Grande evoluzione c'è stata anche negli attrezzi da home fitness, diventati sempre più piccoli e pratici. Sono poi entrati nell'uso comune gli elettrostimolatori, che permettono di mantenere il tono muscolare anche quando, per vari motivi, non è possibile correre. Il podismo è uno sport che può essere praticato sempre, ma in determinate situazioni può essere più difficile. Ricordo i primi anni in cui accompagnavo i podisti alla maratona di New York e vedevo, con stupore, persone correre a tutte le ore, compresa la notte, sui tapis roulant delle "palestre vetrina" situate ai primi piani degli edifici. Oggi i tapis roulant esistono anche in versione "da casa" e possono essere usati in qualsiasi momento non solo dal podista, ma anche da chi ha semplicemente voglia di fare attività fisica senza uscire, perché è freddo, è notte o c'è troppo smog. Chi nella propria abitazione ha uno spazio adeguato, può allestire senza difficoltà una vera e propria palestra.

Vediamo nel dettaglio attrezzi e accessori che negli ultimi anni sono diventati fondamentali per il podista.

16.1 Il tappeto ruotante o tapis roulant (TR)

Molto spesso si usa il suo nome francese, *Tapis Roulant*, mentre nelle letteratura scientifica viene più spesso chiamato *Treadmill*. Prima di entrare nei dettagli, occorre fare una distinzione fra tapis roulant meccanico o magnetico e elettrico.

Il tapis roulant meccanico è mosso solo dalla forza delle gambe, deve essere usato in pendenza e non è adatto a correre, quello elettrico, del quale ci occuperemo, genera invece il suo movimento attraverso la corrente elettrica alternata, quindi richiede la vicinanza di una presa di corrente.

Vediamo ora brevemente come è fatto un tapis roulant.

La console. È un pannello dove sono sistemati i tasti per regolare la velocità e l'inclinazione. Nella console si trovano programmi di allenamento per ogni esigenza, che regolano automaticamente la velocità e la pendenza. In quasi tutti i modelli è ormai possibile trovare la porta USB per collegare il lettore mp3 e le casse acustiche. Sulla console sono visibili anche le indicazioni relative a distanza, tempo, pulsazioni e consumo di calorie. Guardandola frontalmente si nota anche la chiave di blocco, un sistema di sicurezza in grado di bloccare in qualsiasi momento, con un gesto facilissimo, il movimento del tapis roulant.

I poggiamani. La console è collegata alla base del tapis roulant tramite montanti ai quali sono attaccati i poggiamani che sono di solito uniti da una barra trasversale sulla quale sono inseriti i sensori per la rilevazione della frequenza cardiaca (FC).

La velocità. I tapis roulant da home fitness possono arrivare a una velocità massima fra i 16 e i 20 km/h, mentre quelli che si trovano nelle palestre possono raggiungere i 25 km/h. La scelta dipende quindi dalle caratteristiche del podista.

La pendenza. È un'altra delle caratteristiche fondamentali perché permette di svolgere i vari tipi di allenamento. I tapis roulant possono raggiungere il 15% di pendenza, più che sufficiente per svolgere qualsiasi tipo di allenamento. Alcuni modelli, più professionali, possono arrivare al 20%. Esistono inoltre tapis roulant, adatti a camminare più che a correre, che possono arrivare a pendenze del 30% e sono usati prevalentemente nelle strutture sanitarie. Grazie alla possibilità di variare la pendenza del nastro, si possono svolgere allenamenti di forza specifica in salita anche dove, a parte qualche cavalcavia, per trovare delle salite è necessario spostarsi di decine di chilometri.

Gli ingombri. La larghezza media di un tapis roulant, comprendendo nell'ingombro anche i poggiamani, si aggira fra i 60 e i 90 cm. La sua lunghezza, compreso lo spazio del vano motore, si aggira fra i 160 e i 190 cm. La larghezza della pedana (spazio dove si corre) varia fra i 40 e i 50-55 cm.

Mobile o fisso. I TR da home fitness hanno la caratteristica di poter essere ripiegati, così da avere un ingombro totale di non oltre un metro quadrato. Di fatto, in posizione chiusa hanno delle dimensioni paragonabili a quelle di un normale mobiletto. Il TR può quindi essere collocato in qualsiasi stanza o garage, rispondendo alle esigenze anche di chi non ha lo spazio per allestire una vera palestra. È sconsigliabile pensare di utilizzare il tapis roulant in cantina, è meglio scegliere un locale ampio, arieggiato e comodo da raggiungere, ma soprattutto senza eccessiva umidità.

Il costo. In commercio esistono tapis roulant per tutte le tasche. I più versatili e adatti ai runner variano dagli 800 ai 2000 euro.

Correre sul tapis roulant non è una moda, ma è sempre più una necessità che permette a tutti di poter svolgere l'attività fisica preferita in qualsiasi momento della giornata, con qualsiasi condizione di tempo o di smog. Personalmente preferisco sempre correre all'aria aperta, ma anche a me talvolta capita di doverne farne uso.

Vediamo ora alcuni particolari tecnici della corsa sul tapis roulant.

La regolazione della temperatura corporea. Sul TR, il corpo ha maggiore difficoltà ad allontanare il calore prodotto con il movimento e questo provoca un'accelerazione del battito cardiaco e un aumento della sudorazione. È per questo motivo che è necessario sistemare il TR in un ambiente non molto caldo e soprattutto a basso livello di umidità.

Gli accessori dei corridori

L'energia. Correre sul tappeto senza pendenza può dare la sensazione di andare più forte del nastro ("effetto discesa"), provare per credere. Per equilibrare lo sforzo basta impostare una pendenza dell'1%. Chi corre sul TR acquisisce la stessa energia cinetica dell'attrezzo, quindi per restare fermi è necessario spingere avanti e in alto.

La gradualità. Correre sul TR non è naturale. I piedi e le gambe si devono adattare al nuovo tipo d'appoggio e si devono affinare le sensibilità propriocettive. Ecco perché, per diminuire il rischio di traumi, tendiniti o dolori alla schiena, è preferibile iniziare correndo 15-20 minuti e poi aumentare progressivamente la durata. Solo quando sarete veramente sicuri sarà possibile eseguire variazioni di ritmo e allenamenti diversi dalla semplice corsa lenta. All'inizio non sarà improbabile avvertire dei doloretti ai muscoli delle gambe, ma appena vi sarete adattati tutto passerà.

La tecnica di corsa. Correre sul TR non è molto diverso rispetto a correre sul terreno, con la differenza che per rimanere fermi è necessario aumentare l'azione verso l'alto. La posizione delle braccia sarà la stessa, ma il busto dovrà rimanere un po' più eretto in modo da rendere più efficace l'azione verso l'alto. La testa va mantenuta dritta, lo sguardo in avanti.

Le scarpe. I TR tendono a essere molto ammortizzati quindi, per prevenire gli infortuni, è preferibile usare scarpe abbastanza "secche", non molto ammortizzate. Esistono modelli adatti proprio a questo tipo di corsa.

Chi può correre sul TR. Con gli adeguati accorgimenti tutti possono correre sul TR, soprattutto i principianti, i sedentari "reali", chi non ha voglia di stare all'aria aperta.

A chi è sconsigliato. Sul TR non possono essere eseguiti allenamenti a velocità molto elevata, quindi i podisti forti dovranno necessariamente correre fuori.

La preparazione per le gare. La maggior parte di coloro che amano partecipare alle gare dovrà alternare allenamenti di corsa sul TR ad allenamenti all'aperto.

Appare chiaro che il TR può essere di ausilio all'attività di running, ma non può sostituire completamente la corsa all'aperto. Allenarsi con il vento, la pioggia, la neve, il sole, la nebbia, le nuvole, dà emozioni che solo chi le prova può capire.

16.2 Il cardiofrequenzimetro

Il cardiofrequenzimetro è uno strumento in grado di misurare la frequenza del battito cardiaco in tempo reale.

Non posso non ricordare quegli apparecchi grossi come due pacchetti di sigarette che ci legavamo intorno al torace con un nastro adesivo all'inizio degli anni Ottanta. Il cardio (come è comunemente chiamato) funziona grazie all'ausilio di una fascia da indossare intorno al torace durante la corsa, contenente un sensore che invia costantemente i dati all'orologio da polso sul quale è visualizzata la FC in tempo reale.

L'uso del cardio per monitorare l'allenamento prevede la conoscenza del valore della propria FC massima e della propria FC alla soglia del lattato o alla velocità di deflessione.

Questo strumento non fornisce indicazioni sulla distanza percorsa o sulla velocità di corsa, ma il dato della FC è utile per valutare il livello dello sforzo compiuto. È possibile in ogni modo preimpostare diverse tipologie di allenamento combinando parametri come FC, tempo e distanza. Il cardio si rivela molto utile anche per valutare il recupero dopo l'allenamento o la gara.

Il cardiofrequenzimetro può anche essere usato durante l'attività fisica da chi ha necessità di tenere sotto controllo lo sforzo dell'apparato cardiovascolare, evitando di raggiungere livelli di FC troppo alti o troppo bassi in relazione alla propria condizione fisica o a eventuali patologie.

Con il passare degli anni, anche per andare incontro alle esigenze di chi si avvicina alla pratica dell'attività sportiva per la prima volta, i sistemi basati sulla misurazione della FC si sono evoluti. Un'azienda leader nella produzione di cardiofrequenzimetri ha messo a punto un sistema che combina la FC ad altri dati come età, altezza, peso e, in base alla condizione aerobica, visualizza in tempo reale sul display una guida da seguire per regolare l'intensità dello sforzo. Con i software per l'elaborazione dei dati, i file dei singoli allenamenti possono essere scaricati e archiviati in un diario. Dalla loro analisi, oltre che da quella delle gare, è possibile valutare i miglioramenti indotti dall'allenamento. Il cardiofrequenzimetro rimane poi uno strumento fondamentale per i preparatori atletici che svolgono test di valutazione per la determinazione della soglia del lattato.

Alcune aziende produttrici di cardio integrano i dati della rilevazione della FC con il sensore di velocità per il running da applicare alla scarpa che, calibrato sulla lunghezza del passo, permette di misurare velocità, andatura e lunghezza percorsa anche senza la funzione satellitare. Il sistema è abbastanza preciso se la lunghezza del passo resta quella della taratura, ma risulta poco attendibile se varia al variare della velocità.

Interessante la caratteristica di un modello di cardio di una delle aziende leader del settore che permette di valutare l'EPOC (Excess Post-Exercise Oxygen Consumption). Questo valore indica il quantitativo supplementare di ossigeno richiesto dal corpo per recuperare dopo l'esercizio fisico. Si tratta di un indicatore scientifico del carico di lavoro accumulato durante le sedute di allenamento o la gara, che fino a oggi era possibile misurare solo in laboratorio. L'EPOC permette di valutare in modo obiettivo se la seduta di allenamento è stata sufficiente per migliorare il livello di forma fisica. Inoltre viene utilizzato per calcolare l'effetto dell'allenamento relativamente al dimagrimento. Il prezzo dei cardiofrequenzimetri si aggira fra i 60 e i 390 euro.

Pur ritenendo il cardio un accessorio molto utile per correre, si dovrebbe comunque imparare ad ascoltare le sensazioni che arrivano ad esempio dall'intensità del respiro.

16.3 Satellitari, gps e altre applicazioni

I GPS sono apparecchi entrati a far parte stabilmente dell'equipaggiamento del podista. Dai più semplici ai più sofisticati, esteticamente accattivanti e tecnologicamente sempre più avanzati, hanno catturato l'attenzione dei runner anche per l'immediatezza di lettura dei dati che raccolgono.

I sistemi GPS per la corsa non sono tecnicamente diversi da quelli che vengono usati per orientarsi in auto o che si trovano nei telefonini di ultima generazione e forniscono tutte le indicazioni necessarie per definire i parametri essenziali a ogni uscita (velocità, distanza e andatura).

Con questi dati è facile, anche per un podista principiante, regolare l'allenamento e monitorare i progressi comparando le informazioni registrate nelle diverse corse. Attraverso un software dedicato, i dati possono essere scaricati dal dispositivo da polso al personal computer, dove possono essere analizzati e utilizzati per la gestione degli allenamenti. Permettono di visualizzare report suddivisi per le varie attività e per i vari periodi (settimane, mesi, periodi personalizzati) e di compararli con gli obiettivi prefissati. Dal confronto tra gli allenamenti svolti e gli obiettivi fissati è possibile ad esempio calcolare la percentuale di realizzazione dell'obiettivo e quanto manca, in termini di chilometri, per raggiungerlo. Il sistema offre anche la possibilità di registrare per ogni allenamento il tipo di calzature usato, così da avere sempre sotto controllo il numero dei chilometri percorsi con quel paio di scarpe e sapere quando è il momento di cambiarlo.

I dati caricati sul PC possono essere condivisi con altri utenti. Entrando a far parte di una community online di runner, si ha la possibilità di visualizzare i percorsi di allenamento e di gara di ogni parte d'Italia e del pianeta. Questa opportunità è utilissima per chi si trova spesso a dover svolgere i propri allenamenti lontano da casa. Nella community è possibile scegliere una località, valutare i percorsi caricati dagli utenti e scaricare il più adatto alle proprie esigenze sul dispositivo da polso, così da poter avere una guida nelle corse "fuori casa". È possibile utilizzare questa risorsa anche per le gare: si può selezionare il percorso della gara, scaricare il file contenente tutte le informazioni e poi studiarle per conoscere al meglio tutte le caratteristiche del tracciato che si andrà ad affrontare e potersi allenare in modo specifico. I prezzi dei GPS si aggirano fra i 140 e i 350 euro.

I sistemi GPS hanno sviluppato nel tempo anche alcuni accorgimenti per motivare l'utilizzatore: ne è un esempio il Partner Virtuale utilizzato da tempo da una delle maggiori aziende del settore. Questa funzione permette di impostare l'allenamento da svolgere e poi, durante la corsa, di valutare il distacco rispetto al partner virtuale. È possibile sfidare un utente della community e comparare l'allenamento o la gara svolti attraverso il confronto dei dati.

Come avrete capito sul mercato sono presenti strumenti semplici, pensati per un uso prevalentemente riferito al benessere, che visualizzano i tre parametri fondamentali (tempo, distanza e velocità) e strumenti più complessi, altamente performanti, che consentono d'impostare un allenamento personalizzato ed essere poi guidati dallo strumento stesso durante l'esecuzione.

16.4 Musica e corsa

Mi sembra giusto, visto lo scopo di questo libro, parlarvi dell'utilizzo della musica durante l'allenamento o le gare, ma tengo a precisare che io sono decisamente contrario perché penso che tolga la capacità di ascoltare se stessi, i proprio pensieri e di riappropriarsi del proprio corpo. Molti dei podisti con cui lavoro mi ringraziano di averli convinti a correre senza musica, perché si allenano e gareggiano in modo più rilassato. Altri runner invece sono irriducibili e si divertono di più a correre con la musica. Sostengono che non li fa sentire soli e attenua gli effetti della fatica. Nel mondo del running è in corso anche una vivace discussione sul fatto che la musica, facendo avvertire meno la fatica, possa essere considerata doping, ma personalmente ritengo che il problema non sussista, penso semplicemente che ciascuno debba essere libero di agire secondo le proprie sensazioni.

A mio parere comunque la musica migliore da ascoltare resta senza dubbio quella del nostro corpo, che durante l'allenamento ci invia segnali che non dovremmo ignorare. Spesso però a livello psicologico può essere di grande aiuto un diversivo come la musica per portare a termine un allenamento o una gara particolarmente dura o solitaria.

16.5 Piccoli accessori

Durante la gara i corridori hanno a disposizione i rifornimenti dove potersi rifocillare con liquidi o cibi come frutta o barrette; per i lunghi allenamenti o per correre con il caldo esistono invece degli accessori che consentono ai runner di portare con sé liquidi e rifornimenti energetici.

Uno tra i più utilizzati è il marsupio portaborraccia che contiene una o più piccole borracce ben distribuite lungo la circonferenza della vita e che consente di avere sempre a portata di mano l'acqua o eventuali bevande integratrici. Esistono anche le borracce da polso, munite di un elastico e di un beccuccio per bere facilmente semplicemente sollevando il braccio. Queste possono essere fissate al polso o, come preferiscono molti podisti, al braccio, in modo tale da richiedere un movimento minimo per essere avvicinate alla bocca. Il prezzo si aggira fra i 10 e i 20 euro.

I corridori che si dedicano alle distanze più lunghe, ai trail o che comunque hanno un fabbisogno maggiore di liquidi, possono fare ricorso agli zainetti idrici che contengono un contenitore, solitamente in PVC, da riempire con acqua o altro liquido, collegato a un tubicino da posizionare vicino al volto per poter bere durante la corsa semplicemente muovendo il viso.

Vastissima anche la gamma dei piccoli pocket, dove riporre al sicuro chiavi della macchina, soldi e telefono.

16.6 *L'elettrostimolatore*

Ormai da diversi anni sono presenti sul mercato gli elettrostimolatori, strumenti che consentono di svolgere una forma di allenamento passivo. In particolare, gli elettrostimolatori permettono di sviluppare la forza isometrica che, in relazione alla frequenza degli impulsi elettrici trasmessi ai muscoli, può essere utilizzata per allenare le specialità di resistenza o di forza. In pratica, più sono elevate le frequenze degli impulsi più è sviluppata la forza esplosiva. Per la corsa di resistenza si devono invece impiegare frequenze basse.

Personalmente ritengo l'elettrostimolatore valido ai fini riabilitavi, ma inadeguato per l'allenamento delle specialità di endurance. Quindi solo nel caso doveste trovarvi impossibilitati a correre per un periodo piuttosto lungo a causa di un infortunio o per altri motivi, l'elettrostimolatore potrebbe tornarvi utile per mantenere il tono muscolare. Questo apparecchio non deve essere usato da chi soffre di ipertensione, dalle donne in gravidanza, da chi ha placche metalliche e da chi ha il pacemaker. L'elettrostimolatore è usato anche dai fisioterapisti per applicare le TENS (Transcutaneous Electric Nervous Stimulation). In commercio sono da poco comparsi gli eletrostimolatori wi-fi che permettono la trasmissione degli impulsi senza fili. Il prezzo si aggira fra i 350 e i 1200 euro.

Conclusioni

Il nostro mondo si sta sempre più tecnologizzando ed è giusto conoscere le tante novità a disposizione dei corridori. La forza del nostro sport, però, è soprattutto quella di farci scoprire noi stessi, d'insegnarci a valutare, a "sentire" il rapporto fra spazio e tempo. Un corridore, oltre a usare il cardiofrequenzimetro, dovrebbe imparare a capire l'intensità dello sforzo attraverso il ritmo della propria respirazione. Gli oggetti illustrati in questo capitolo possono essere di grande aiuto al runner, che non dovrà però mai dimenticare di ascoltare i messaggi che arrivano dal suo corpo: la vera musica.

Appendice 1
Le maratone più belle

Nel mondo
Le maratone internazionali che ho corso sono: New York nel 2000 accompagnando Riccardo Fogli, Londra nel 2002 come personal trainer di una podista fiorentina, Berlino nel 2004 per festeggiare i miei 50 anni, Boston nel 2009 perché avevo voglia di correre la "maratona delle maratone", Chicago nel 2010 perché mi piaceva l'idea di correre il 10-10-10. Numerose però sono le altre maratone che ho conosciuto come accompagnatore di gruppi di maratoneti: ci vorrebbe un libro solo per parlare di queste: Honolulu, Vienna, Praga, Parigi, Tromso, Helsinki. Tutte bellissime, eccezionali occasioni per unire sport e turismo.

Vi racconterò l'ultima che ho corso, quella di Chicago, ma a chi ama le gare un po' toste, ma comunque fattibili, consiglio di correre nel deserto del Sahara; sarà un'esperienza indimenticabile. In Italia sono diverse le agenzie specializzate in questo tipo di viaggi.

La maratona di Chicago il 10-10-10 è stata l'ultima, fino a questo momento, che ho corso. È stata per me una maratona interpretata al contrario: da anni dico che questo tipo di gara va corsa mantenendo lo stesso ritmo, oppure correndo la seconda mezza più forte della prima, partendo cauti. Bene, questa volta non ho fatto niente di tutto questo. Prima di partire temevo un unico nemico: il caldo. Quella mattina la giornata era splendida, alle 7:00 stavo facendo il riscaldamento in canottiera e pantaloncini e dopo cinque minuti sulla mia pelle sono comparse le prime gocce di sudore. È stato in quel momento che ho deciso la tattica, dopo aver cercato invano almeno una piccolissima nuvola. Sapevo benissimo che il caldo mi avrebbe fatto rallentare, durante i miei allenamenti estivi avevo notato quanto fosse per me debilitante. Il percorso della maratona di Chicago lo conosco bene, nel 2009 ci ero passato con il furgone della stampa. Sapevo che dopo i 30 km non ci sarebbe stato riparo, che da lì in poi tutta la gara si sarebbe svolta al sole. Quindi ho pensato di correre più forte possibile nel primo tratto ombreggiato del centro città e del Lincoln Park, per poi cercare di perdere meno possibile durante gli ultimi, per me avversi, 12 km. Ho messo da parte la calma e la pazienza e, subito dopo il colpo di pistola, mi sono "buttato nella mischia". Dopo la partenza il tracciato prevede un tunnel e quando ne esco il satellitare dà i numeri, indica 4'10" a km e subito dopo 5'40", ma io sento di andare allo stesso ritmo. La mia respirazione è abbastanza impegnata, la controllo e diventa in pratica il mio cronometro. Dopo qualche chilometro anche il satellitare riprende a funzionare e il mio passatempo diventa controllare a quale ritmo al chilometro corrisponde la mia respirazione. A 4'45" respiro bene, a 4'39" il respiro è troppo impegnato, a 4'50 è troppo facile. Faccio due conti con la mente e decido di cercare di tenere 4'45" per più tempo possibile. I chilometri passano, io sto bene, corro all'ombra, sopporto bene il caldo. Capisco che sto "mettendo fieno in cascina" ma vado avanti. La gente, la musica, il sole, la città, i miei compagni di corsa, tutto è bellissimo. Il mio nemico, il caldo, avanza inesorabilmente. Passano 10 chilometri, poi 15, poi passo la mezza in 1:39'40". So che è un passaggio veloce, ma so anche che metà maratona ormai è alle spalle. Io e il caldo avanziamo con la stessa intensità, con la stessa forza. Al 16° mi ero fermato a bere un integratore, poi via di corsa sempre a 4'45". Ecco che quando ormai manca poco più di un'ora alla fine della gara lui, il nemico, diventa molto forte e io non posso che cercare di resistere. Sono cosciente di essere allenato, di sentirmi forte muscolarmente, di riuscire a correre "strisciando" sotto i 5'15". Il sole picchia dritto sulla testa, rimpiango i capelli che non ho più, cerco di rinfrescarmi con l'acqua, ogni tanto bevo un energy drink, ma vado avanti. Mi pongo degli obiettivi: tengo questo ritmo fino al 34mo poi vedo, quando ci arrivo mi pongo l'obiettivo di tenerlo fino al 36mo e così via. Il caldo diventa sempre più forte, ora penso che fra poco avrò già fatto la doccia e potrò passeggiare per Chicago con le infradito. I chilometri passano, lui è sempre più forte. Il ritmo è più lento rispetto a prima, ma capisco che sto per raggiungere l'obiettivo di correre la maratona in meno di 3:35'. In dirittura d'arrivo posto sulla Columbus Avenue il caldo si accanisce contro di me e contro i miei compagni di corsa, ma quando supero il portale di arrivo capisco di aver vinto. 3:30'45". Bella l'idea di distribuire il ghiaccio ai runner: mi faccio fotografare con un sacchetto di ghiaccio in testa e la medaglia al collo. Ho voglia di ridere, di mettermi le infradito e di andare ad aspettare i compagni di viaggio che ancora non sono arrivati. Mi sento bene e sto già pensando a dove correrò la prossima.

Se avete voglia di stare qui vi racconto come l'ho preparata.

Il periodo di preparazione specifico alla maratona di Chicago ha coinciso con le settimane dei Training Holidays e quindi mi sono adattato alle esigenze dei partecipanti. Dal 31 luglio al 10 ottobre sono stato solo quattro giorni senza allenarmi, gli altri giorni ho sempre corso, magari solo 25-30 minuti. Alcuni giorni, ed era dal 1979 che non lo facevo, mi sono allenato mattina e pomeriggio. All'Elba per tre volte ho fatto 6 km al mattino e 22 la sera. L'intensità è stata variabile: dai 4'40" ai 7'00" al km, in relazione alle persone con cui correvo. In settembre ho fatto quattro lunghissimi: 32 km l'8, 36 km con l'amico Roberto Lombardi il 12, 38 km con un altro amico Beppe Nathan il 19 e 25 km con Francesca Biagini il 30. Durante quello di 32 e quello di 36 era caldo e la media finale era fra i 5'15" e 5'20". Tutti gli altri sono stati corsi a 5'00" di media. Come allenamenti di prove ripetute ho fatto 6x1 km con 90" di recupero il 4 agosto. Poi 3x3 a Firenze sempre con 90" di recupero e 1x3 km + 2x1000 con 3 di recupero ancora a Firenze. All'Elba i martedì avevo in tutto 30' di tempo e dopo 15' di riscaldamento facevo qualche 200 o qualche 400. La mia alimentazione è stata normalissima. Molta verdura e pesce, poi a Chicago il venerdì e il sabato pasta a pranzo e a cena, oltre al salmone. La mattina prima della gara non ho fatto una colazione particolare: due muffin, un tè e via. Durante la gara ho bevuto tre volte un energy drink, due volte acqua e ho preso zuccheri al 31 km circa. Una sosta per pipì. Non ho mai avuto alcun problema muscolare, durante i Training Holidays ho fatto moltissimo stretching, esercizi di stabilità e nuoto. Nuotando a dorso un pochino ogni giorno ho fatto scomparire anche un piccolo dolore alla zona pubica che era comparso a fine luglio. Altro particolare: da maggio a ottobre ho perso 5-6 kg passando dai 74 ai 68. Prepararmi a correre questa maratona mi ha ulteriormente arricchito anche sul piano professionale.

Ancora non vi ho convinto? Fatemi dire due parole sulla città e sul viaggio.

Ero a Chicago in veste di accompagnatore del gruppo per conto di

Andiamo a correre

Born 2 Run di Reggio Emilia, quindi prima di tutto voglio ringraziare Claudio, Attilio, ed Herbert di avermi dato questa opportunità. Chicago, la windy city, bella e organizzatissima, si estende tutta sulla riva del lago Michigan, che sembra un mare. Il nostro hotel era a 300 metri dalla zona di partenza e arrivo e questo, credete, non è poco.

Appena arrivati ci siamo sistemati e via, a fare una mezz'oretta di corsa. Il sole stava tramontando sullo skyline della città e sul lago: era bellissimo. Due risate, due foto, la doccia e poi a cena. Niente pensieri sull'ora in Italia, ormai siamo in USA. La mattina dopo, ore 8:00, altra mezz'oretta, questa volta in direzione spiaggia sul lago Michigan, acquario, poi di nuovo sul lungo lago. Il clima è stupendo. Doccia, colazione e poi all'expo a ritirare il pettorale. Un giro fra gli stand, pranzo, un riposino, poi un giro in battello fra il fiume Chicago e il lago Michigan. Cena in un ristorante italiano e poi a nanna. Sabato visita alla torre Willis, un po' di shopping e riposino. Prima di cena è in programma una riunione pre-gara e poi tutti a cena all'Italian Village.

Nel pomeriggio dopo la gara ci ritroviamo, ci raccontiamo. La sera ci attende il locale Buddy Guy the Legend, cibo americano e musica blues di altissimo livello. Sì, anche questa è la maratona, un modo per stare insieme, per condividere la passione per lo sport, per girare il mondo.

Adesso posso dirlo: grazie nemico caldo, senza di te non avrei potuto raccontare quello che mi hai fatto provare. Grazie compagni di viaggio, lavorare per voi con voi è stato davvero piacevole. Grazie lettori di questo libro, che mi avete permesso di regalarvi le mie emozioni. Alla prossima!

In Italia

Ci sono maratone che rappresentano l'Italia in tutto il Mondo. La loro notorietà scaturisce senza dubbio dalle città famosissime e amate in tutto il globo in cui si svolgono, ma anche dal puntiglio con le quali vengono organizzate.

La Firenze marathon è la maratona della mia città e io sono coinvolto a livello sia organizzativo sia emotivo: l'ho vista nascere e crescere. Giancarlo Romiti è presidente, e uno degli ideatori. Si definisce "il collante" di tutti noi, collaboratori a vari livelli. Un uomo animato da una profonda passione per lo sport inteso come strumento educativo e di crescita sociale. L'ho incontrato molti anni fa e da allora stiamo "percorrendo la stessa strada".

Le maratone più belle

Mi sono fatto raccontare la sua storia in pochissime parole: «A 13-14 anni a Quaracchi, paesino alle porte di Firenze, ho cominciato a organizzare corse campestri per partecipare alle finali nazionali di Corsa Campestre Libertas, corse su strada per le sagre paesane e gare di corsa in montagna, fra cui il prestigioso "Terza Punta" a Monte Morello. Insieme ad altri ragazzi ho fondato la Freccia Azzurra e, nel 1968, un po' più grandi, con l'Olimpionica Carla Panerai l'abbiamo trasformata in Atletica Libertas Firenze e abbiamo iniziato l'esperienza pionieristica dell'atletica leggera al Campo Scuola di Sorgane. Con le domeniche ecologiche e dopo la prima "Stramilano", insieme con altri amici di Peretola nel 1973 ci venne l'idea di organizzare la prima Guardafirenze, con partenza e arrivo in piazza della Signoria. La quarantesima edizione è in programma nel mese di maggio 2012. Questa passeggiata turistico-sportiva, che ha visto la partecipazione di importanti campioni dell'Atletica fra i quali Gelindo Bordin, è diventata immediatamente l'evento sportivo più importante del movimento podistico fiorentino almeno fino al 1984 quando, con un gruppo di amici di ritorno dalla Maratona di New York, abbiamo deciso di organizzare a Firenze una maratona internazionale: la Firenze Marathon. Tutte queste attività hanno consentito la crescita di giovani dirigenti: prima alla Libertas Firenze, tenacemente guidata dal Generale Cantini, poi, con l'assegnazione del nuovo stadio di Atletica e la fiducia dell'amico Franco Arese, attuale presidente della Fidal e ex campione di mezzofondo, trasformata in Atletica Asics Firenze Marathon. Passione e grande impegno hanno consentito di portare sia la Maratona sia la Società di atletica agli attuali livelli di prestigio nazionali e internazionali. Una grande risorsa sportiva e sociale della città di Firenze a cui sono orgoglioso di avere contribuito.»

Questi i numeri dell'ultima edizione della Firenze Marathon: 8629 concorrenti iscritti; 7426 concorrenti partiti; 6932 concorrenti arrivati al traguardo. Il percorso delle Firenze Marathon si svolge tutto in città e interessa i punti artisticamente più belli. Correre in questo scenario è veramente bello.

La Venice marathon. Un'altra delle perle delle maratone italiane è la maratona di Venezia, per me "speciale".

Eccola raccontata dall'uomo che la inventò e ancora oggi la guida, Piero

Andiamo a correre

Rosa Salva: «Forse non poteva essere altrimenti, ma l'idea di organizzare la Maratona di Venezia nasce molto lontano, nel sud del Giappone in una caldissima mattina di agosto del 1985 quando l'amico Primo Nebiolo, allora presidente mondiale dello sport universitario oltre che della FIDAL, mi disse: "Possibile che noi in Italia non riusciamo a organizzare una grande maratona internazionale?". Il viaggio di ritorno dal Giappone, si sa, è molto lungo e il tempo per pensare non mi mancò. Così, sbarcato a Venezia, chiamai alcuni amici dirigenti dell'atletica veneziana e cominciò questo grande sogno che oggi si chiama Venice Marathon. Primo Nebiolo comprese subito lo straordinario fascino del progetto e lo appoggiò con la sua proverbiale determinazione. Ovviamente gli scettici erano tanti, ma furono spazzati via dal nostro entusiasmo. Sei mesi dopo, in una caldissima domenica di maggio, in 713 arrivarono per correre nel cuore di Venezia.»

In quelle calda mattinata di maggio ero lì a seguire un mio atleta, Alberto Lucherini. Dopo la partenza salii sulla bici e cercai di raggiungerlo, ma forai quasi subito. Un gentilissimo signore mi aiutò a ripararla, mentre dalla TV di un bar sbirciavo la gara arrabbiandomi perché Alberto era partito troppo forte. Riparata la gomma mi misi a pedalare all'impazzata fino a quando raggiunsi il mio atleta e gli gridai di rallentare. Salvatore Bettiol se ne andò verso il traguardo, Alberto avrebbe solo dovuto gestire le energie per arrivare secondo. Colpo di scena: Alberto si ferma e si siede su un paracarro, lo vedo e gli pronuncio alcune parole non esattamente sotto voce il cui significato fu: "O riparti subito o questa bici te la spacco sulla schiena". Parole "magiche": Alberto riparti e riuscì ad arrivare secondo. Fu per me una grandissima soddisfazione che in qualche modo mi legò alla Venice Marathon. Tanti dei miei podisti sono arrivati al traguardo, nessuno è mai più arrivato nei primi tre. Oggi il tracciato è leggermente diverso, ma ugualmente bellissimo. Quando i podisti mi raccontano il percorso, quando li vedo arrivare sui ponti di Venezia, avverto ancora una forte emozione, quella stessa che provai in quella calda mattinata di maggio del 1986, quella stessa che chi ancora non ha corso la Venice Marathon dovrà vivere.

Dei 7000 iscritti nel 2011, numero massimo possibile, ne sono partiti 6098 e arrivati 5868. Il percorso si snoda sulla riviera del Brenta con partenza da Stra e arrivo a Venezia nel cuore della laguna. Nell'edizione del 2011 è stato possibile far passare gli atleti dalla bellissima Piazza San Marco.

Le maratone più belle

La maratona di Roma. Ogni anno vedo la partenza della maratona più partecipata d'Italia da una terrazza sui Fori Imperiali: che spettacolo! L'inno della maratona di Roma, dopo tanti anni, riesce ancora a farmi venire i brividi. Troppo bello vedere tutte quelle persone correre in quei luoghi così importanti per la storia del Mondo. È il principale evento di running italiano, nonché l'evento sportivo più partecipato del paese. Nel 2011 sono stati 16.188 atleti allo start (9147 italiani, 7041 stranieri, in rappresentanza di 84 nazioni). Insieme a questa si corre anche una non competitiva di 4 km che negli ultimi anni ha raccolto oltre 80.000 appassionati a ogni edizione.

La Maratona di Roma è una gara certificata Gold Label dalla IAAF, massimo riconoscimento per gli eventi di corsa su strada.

Il percorso, totalmente urbano, mostra tutte le bellezze della Capitale: Colosseo, Foro Romano, Mercati di Traiano, piazza Venezia, Teatro Marcello, Circo Massimo, Piramide, Basilica di San Paolo, isola Tiberina, Sinagoga, Lungotevere, via della Conciliazione, piazza San Pietro, mura Vaticane, stadio Olimpico, Moschea, piazza Venezia, piazza del Popolo, via del Corso, piazza di Spagna, Fontana di Trevi e tutti i quartieri di Roma.

La gara ha un record maschile di 2:07'17" e uno femminile di 2:22'53".

Nel 2011 sono stati stimati in 500.000 gli spettatori sul percorso.

La Cortina-Dobbiaco. Non è una maratona, è una 30 km di bellezza stratosferica.

L'ideatore Gianni Poli corse per la prima volta sul percorso nel lontano 1988, in piena attività agonistica, in preparazione alla maratona di Boston.

Folgorato dalla bellezza del paesaggio, si ripropose di far provare in futuro ad altri atleti appassionati della corsa le sue emozioni. Gianni Poli è stato uno dei più grandi maratoneti italiani di tutti tempi. Ancora oggi è bello vederlo correre con qui passi leggeri che sembrano sfiorare dolcemente il terreno.

Io ho partecipato alla Cortina-Dobbiaco nel 2010.

Da molti anni ormai frequento le zona intorno alle tre cime di Lavaredo. Tutto iniziò mentre stavo cercando una località sulle Dolomiti adatta per i miei Training Holidays. L'amicizia con Gianni Poli mi spinse proprio nel paesino, stupendo, dell'alta Val Pusteria.

Negli anni ho imparato a conoscere molto bene i sentieri che da Dobbiaco si snodano verso il Cima Banche, il passo che porta verso

Andiamo a correre

Cortina D'Ampezzo, ma non avevo mai scollinato e mi restava il dubbio di capire quali bellezze si nascondessero sul versante di Cortina. I racconti di Gianni Poli e dei tanti podisti che ho allenato per correre questa gara mi avevano troppo incuriosito. Ci pensavo da tempo e quindi trovandomi in discrete condizioni di allenamento ho deciso di iscrivermi alla Cortina-Dobbiaco Run. Quando ho ritirato il pettorale ho visto il numero che mi avevano assegnato: il 54, ovvero l'anno della mia nascita. Si comincia bene, Gianni Poli e Claudio Zamengo della TDS mi hanno fatto un regalo, ora non posso deluderli.

Nel mio giorno pre-gara ho fatto l'opposto di quello che di solito consiglio. Ho corso 40 minuti la mattina alle 7:30 con Manlio Gasparotto di Gazzetta Run e altri suoi amici e poi di nuovo alle 18.30 altri 30 minuti con i partecipanti al Camp. Va bene così, mi sarei sentito egoista a non far vedere posti così belli ai miei amici e allievi. Ma veniamo alla gara. Seguendo Laura, dopo il richiamo dello speaker Silvio Omodeo, mi ritrovo in prima fila. Accanto a me Venanzio Ortis, il vincitore Boutalia, e tanti altri fortissimi atleti. Mi domando: «Ma cosa ci faccio qui? Questi partiranno a 1000 km/h, meglio spostarsi sulla sinistra, non voglio disturbare nessuno». Sale la tensione: mi piace, comincio a divertirmi. Tutto è ormai pronto. Cerco Gianni quasi per rassicurarmi, non lo trovo, mi avvicino sempre più alle transenne. Silvio carica tutti i 3500 partecipanti. Bravo! Finalmente si parte. Cavolo, quanto vanno forte, mi sorpassano tutti. Prendo il mio passo a CRLI e tenendo la sinistra corro, corro. Siamo fuori dall'abitato di Cortina, corro, sto bene e gli altri mi sorpassano. Due tornanti e poi si entra nella vecchia ferrovia. Per alcuni metri la mia respirazione diventa impegnata, mi volto per vedere se mi hanno superato tutti o c'è ancora qualcuno. Meno male, non sono l'ultimo. Ricomincio a correre a CRLI. Non ho voluto prendere riferimenti cronometrici, voglio godermi questa gara senza l'assillo del tempo. La strada sale lievissimamente, ma in modo costante siamo in mezzo ai boschi, piove, ma non mi interessa, mi sembra di vivere un sogno; la mia respirazione è sempre CRLI e i podisti continuano a sorpassarmi, penso: «Cavolo come vado piano». I chilometri passano, il paesaggio è sempre più bello, mi vengono in mente le descrizioni di Gianni.

La strada sale lieve e costante, la mia respirazione è leggermente impegnata, mi sto divertendo un sacco, mi volto e vedo che si è formato un gruppetto. Bene: almeno loro non mi sorpassano. Ogni tanto qualcuno mi sorpassa e mi saluta: emozioni si sommano a emozioni, i chilometri passano, il primo tunnel e poi il secondo... me li aspettavo. L'acqua del torrente canta la sua canzone, l'aria diventa più fresca, la pioggia cade più forte, la mia respirazione è sempre leggermente impegnata, mi tolgo gli occhiali perché senza ci vedo meglio. Il gruppetto è sempre compatto, si aggiunge anche Allegra, una ragazza fiorentina che mi grida: «Dai Fulvio aspettami!» e io nelle stessa "lingua" (il fiorentino): «In do' tu vo' che vada». Su una curva in prossimità di uno strappettino Paola, la mia allieva di Sondrio, mi grida: «Dai Fulvio!!! », la saluto e proseguo. Cima Banche è sempre più vicina, ormai stiamo per scollinare. Ecco il lago di Landro, il rifornimento, mi fermo a bere l'integratore. Ora la strada non sale più, da qui in poi la conosco, ci sono stato di corsa, in bici, con gli sci di fondo. Uno dei componenti del gruppetto mi affianca e mi dice: «Ma lei in quanto la vuole correre?». Rispondo che io la voglio solo correre. Ora la strada scende dolcemente, ogni tanto qualche dossettino, ma robetta, niente di preoccupante. Al km 20 incontro la moglie dell'amico Walter Valli del Road Runner Club di Milano, mi chiede se voglio un passaggio, ringrazio e proseguo. Piove, l'aria inizia di nuovo a scaldarsi leggermente, gli altri mi sorpassano e mi salutano. Continuo a pensare: «Ma quanti sono? Ma quanto vado piano?». La mia respirazione è sempre CRLI: bello correre fra i boschi che conosco. Al ristoro del 25 incontro Emiliano Piola, un mio allievo ultramaratoneta, si affanna a chiedermi di cosa ho bisogno, mi fermo un attimo, bevo due bicchieri di Enervit e riparto. Nel frattempo mi ha superato anche Giovanni, uno del trio Aldo Giovanni e Giacomo. La mia respirazione è sempre CRLI, ma è cambiato qualcosa, nessuno mi sorpassa più, sono io a sorpassare, supero Giovanni e poi un altro e poi un altro ancora. Ora i miei pensieri si invertono, penso: cavolo come vanno piano. La mia respirazione è sempre CRLI, le gambe girano leggere sulla terra battuta che costeggia il lago di Dobbiaco. Sono proprio contento di aver deciso di correre, mi sto divertendo un sacco, continuo a sorpassare.

Ecco l'ultimo chilometro, ora la mia respirazione diventa impegnata, voglio vedere se riesco a cambiare passo, ci riesco molto meglio ora di quando ero giovane. Ecco l'arrivo, la gente, Dobbiaco. Cerco Gianni, mi mettono al collo la medaglia, mi volto per guardare il tempo e vedo 2:29', non leggo i secondi. Sono molto contento. Mentalmente ringrazio i miei compagni di corsa in salita, chissà se li rivedrò. Vado dagli speaker, poi via in hotel a fare la doccia e lo stretching. Mangio qualcosa, saluto gli amici, partecipo alla premiazione. Nel frattempo è arrivato anche l'amico sole che ci riscalda e ci rallegra e soprattutto consente il regolare svolgimento delle premiazioni. Grazie Gianni di aver inventato questa bellissima gara in questi posti incantevoli. I miei allievi mi aspettano, oggi parleremo di alimentazione, quindi devo mettermi al lavoro.

La Cortina-Dobbiaco Run prevede anche una non competitiva di km 11,5 che da quest'anno sarà corsa il sabato prima della 30 km con un percorso che si articolerà intorno al lago di Dobbiaco.

Appendice 2
Il trial running

Mi è sempre piaciuto correre nei boschi su percorsi accidentati, è stata questa curiosità che mi ha permesso di conoscere tutti i sentieri della valle dove sono nato e vivo, la Valle del Mugnone, vicinissimo a Firenze. La voglia di correre in posti nuovi e impervi, difficili già quando avevo 20 anni, era molto forte e continua a esserlo tutt'ora; nonostante abbia corso in molte città del mondo, quando mi è possibile mi piace scegliere tracciati sterrati che si articolano nelle campagne, spazi lontani dal traffico, dove si può davvero stare a contatto con la natura.

Sono sempre di più le persone che scelgono di praticare il trial running: i posti normali, stanchi di correre sull'asfalto e nella confusione, ma anche i mountain bikers che, dopo aver solcato i tracciati con le ruote, decidono di affrontarli correndo. Anche chi fa Trekking o Nordic Walking spesso si appassiona al trial running e smette di camminare per mettersi a correre.

Chi corre da poco tempo, diciamo da meno di un anno, dovrebbe aspettare un po' prima di dedicarsi a questa particolare specialità del podismo. Il primo allenamento, se vogliamo abbastanza banale, è quello di abituarsi a correre su salite e discese. Il continuo cambio di pendenza è infatti una delle caratteristiche di base e richiede un certo adattamento delle strutture muscolari, tendinee e articolari. Oltre ai cosiddetti lunghi di durata fino a i 90 minuti, almeno una volta alla settimana andrebbero inserite variazioni di ritmo i 30 secondi-1 minuto o di 2-6 minuti. Il recupero fra le variazioni di ritmo deve essere sempre fatto correndo lentamente.

Dato che il trial running si corre su sterrato di tutti i tipi dove l'appoggio non è mai stabile come sull'asfalto o sulla pista, l'allenamento per questa specialità deve essere rivolto anche allo sviluppo delle caratteristiche propriocettive degli arti inferiori. In poche parole tendini, muscoli e articolazioni devono essere preparati a sopportare un tipo di impatto con il suolo che prevede una costante diversità di impulsi ricevuti dal sistema nervoso il quale, a sua volta, dovrà elaborare adeguate risposte motorie. In sintesi il trial runner dovrà sviluppare la forza generale attraverso esercitazioni a carico naturale o con le macchine in palestra; la forza specifica attraverso allenamenti in salita, in discesa e su percorsi misti e la sensibilità propriocettiva correndo su terreni sconnessi o con attrezzi specifici come cappelli da prete, tavolette o skymmy.

Le gare di trial running devono essere preparate con molta cura senza improvvisare nulla.

Una domanda che mi viene spesso fatta è sul tipo di scarpe adatte per poter correre in questo tipo di manifestazione. Oggi sul mercato si trovano moltissimi modelli da trail, caratterizzati da un battistrada molto pronunciato e un'intersuola un po' più dura e consistente rispetto alle normali scarpe da running e una tomaia spessa per garantire traspirazione del piede e al tempo stesso impermeabilità.

L'abbigliamento dipende molto da dove si svolge al gara, ma in genere va benissimo il normale abbigliamento da running, tenendo in considerazioni le varie situazioni estreme che possono verificarsi (i trial si svolgono anche nel deserto).

Chi prende dimestichezza nel dedicarsi nei trial arriverà a fare anche dei lunghissimi in luoghi per nulla attrezzati, quindi uno zainetto idrico, anche di piccole dimensioni, risolve ogni problema ed è da preferire alla cinture che in genere tendono a dare fastidio. Non dimenticate un fischietto, una coperta argentata e il telefonino. La prudenza non è mai troppa.

Appendice 3
Correre al freddo o al caldo

La corsa può essere praticata anche in condizioni climatiche difficili o estreme. Si corre nel deserto con temperature elevate così come fra i ghiacci del Polo ed è anche questo che rende il nostro sport così affascinate.

Il freddo. Quando il freddo è davvero tosto si avvertono i brividi: contrazioni muscolari sincrone e involuntarie che hanno lo scopo di elevare il calore; e la pelle d'oca, un altro stratagemma attuato dal nostro corpo per ripararsi dal freddo. Talvolta si ha quasi l'impressione che i polmoni si congelino: è solo una sensazione, si tratta di un'eventualità praticamente impossibile. L'aria viene infatti condizionata durante il suo tragitto nelle vie aeree superiori e raggiunge valori solo del 2-3% inferiori rispetto alla temperatura corporea. Quando viene espirata, parte del calore e dell'umidità viene rilasciata alla mucosa che ricopre le vie respiratorie causando possibili irritazioni della gola. I corridori sicuramente sanno quanto sia fastidioso correre in presenza di vento forte: se spira a favore la sensazione può essere anche piacevole, ma se è contrario e fa freddo l'azione di corsa diviene molto faticosa e fastidiosa.

Affrontiamo ora l'argomento sul piano pratico per darvi dei consigli in modo che possiate sapere come allenarvi in queste condizioni. Vediamo innanzitutto chi tollera meglio il freddo: un leggero strato di grasso sottocutaneo consente di sopportarlo meglio ma i corridori in genere tendono, giustamente, a essere più magri possibile. Chi vuol partecipare a una gara sul ghiaccio, invece, dovrebbe presentarsi in leggerissimo sovrappeso.

Ecco gli accorgimenti che devono essere osservati per poter correre tranquillamente anche in questa particolare condizione. Innanzitutto il vestiario. La testa e le orecchie devono essere coperte da un cappellino di lana, da togliervi qualora non se ne avverta più il bisogno. Evitate assolutamente di tenervi addosso indumenti bagnati di sudore. Anche correndo a basse temperature si suda, quindi consiglio di vestirsi a strati e con capi traspiranti. Consiglio una maglia termica a maniche corte con sopra una felpa o una maglia a maniche lunghe piuttosto pesante, anch'essa termica. Se fa veramente molto freddo e in caso di vento forte si può indossare anche una giacca in materiale tecnico che può essere poi tolta e legata in vita. Le gambe devono essere coperte da una calzamaglia lunga sempre in materiale termico, i piedi da un bel paio di calzini spessi, meglio se lunghi per tenere coperto il polpaccio. Per concludere, guanti leggeri e le normali scarpe da trail, anche per correre sulla neve.

La canottiera della società sarà l'ultimo indumento da indossare e avrà scopo decorativo più che protettivo, quindi fatevela dare di una misura più larga della vostra in modo da poterla agevolmente indossare sopra il resto. Chi soffre di problemi digestivi può indossare sopra la calzamaglia un paio di pantaloncini o addirittura, in caso estremo, un'apposita cintura.

Al freddo sono ancora più importanti gli esercizi di riscaldamento. Anche alla fine della corsa consiglio di andare subito al caldo. L'allenamento dovrebbe prevedere un'andatura costante e progressiva, evitando veloci cambi di ritmo. Se siete in gruppo alternatevi in testa: chi sta dietro è più al riparo dalle ventate. Scegliete le ore più calde della giornata, ma se il tempo è veramente tremendo lasciate perdere: un giorno o due di pausa non influenzeranno negativamente l'esito delle vostre prestazioni future. Se invece vi state preparando per il Polo per abituarvi alle temperature corrette la mattina presto o al tramonto, indossando l'abbigliamento della gara.

Il caldo. Normalmente la nostra temperatura corporea dovrebbe essere di 37 °C. Durante l'attività fisica tale valore tende ad aumentare, variando tra 36,1 °C a 37,8 °C. Questo aumento dipende da fattori metabolici, dal tipo di attività fisica, dall'ambiente ed è molto importante perché consente l'attivazione dei meccanismi necessari alla produzione e all'utilizzazione dell'energia. Il problema nasce quando la quantità di calore prodotto dall'organismo eccede la quantità di calore disperso: se la temperatura dell'organismo diventa troppo elevata possono crearsi seri problemi per la salute.

Il calore del corpo viene in pratica trasferito all'aria: quanto più questa si muove, tanto più calore viene disperso. Ecco perché è più piacevole correre con una brezzolina piuttosto che quando non tira un alito di vento. Quando la temperatura dell'aria è più bassa di quella del corpo, questo si raffredda, ma quando invece è più alta l'organismo può far fatica a disperdere il calore. Durante la corsa aumenta la temperatura del corpo, di conseguenza aumenta la produzione di sudore che evapora una volta raggiunta la cute. Più alta è la quantità di acqua che c'è nell'aria (umidità) più difficile è l'evaporazione, ovvero la dispersione, del calore. Se invece l'aria è secca il sudore evapora. Per diversi anni ho accompagnato i podisti a correre nel deserto del Sahara: i 25-27°C che trovavamo là erano molto meno fastidiosi dei 25-27°C delle città italiane. I podisti nel deserto producevano sudore che evaporando non dava fastidio, mentre dalle nostre parti l'aria è carica di acqua ed è facile trovarsi con gli indumenti umidi.

In pratica, correndo al caldo aumentano le pulsazioni al minuto e la quantità di lattato prodotta a parità di intensità e durata dell'esercizio, mentre diminuisce la quantità di glicogeno muscolare a disposizione. Quindi a parità di fatica il rendimento diminuisce perché l'organismo è impegnato a usare energia per mantenere un'adeguata temperatura interna, e il senso di disagio aumenta.

Per limitare i problemi durante l'estate correte la mattina presto o la sera dopo le 19.00, quando le temperature si abbassano. Evitate nel modo più assoluto di correre all'aperto all'ora di pranzo. In ogni caso, rinunciate a mostrare il fisico possente e indossate sempre almeno una canottiera, senza dimenticare di proteggere le parti esposte con una crema solare ad alta protezione.

Anche in montagna correte coperti e protetti con adeguate creme solari: l'aria fresca non vi protegge dalle ustioni. Non dimenticate gli occhiali da sole e, soprattutto se avete pochi capelli, un cappellino bianco molto leggero, da indossare con la tesa all'indietro.

Anche se è caldo, prima dell'allenamento non dimenticate gli esercizi di riscaldamento.

Correte in percorsi ombreggiati e se possibile che prevedano anche qualche fontanella. Se proprio non volete rinunciare alle gare, partecipate a quelle brevi, al massimo di 12-14 km, meglio ancora se serali (ideali per socializzare perché spesso terminano con la cena). In questo periodo le gare in pista si svolgono sempre di notte e permettono di fare prove veloci con conseguente sviluppo della potenza aerobica. Si può spaziare dagli 800 metri ai 10.000. Consiglio solo di non correre con le scarpe chiodate, meglio quelle da gara o quelle usate sul tapis roulant. In questo periodo vedo molto bene anche la partecipazione a qualche ski race o trail running.

In sintesi, non fate le stesse gare che fareste in altri periodi dell'anno: variare vi farà migliorare e anche divertire.

Bibliografia

F. ADAMI, S. GIOTTO, A. LOPES, L. O. PENA COSTA, B. TIROTTI, E. VERHAGEN, T. P. YAMATO, *Musculoskeletal pain is prevalent among recreational runners who are about t o compete: an observational study of 1049 runners*, Journal of physiotherapy vol. 57, Australian physiotherapy Association, 2011

L. AGNELLO, A. LA TORRE, M. F. PIACENTINI, G. VERNILLO, *Nelle discipline di endurance ed ultra endurance le donne le done possono raggiungere le performance degli uomini?*, Atleticastudi – Centri Studi e ricerche FIDAL, Roma, n. 4/2009

R. ALBANESI, *Il manuale completo dell'alimentazione*, Studio Elle, Pavia, 2003

G. ALBERTI, E. ARCELLI, N. DELLERMA, *La distribuzione dello sforzo dai 400 m alla maratona*, Scienza e sport n. 11 Editoriale sport Italia, Milano, 2011

G. ALBERTI, G. COMETTI, L. ONGARO, *Riscaldamento e prestazione sportiva*, SDS n. 64, Calzetti & Mariucci, Perugia, 2005

G. ALBERTI , G. COMETTI, L. ONGARO, *Riscaldamento e prestazione sportiva*, SDS n. 65, Calzetti & Mariucci, Perugia, 2005

G. ALBERTI, L. ONAGRO, *Gli aspetti applicativi dello stretching*, Scienza e sport n. 1, Editoriale sport Italia, Milano, 2009

G. ALBERTI, L. ONGARO, *La ginnastica respiratoria*, SDS n. 76, Calzetti & Mariucci, Perugia, 2008

V. ANDREW, *Il potere psichico della corsa*, Sugarco edizioni, Solaro, 1980

E. ARCELLI, *Il nuovo correre è bello*, Sperlinh & Kupfer, Milano, 1998

E. ARCELLI, *Strategie Nutrizionali integrazione e recupero*, Equipe Enervit, Piano di Zelbio, 2011

E. ARCELLI, R. CANOVA, *L'allenamento della maratona di medio ed alto livello*, Edizioni Correre, Milano, 2006

E. ARCELLI, F. MASSINI, *La Mia maratona*, Edizioni Correre, Milano, 2003

G. AVERBUCH, F. LEBOW, *The New York Runners Club complete book of running*, The New York Runners Club, New York, 1992

A. M. BARGOSSI, M. NERI, A. PAOLI, *Alimentazione fitness e salute*, Elika, Cesena, 2011

L. BASEGGIO, M. GOLLIN, A. LUCIANO, *Ritmi circadiani e flessibilità muscolo-tendinea*, SDS n. 78 Calzetti & Mariucci, Perugia, 2008

F. BATMANGHELIDJ, *Il tuo corpo implora acqua*, Macro edizioni, Diegaro di Cesena, 2009

R. BELIBEAU, D. GINGRAS, *L'alimentazione anticancro*, Sperling & Kupfter, Milano, 2006

H. D. BELITZ, W. GROSCH, P. SCHIEBERLE, *Food Chemistry*, Springer-Verlag, Berlino, 2001

A. X. BIGARD, J. DIEHL, G. KING, C. V. M. TAGARAKIS, *Esercizio fisico, microlesioni e recupero muscolare*, SDS n. 75, Calzetti & Mariucci, Perugia, 2007

N. BISCIOTTI, *Allenamento eccentrico e prevenzione dei danni muscolari*, SDS n. 71, Calzetti & Mariucci, Perugia, 2006

G. N. BISCIOTTI, *Il corpo in movimento*, Edizioni Correre, Milano, 2003

G. BRAGA, *Il grande libro della zona Italiana*, Sperling & Kupfter, Milano, 2006

A. BURFOOT, *Quando il termometro sale*, Runners World Italia n. 8/2009 Edisport Editore, Pero, 2009

R. J. BUTLER, *Psicologia ed attività sportiva*, Il pensiero scientifico editore, Roma, 1998

C. CAPORALI, G. ESPOSITO, *Triathon il manuale*, Miraggi edizioni, Città di Castello, 2010

C. CAPPELLINI, M. MARCHIONI, F. MASSINI, *Atti del convegno La qualità condizionale resistenza in età giovanile*, Centro studi per l'educazione fisica e l'attività sportiva, Istituto Superiore di educazione fisica di Firenze, Firenze 1991

L. CASALE, M. GOLLIN, A. LUCIANO, *Estensibilità muscolo tendinea e riscaldamento*, SDS n. 88 Calzetti & Mariucci, Perugia, 2011

P. M. CASALI, L. MARIN, M. VANDONI, *Fitness Cardiometabolico: il Manuale*, Calzetti & Mariucci, Perugia, 2008

F. CASOLO, L. EID, N. LO VECCHIO, M. MERATI, *L'allenamento delle terza età effetti su forza, potenza e ormoni*, Scienza e sport n. 7, Editoriale sport Italia, Milano, 2010

Bibliografia

A. CAZZETTA, M. DI MAURO, *Diabete ed attività fisica*, SDS n. 78, Calzetti & Mariucci, Perugia, 2008

A. CEI, *Affrontare lo stress*, Gruppo editoriale l'Espresso, Roma, 2009

A. CEI, *Allenarsi per vincere*, Calzetti & Mariucci, Perugia, 2011

P. CERRETELLI, P. E. DI PRAMPERO, *Sport Ambiente e Limite umano*, Mondatori, Milano, 1985

J. C. CHATARD, *Allenamento e recupero*, Calzetti & Mariucci, Perugia, 2008

P. M. COE, D. E. MARTIN, *Better Training for Distanxe Runners*, Human Kinetics, Champaign, 1997

G. CONTI, F. MARZATICO, M. NEGRO, *Nutrizione e sport*, Edi-ermes, Milano, 2007

K.H. COOPER, *In forma a tutte le età*, Sei, Torino 1973

D. L. COSTILL, *Vivere la corsa*, Graso, Bologna, 1990

D. L. COSTILL, J. H. WILLMORE, *Fisiologia dell'esercizio fisico e dello sport*, Calzetti & Mariucci, Perugia, 2005

L. N. CUNNINGHAM, *Sistema cardiovascolare ed obesità giovanile*, SDS n. 81, Calzetti & Mariucci, Perugia, 2009

G. M. DALLAM, S. JONAS, *Triathlon da campioni*, Libreria dello sport, Milano, 2009

R. C. R. DAVISON, A. M. JONES, T. H. MERCER, E. M. WINTER, *Test per lo sport e l'attività fisica*, Calzetti & Mariucci Editorie, Perugia 2010

R. DI MICHELE, *La valutazione della frequenza cardiaca massima*, Scienza e sport n. 3, Editoriale sport Italia, Milano, 2009

R. DI MICHELE, *Variabilità delle frequenza cardiaca monitoraggio ed applicazione nell'allenamento sportivo*, Scienza e sport n. 2, Editoriale sport Italia, Milano, 2009

J. DIEHL, W. HOLMANN, G. KING, H. K. STRUDER, C. V. M. TAGARAKIS, *Cervello e sport di resistenza*, SDS n. 75, Calzetti & Mariucci, Perugia, 2007

L. DE PONTI, *Il tendine di Achille dello sportivo*, Edizione Correre, Milano, 2001

A. DOTTI, A. LA TORRE, *Torniamo a Correre ed a Resistere?*, Atleticastudi – Centri Studi e ricerche FIDAL, Roma, n.2/2008

A. DOTTI, C. PANNOZZO, *Tecnica di corsa e prestazione nel mezzofondo*, Atleticastudi pag. 23-34 Centri Studi e ricerche FIDAL Roma, n. 1-2/2010

S. DOUGLAS, B. RODGERS, *Running*, Alpha, New York, 2010

D. DREYER, K. DREYER, *Chi Running*, Fireside, New York, 2004

M. FAINA, A. GIANFELICI, *Lo sport al femminile*, SDS n. 77 Calzetti & Mariucci, Perugia, 2008

M. FIDGERALD, *Runner's World guide To cross Training*, Rodale, New York, 2004

P. G. FIORELLA, *Jet leg e clima*, SDS n. 77, Calzetti & Mariucci, Perugia, 2008

M. GULINELLI, *Forza e resistenza*, SDS n. 88, Calzetti & Mariucci, Perugia, 2011

M. GULINELLI, *Musica*, SDS n. 87, Calzetti & Mariucci, Perugia, 2010

H. D. HERMAN, J. KLEINERT, *Infortuni e psicologia*, SDS n. 84, Calzetti & Mariucci, Perugia, 2010

H. HIGDON, *Marathon the ultimate training guide*, Rodale, New York, 2011

K. HOTTENROTH, *La supercompensazione è ancora attuale?*, SDS n. 85, Calzetti & Mariucci, Perugia, 2010

M. E. HOUSTON, *Fondamenti di Biochimica dell'esercizio fisico*, Calzetti & Mariucci, Perugia, 2008

F. M. IMPELLIZZERI, *La percezione dello sforzo: le scale di Borg*, SDS n. 82, Calzetti & Mariucci, Perugia, 2009

P. INCALZA, *Analisi del passo di corsa nei corridori di lunghe distanze*, Atleticastudi - Centri Studi e ricerche FIDAL, Roma, n. 3/2008

L. JAKSON, S. WHALLEY, *Running made easy*, Collind & Brown, London, 2008

W. KILLING, *L'allenamento delle donne*, SDS n.77, Calzetti & Mariucci, Perugia, 2008

W. J. KRAEMER, V. M. ZATSIORSKY, *Scienza e pratica dell'allenamento delle forza*, Calzetti & Mariucci, Perugia, 2008

A. LIBERMAN, *The everything running book*, Adams Media, Avon, 2002

U. LONGONI, *I sette passi della corsa*, Rizzoli, Milano, 2008

G.A. LAVAGNA, *Muscolo e Locomozine*, Raffaello Cortina Editore, Milano 1998

A. LYDIARD, *Running to the top*, Meyer & Meyer sport, Maidenhead, 2011

I. MACNEILL AND THE SPORT MEDICINE COUNCIL OF BRITISH COLUMBIA, *The Beginning runner's Handbook*, GreyStone Book, Vancouver, 2005

F. MASSINI, *Correre per salute*, Borgobello G. Neri, Firenze, 1983

F. MASSINI, *La Maratona per gente come noi*, Borgobrello G. Neri, Firenze 1994

F. MASSINI, *I ragazzi e la corsa*, Borgobrello G. Neri, Firenze 1995

S. MIGLIORINI, *E non ci indurre in confusione*, Runners World Italia n. 11/2009 Edisport Editore, Pero, 2009

P. MILROY, J. PULEO, *Running anatomy*, Calzetti & Mariucci, Perugia, 2011

C. MOIRAGHI, *Il libro della medicina cinese*, Fabbri editori, Milano, 2004

Bibliografia

A. MOLINA, *Scegli la scarpa*, Runners World Italia n. 11/2009 Edisport Editore, Pero, 2009

M. MUZIO, *Appunti del 12 Master psicologia dello sport*, Psicosport, Milano, 2006

M. MUZIO, *Trainig Mentale e recupero dell'infortunato*, Scienza e sport n. 1 Editoriale sport Italia, Milano, 2009

K. M. NEITZ, *Runners World guide to Road Racing*, Rodale, New York, 2008

T. NOAKES, *Lore of Running*, Human Kinetics, Champaign, 2003

F. PAVESI, *Vestiti e vai*, Correre n. 313, Editoriale sport Italia, Milano, 2011

V. PIROLA, *Il movimento Umano applicato alla rieducazione e dalle attività sportive*, Edi. Ermes, Milano, 2002

M. RAIMUNDO, *Superintimo*, Runners World Italia n. 8/2009, Edisport Editore, Pero, 2009

E. RAMPINI, *Il ruolo del riscaldamento e dello stretching nella prevenzione degli infortuni*, Scienza e sport n. 7, Editoriale sport Italia, Milano, 2011

K. N. SAXTON, R. M.WALLACK, *Barefoot Runnig step by step*, Fair Winds Press, Beverly, 2011

L. SHAKHLINA, *Atlete ed alimentazione*, SDS n. 77, Calzetti & Mariucci, Perugia, 2008

A. SPECIANI, L. SPECIANI, *Dieta Giftt-Dieta di segnale*, Rizzoli, Milano, 2009

K. SWITZER, *Running and Walking for women over 40*, St. Martin's Press, New York, 1998

P. TRABUCCHI, *Ripensare lo sport*, Franco Angeli, Milano, 2003

N. VERKHOSHANSKY, N. VERKHSHANSKAYA, *Il cambiamento dei paradigmi nella teoria dell'allenamento*, SDS n. 71, Calzetti & Mariucci, Perugia, 2007

N. VERKHOSHANSKY, N. VERKHSHANSKAYA, *Il cambiamento dei paradigmi nella teoria dell'allenamento*, SDS n. 73, Calzetti & Mariucci, Perugia, 2007

A.VIVIAN, *L'allenamento respiratorio*, Calzetti & Mariucci, Perugia, 2010

J. WEINECK, *L'allenamento ottimale*, Calzetti & Mariucci, Perugia, 2009

J. WHARTON, P. WHARTON, *Cardio-fitness Book*, Three river press, New York, 1996

J. WHARTON, P. WHARTON, *Stretch Book*, Three river press, New York, 1996

N. WILLIAMSON, *Everyone's Guide to Distance running*, The Lyons press, Guildford, 2004

Ringraziamenti

Grazie a tutti i podisti che fidandosi dei miei consigli mi hanno dato infinite soddisfazioni.

Grazie al dott. Enrico Arcelli per tutto quello che ancora riesce a darmi sul piano umano e culturale.

Grazie a Nerio Neri per il coraggio che ebbe a farmi iniziare a scrivere di podismo, nel 1976.

Grazie ad Antonio Brazzit, editore di "Correre", per avermi dato l'opportunità di esprimere le mie idee su una grande rivista.

Grazie Marco Marchei, direttore di "Runners World Italia", dal 1987 mio direttore.

Gianni e Silvia hanno lavorato con me alla stesura di questo libro. Con molto piacere li ringrazio per la pazienza che hanno avuto.

Finito di stampare nel dicembre 2023 presso
Grafica Veneta S.p.A. – via Malcanton, 2 – Trebaseleghe (PD)
Printed in Italy